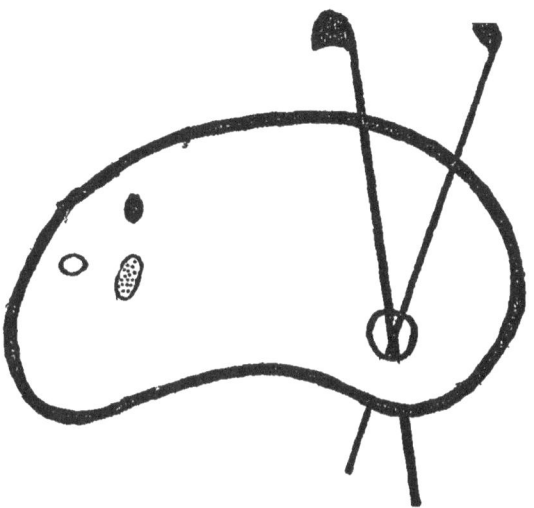

DEBUT D'UNE SERIE DE DOCUMENTS
EN COULEUR

SOCIÉTÉ DES ARCHIVES HISTORIQUES
DU LIMOUSIN

1re Série : ARCHIVES ANCIENNES, Tome V

DOCUMENTS DIVERS

SUR LE LIMOUSIN

PUBLIÉS PAR

MM. René FAGE et l'abbé GRANET

LIMOGES
F. PLAINEMAISON
Imprimeur de la Préfecture et des Chemins de Fer
10, RUE DES GRANDES-POUSSES, 10

1893

SOCIÉTÉ DES ARCHIVES HISTORIQUES

DU LIMOUSIN

=====

1ʳᵉ Série : ARCHIVES ANCIENNES

Tome I. — **Nouveaux documents historiques** publiés par M. Alfred Leroux, 1887, 368 pages. — Limoges, D. GELY.

Tome II. — **Chroniques ecclésiastiques du Limousin** publiées par M. l'abbé A. Lecler, 1890, 493 pages. — Tulle, J. MAZEYRIE.

Tome III. — **Choix de documents historiques** publiés par M. Alfred Leroux, 1891, 394 pages. — Limoges, Vᵛᵉ DUCOURTIEUX.

Tome IV. — **Documents divers sur le Limousin** publiés par MM. René Fage, abbés Lecler et Granet, 1892, 408 pages. — Limoges, PLAINEMAISON.

2ᵉ Série : ARCHIVES RÉVOLUTIONNAIRES

Fasc. I. — **Doléances paroissiales de 1789** publiées par M. Alfred Leroux, 1889, 151 pages. — Limoges, CHATRAS.

Fasc. II. — **Inventaire des documents manuscrits et imprimés** de la période révolutionnaire, conservés aux Archives départementales de la Haute-Vienne, publié par M. Fray-Fournier, 1891, 167 pages. — Limoges, USSEL FRÈRES.

Fasc. III. — **Inventaire des documents** conservés aux Archives départementales et **Bibliographie** de l'histoire de la Révolution dans la Haute-Vienne, par M. Fray-Fournier, 1892, 176 pages. — Limoges, USSEL FRÈRES.

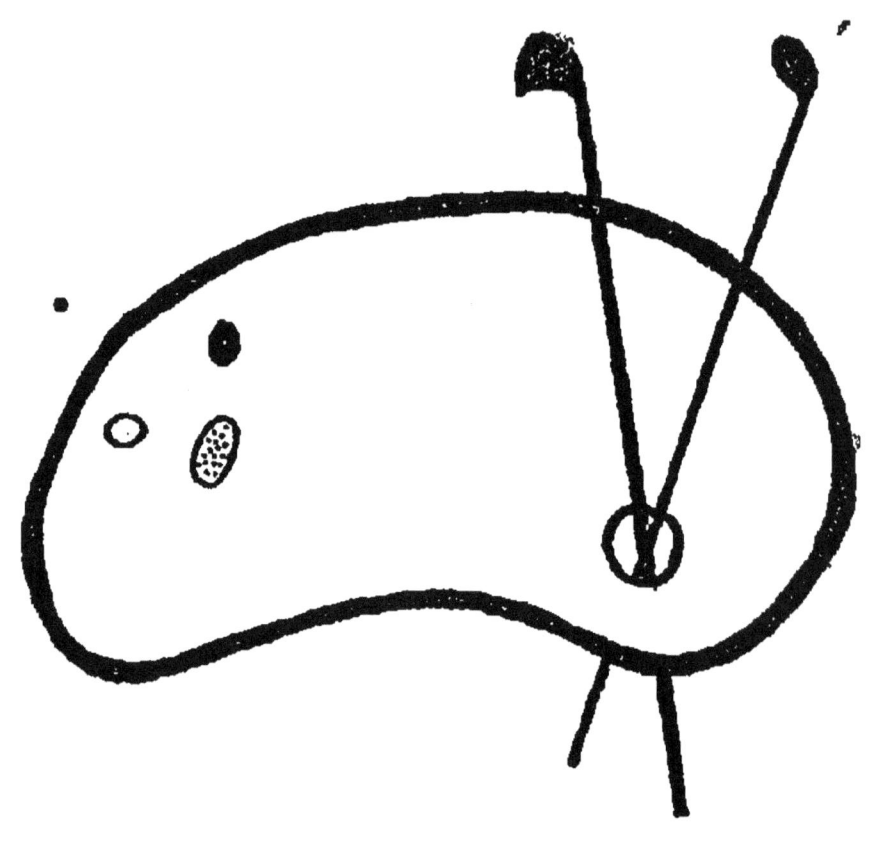

FIN D'UNE SÉRIE DE DOCUMENTS
EN COULEUR

SOCIÉTÉ DES ARCHIVES HISTORIQUES

DU LIMOUSIN

PREMIÈRE SÉRIE :

ARCHIVES ANCIENNES

TOME V

DOCUMENTS DIVERS

SUR LE LIMOUSIN

PUBLIÉS PAR

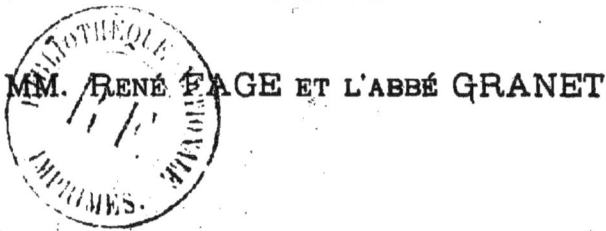

MM. RENÉ FAGE ET L'ABBÉ GRANET

LIMOGES

F. PLAINEMAISON

Imprimeur de la Préfecture et des Chemins de Fer

10, RUE DES GRANDES-POUSSES, 10

—

1893

AVERTISSEMENT

En vertu d'une délibération prise par le bureau de la Société des Archives historiques du Limousin, le 25 octobre 1892, une modification a été introduite dans le titre général des deux collections que publie la Société.

L'une portera désormais sur la couverture et le feuillet de garde :

SOCIÉTÉ DES ARCHIVES HISTORIQUES DU LIMOUSIN
1re série : *Archives anciennes, tome...*

L'autre portera :

SOCIÉTÉ DES ARCHIVES HISTORIQUES DU LIMOUSIN
2e série : *Archives révolutionnaires, fasc...*

En outre, il a été décidé que cette seconde série, spéciale jusqu'ici au département de la Haute-Vienne, s'étendra désormais, comme la première, aux départements de la Creuse et de la Corrèze.

Limoges, juillet 1893.

SOCIÉTÉ

DES

ARCHIVES HISTORIQUES

du Limousin

COMITÉ DE PATRONAGE

ARBELLOT (Le chanoine), président de la Société archéologique et historique du Limousin.

AULARD, directeur de la *Révolution française*.

BAUDOUIN (MANUEL), avocat général près la Cour de cassation.

CHABANEAU (CAMILLE), chargé de cours à la faculté des lettres de Montpellier.

CLÉMENT-SIMON, ancien procureur général.

COURONNEL (Comte de), conseiller général de la Haute-Vienne.

DECLAREUIL (JOSEPH), docteur en droit, agrégé de l'Université.

DEGROND, ancien préfet.

DELOCHE (MAXIME), membre de l'Institut.

DRAMARD (EUGÈNE), conseiller à la cour d'appel de Limoges.

DRAPEYRON (LUDOVIC), directeur de la *Revue de Géographie*.

FAGE (EMILE), président de la Société des lettres de Tulle.

GABIAT (CAMILLE), docteur en droit, conseiller général de la Haute-Vienne.

FRÉDY (DE), conseiller général de la Haute-Vienne.

GONDINET (MICHEL), avocat à Paris.

GUIBERT (LOUIS), secrétaire de la Société archéologique du Limousin.

ISTRIA (PIERRE), inspecteur d'académie à Limoges.

LASTEYRIE (Comte ROBERT DE), membre de l'Institut, professeur à l'Ecole des Chartes.

LE PLAY (Dr ALBERT), sénateur de la Haute-Vienne.

MANTIN (LOUIS), ancien secrétaire général de la Haute-Vienne.

MARTINEAU (ALBERT), secrétaire général de l'Hôtel-de-Ville de Limoges.

MAZERON, avocat à Limoges.

MONTAUDON-BOUSSERESSE, directeur honoraire de l'enregistrement, à Limoges.

PÉRATHON (CYPRIEN), correspondant du Comité des beaux-arts, a Aubusson.

RENOUARD (Mgr.), évêque de Limoges.

ROUARD DE CARD, professeur à la faculté de droit de Toulouse.

ROUX (Le chanoine Joseph), à Tulle.

RUPIN (Ernest), président de la Société historique de Brive.

SENNEVILLE (G. de), conseiller à la Cour des comptes.

SUBÉ (Tony), proviseur du lycée Gay-Lussac.

THOMAS (Antoine), directeur des *Annales du Midi*, chargé de cours à la faculté des lettres de Paris.

BUREAU DE LA SOCIÉTÉ

Président né : M. le PRÉFET de la Haute-Vienne.

Président effectif : M. Eugène DRAMARD.

Vice-présidents : MM. Louis GUIBERT et MONTAUDON-BOUS-SERESSE.

Secrétaire général : M. Alfred LEROUX.

Secrétaires adjoints : MM. René FAGE, Raoul PRIEUR et Louis BOURDERY.

LISTE DES ADHÉRENTS [1]

VERGNIAUD (Camille), conseiller de Préfecture à Limoges.

TANDEAU de MARSAC (le chanoine), à Limoges.

HAVILAND (Théodore), manufacturier, à Limoges.

HENRY (Charles), propriétaire, à Limoges.

LESTERPS (Comte de), à Isle, près Limoges.

DE LOMBARÈS, sous-intendant militaire à Limoges.

Docteur THOUVENET, père, à Limoges.

FRAY-FOURNIER chef de bureau à la Préfecture de la Haute-Vienne.

LACHENAUD (Emile), propriétaire, à Limoges.

DUCOURTIEUX (Paul), imprimeur à Limoges.

PLAINEMAISON (Félix), imprimeur à Limoges.

DE BAR (Joseph), propriétaire, à Argentat (Corrèze),

REBIÉRE (Alphonse), agrégé de l'Université, à Paris.

TOINET (Raymond), ancien avocat général, à Tulle.

LESPINAS (Edmond), ancien magistrat, à Périgueux.

MAZET (Albert), architecte à Paris,

GAIGNET, directeur d'études au Grand Séminaire de Limoges.

TOUMIEUX (Zénon), ancien notaire à Royère (Creuse).

LECLER (abbé A), à Limoges.

POMÉLIE (Baron de la), à Limoges.

(1) Les noms sont rangés suivant l'ordre des adhésions.

Docteur THOMAS-DURIS, à Eymoutiers (Haute-Vienne).

ROCHE (Marcel), imprimeur à Brive.

GRANET (Abbé Paul), à St-Hilaire-Bonneval (Haute-Vienne).

PRÉVOT (Charles), négociant, à Limoges.

PRÉCIGOU (A.) conducteur des ponts-et-chaussées, à Roche-chouart (Haute-Vienne).

GUYONNET, chef de district à Limoges.

Docteur MARQUET, maire de Rochechouart (Haute-Vienne).

BERTHOMIER, propriétaire à St-Germain-Beaupré (Creuse).

AUTORDE, archiviste du département de la Creuse.

ROUGERIE (Mgr.), évêque de Pamiers.

A. ASHER et Cie, libraires à Berlin.

ARCHIVES départementales de la Haute-Vienne.

BIBLIOTHÈQUE communale de Limoges.

MAUPETIT (Abbé), à Limoges.

CARS (Duc des), à Paris,

GUIMBAUD (Abbé), à Limoges.

DULAU et Cie, libraires à Londres.

HERVY (E.), archiviste de la chambre des notaires, à Limoges.

LHERMITTE, archiviste du département de la Corrèze.

VALADEAU (P.), instituteur à St-Priest-la-Feuille (Creuse).

BATHEROSSE (E.), chimiste, à Paris.

DOCUMENTS RELATIFS AUX ÉTATS
DE LA VICOMTÉ DE TURENNE

(SUITE)

XV

Remontrances des États de Quercy (1)

(1623)

Remontrances des gens des Estatz de Quercy, dressées par escript et portées à Sedan à Madame (2) et à Monsieur (3) par Mᵉ Louys Lascoux, advocat en parlement, assisté de deux autres de Saint-Céré et Gaignac, députés, au mois de mai 1623.

Monseigneur,

Les Estatz de vostre visconté de Turenne, au pays de Quercy ayant esté convoqués par Madame quy estoyt présante au doutziesme de juin de l'année 1620, et l'ouverture desdits Estatz ayant esté faicte en sa présance avec les formes accoustumées, nous quy composons le corps desditz Estatz nous estans retirés en nostre conclave pour délibérer des affaires et rendre tesmoignage de nos bonnes vollontés et dévotions envers nostre maistre et seigneur, ainsy que de coustume, Madame nous auroict faict entendre qu'elle vouloit présider ausdits Estatz, et avec nostre advis delli-bérer des affaires du pays, appointer les requêtes quy sont présantées ausdits Estatz, et y opiner et conclure ou commettre pour ce faire en son lieu tel que bon luy sembleroict,

---

(1) Document communiqué par M. J.-B. Champeval.
(2) Elizabeth de Nassau.
(3) Frédéric-Maurice de La Tour.

ce qu'ayant esté treuvé nouveau et sans exemple, au moingtz
de nostre mémoire, quoyque la tenue desditz Estatz ayt esté
faicte par plusieurs foys en présance de feu Monseigneur et
de Madame, sans qu'il ayt esté tousjours à telle proposition,
nous aurions très humblement remonstré à Madame que
c'estoyt une ouverture nouvelle et quy portoyt de la conséquance, et que nous ne pouvions rien résouldre d'un point
sy important, sans l'advis du corps des villes dont nous
dépendions, tellement que Madame nous auroict licentiés et
treuvé bon que ceste proposition fust rapportée en nos con-
seilhs de ville.

Ce qu'aiant esté faict, il auroict esté résolu par commune
délibération que Madame seroyt très humblement suppliée
d'agréer la tenue desdits Estatz en l'ordre acoustumé, et
qu'à cest effect remonstrances et supplications luy seroient
faictes par escript, ce quy auroict esté exécuté; néant-
moingtz, la tenue desditz Estatz seroyt demeurée interrompue en ladite année 1620 et encore en la suivante 1621 et
jusques à ce que le pays ayant envoyé des depputés vers la
grandeur de feu Monseigneur, en l'année 1622, au moys de
mars, pour se conjouir de sa santé et du bon portement de
Madame et de ceux de leur très illustre maison, et pour
prendre ses commandemans et l'ordre que nous falloyt tenir
durant les derniers mouvemens, Monseigneur auroict donné
à entendre ausdits députés que son vouloir estoyt que
Madame fuct satisfaicte par l'exécution de l'ordre qu'elle
avoyt prescript en la tenue desdits Estatz en ladite année
1621; ce que préalablement faict, et nous, ayans commancé
par l'esprit d'obeyssance, il nous conserveroict nos coustumes
et privilleges, sans que fallust avoir recours à autres juges
que luy mesme, tellement que nous aurions consanty par
forme d'obéyssance que l'ordre prescript par Madame en
ladicte année 1620, fust gardé en l'année 1622, en laquelle
lesdits Estatz auroient esté ajournés et reprins en ladite
ville de Martel, aux pouvoirs néanmoingtz contenus aux
cayers desditz Estatz de ladite année 1622 et avec réservation de faire remonstrances à Monseigneur pour nous maintenir en l'ordre acoustumé.

Or, despuys, ayant pleu à Dieu d'appeler à soy feu Monseigneur, ayant jugé que les loix de nostre debvoir nous obligeoient de tesmoigner à sa mémoire et à vostre Exellance et celle de Madame les dueils et regretz que nous avons d'une perte sy sensible et notable, nous avons envoyé nos depputés vers vous pour porter à vosdites Exellances nos regretz et nos larmes, et vous offrir la continuation de noz bonnes vollontés et services très humbles; et néanmoingt de tant que la tenue de vos Estatz s'approche, et qu'une seconde et diverse délégation pour le subject desdites remonstrances emporteroict du temps et possible du retardemant au bien de vostre service, nous vous supplions d'agréer que les mesmes depputés qui sont exprès pour le dueil et la mort facent aussy les complimens pour la vie, prenant de vous l'ordre de bien vivre soubz vous, soyt en la tenue desdits Estatz qu'en tout aultre subject, et pour cest effect il plaira à vostre Exellance de prendre en bonne part qu'ilz vous présantent les remonstrances quy s'ensuivent :

Qu'ancienemant les Estatz du visconté de Turenne estoyent composés de troys ordres, savoir : de l'Esglize, Noblesse et Tiers Estat où le seigneur visconte dellibéroyt avec lesdits Estatz sur certains articles concernant les affaires du corps général du dit visconté, comme de la vériffication des privilèges, ou pour avoir des exemptions en tems de guerre, ou pour faire tremper aux chargés communes dudit visconté ceulx que s'en vouloyent distraire, et aultres chefs quy estoient exprès et concertés et réduictz à certain nombre quy estoict plus grand ou plus petit à chasque tour d'année, suyvant les occurances, et par advanture y avoyt-il telle année si stérile d'affaires concernant l'intérest général qu'il n'y avoict point de convocation d'Estatz, et suivant la délibération d'Estatz ledit seigneur visconte, assisté desdits Ordres, imposoict certaine somme sur le pays pour subvenir aux fraixs.

Que despuys soixante-dix ou quatre-vingts ans en çà, lesdits Estats auroient changé de face, voire de *matière* et de *forme*.

De *Matière*, en ce qu'il s'est parlé peu ou poinct d'affaires quy regardent le corps général dudit visconté comme anciennement, ains seulement de faire un don au seigneur visconte quy estoyt du commancemant de six ou sept cens livres, et depuys comme les vollontés du pays se sont tousjours accrues en affection envers leur seigneur, le don pareilhemant s'est accreu jusques à trois mil livres peu plus ou moingtz; lequel don est faict par le pays, de pure libéralité et sans y estre obligé par nécessité quelconque, soubz lesquelles protestations ledit seigneur visconte à receu et recoyt ledit don.

Le changement a esté aussy pour la *Forme*, en ce qu'il n'y a plus eu de convocation d'Esglise ni de Noblesse, ains seulement du Tiers-Estat, concistant en villes et paroisses du plat pays; et encore le pouvoir desdits Estatz a esté réduict en la main de trois villes quy sont Martel, Saint-Céré et Gaignac; les consulz et syndicz desdites villes, assistés de certains bourgeois plus apparents d'icelles, résolvent et décident les affaires et soubz la considération des bienfaictz qu'ils reçoivent de leur seigneur, ils se portent à l'octroy d'un don gratuyt envers ledit seigneur visconte et imposent sur le pays avec protestation de n'estre autrement tenus ny obligés audict don, et sans tirer à conséquence, et n'entrent lesdits syndicz desdites paroisses aux conclaves desdits Estatz et n'y ont aulcune voix délibérative, ains prenent la loy de trois villes et contribuent audit don et autres affaires suivant le despartement qui a esté faict par lesdits consuls et syndics des dites troys villes, lesquels d'ailleurs respondent les requestes quy leur sont présantées par ceux quy se disent grevés ou en la cotization ou autrement pour ce quy est des affaires dépandants desdits Estatz.

Sans aussy que ledit seigneur visconte lorsqu'il a esté présent, ni ses gouverneurs, officiers et conseilhers en son absence ayent pareilhement aulcune entrée ny voix délibérative auxdits Estatz, la forme estant que ledit seigneur ayant mandé et convoqué lesdits Estatz, il faict ou faict faire par un des officiers certaine proposition ou remonstrance, et cela faict lesdits Estatz consistans, comme dict est, au corps desdites troys villes, se retirent en une chambre à part, délibèrent et terminent les affaires en seul.

Que sy lesdits consulz et syndicz desdites trois villes sont en pocession de mémoire perdue de tenir les Estatz en la forme quy s'observe aujourd'huy, laquelle a esté ainsy receue et approuvée puys quatre vingtz et tant d'ans par lesdits seigneurs viscontes, mesmes par feu Monseigneur, tant en présance qu'absance, ayant tous les ans adressé ses lettres de mandement et convocation desdits Estatz aux consulz et syndics susdits, comme faisant le corps abrégé desdits Estatz, et ayant aussy nostre dict feu seigneur tous les ans, tant présant que absant, comme dict est, veu et retiré les copies ou extraicts du résultat desdits Estatz et accepté le tout en la forme et ordre acoustumé, sans aulcun contredict de sa part ny de ses officiers, ce qui faict et forme comme une espèce de contract entre ledit seigneur et lesdits consulz et syndicz, au moyen du consentement tacite quy résulte d'une possession sy loingtaine, lequel est aultant ou plus fort et puissant que l'exprès.

En manière que, ne plus ne moingt que par contract exprès et formel, ledit seigneur viscomte pouvoyt sans difficulté se démettre et abdiquer les droictz de présider et opiner par eux ou leurs officiers esdits Estatz sans pouvoir résigner de telle abdication une fois faicte et acceptée, de mesme il n'est poinct inconvénient que le temps qu'y est souverain en son authorité ay passé dans sa révolution une abdication tacite de tel droict entre les seigneurs et subjectz pour la randre nécessaire soubz le tiltre de contract tacite ou de coustume, estant d'ailleurs certain qu'une coustune s'introduict et prend pied par le seul entrecours de quarante ans si, d'estroicte et nécessaire observance, n'estant poinct vicieuse ne contraire aux bonnes mœurs comme n'est poinct celle-cy.

Qu'en celà il n'y va poinct de l'intérest ou diminution de l'authorité desdits seigneurs viscomtes, car ne plus ne moingtz que les seigneurs justiciers quy exerçoient anciennement eux mesmes la justice, en ayant toutes foys laissé l'exercisse à d'autres personnes, ont, par traict de temps,

perdu entièrement l'exercisse d'icelle et ne seroient aujourd'huy recevables à le vouloir reprandre, estant cette
abdication tacite fondée soubz l'authorité du tems, a lieu de
force et de puissance sans néanmoingtz que les dit seigneurs
ayent jamais prétendu ne qu'ilz se soient plainctz de souffrir en celà aulcune diminution de leur pouvoir parce que
la puissance publique ne laisse pour cela de résider tousjours
en leurs personnes et que la justice estant rendue en leur
nom par leurs officiers ilz en ont tousjours retenue leur
authorité d'une façon plus noble et suivant non plus qu'on
dict que la cause première rend un plus grand esclast et
oppère plus noblement et avec plus de lustre et d'admira-
tion agissant par les causes secondes que sy elle agissoict
nuement; de mesme lesdits seigneurs viscontes ayant quitté
et relaché par traict de tems au cors desdits Estatz le droict
d'y oppiner, présider et conclure et de respondre les
requestes ne peuvent aujourd'huy les reprandre et moingtz
se dire intéressés en leur authorité, laquelle y paroist d'un
plus hault et plus vif relief en ce que lesditz Estatz estans
convoqués et assamblés soubz leur nom tout sy passe soubz
eux, et qu'en cela les gens desdits Estatz ne font qu'user du
pouvoir a eux donné par les dits seigneurs viscomtes
desquels ils sont comme les ministres et officiers perpétuels
et irrévocables, estant une espèce d'exercisse de justice
d'entrer en cognoissance des affaires avec délibération, faire
les despartemans avec esgalité et pourvoir aux griefs de
ceux quy se plegnent.

Que ceste façon est d'aultant plus civile et louable qu'on
voit par ce moyen la liberté des voix plus antièrement
establye, la présance du seigneur et sa voix ayant quelque
espèce d'empire sur les affections et sentimans des subjectz
lesquelz attirés par la force d'un plus puissant ressort ne
peuvent que céder pour craincte de desplaire là où le seigneur
laissant la place libre tous ombrages soient levés; et en
reste aultant de gloire et de marque de générosité audit
seigneur lorqu'esloignant sa puissance de tout soubçon de
force et d'opprétion il laisse agir ses subjectz suivant la
liberté qui leur est naturelle.

Que la dite forme n'est point sans exemple, attendu qu'en l'assemblée des Estatz annuelz de la province du Quercy, où nous sommes, celuy quy faict l'ouverture et proposition de la part du Roy se retire incontinant après et les impositions et départemans se font avec toute franchise par les gens desdicts Estats quy cognoissent aussy des plainctes et griefs quy s'y proposent sans que celuy quy y a porté la parole de la part de Sa Majesté y assiste ou oppine.

Qu'il n'est sorty aulcun inconvénient de la tenue desdits Estats en la forme susdite et toutes choses s'y sont proposées et terminées depuis un si long temps sans désordre ne confusion, et le tout au contantement desditz seigneurs viscontes, tellement que de vouloir apporter aujourd'huy de l'altération en la forme, c'est troubler toute l'harmonye quy s'y est recognue sans interruption puys en sy long temps; oultre ce que la forme s'en estant altérée peult porter de l'innovation en la matière, mesme pour ce que s'il fault ramener l'ordre desdits Estatz à l'exemple de la grande antiquité où lesdits seigneurs viscontes présidoient opinoient et imposoient on seroit obligé à ne parler, ne traicter d'aultres affaires que de ceulx quy estoient concertés lorsque lesdits seigneurs y présidoient et lesquelles affaires pour lors ne regardoient que ce quy touchoit le corps général dudit visconté, sans adviser de sy près et sy directement l'intérest particulier desdits seigneurs, comme faict ce de quoy on y traicte aujourd'huy, et où gist le principal subject de la convocation, qu'est cause qu'il n'y a rien d'estrange en la matière nouvelle quy implique des intérests plus exprès, précis et personnelz envers lesdicts seigneurs a introduict une nouvelle forme quy en esloigne en quelquefaçon la présidence desdits seigneurs, quy se contantent des fruitcz et effectz des bonnes vollontés de leurs subjects qui réunissent de telles assemblées authorisées, comme dict est, de leur nom: Et ainsi sur le changement du train de ceste antiquité la forme et la matière se sont aujourd'huy rendues inséparables en telle sorte qu'on ne peult prendre l'une et laisser l'aultre sans dissouldre le corps entier, et

faudroyt en tout et par tout restrasser les pas de ceste
antiquité et non poinct à demy ou n'en parler du tout poincte.

Aussi fault-il croire que sy feu Monseigneur, quy estoict
sensible à l'honneur aütant que seigneur dü monde, eust
trouvé de l'inconvénient en l'ordre que nous tenons et eust
jugé y avoir tant soit peu de diminution de son authorité,
il n'eust jamays passé ny accepté telle forme et moingts
eust-il souffert qu'en sa présance lors de la tenue desdits
Estats, en la ville de Saint-Céré, 1597, le feu s^r de Meynard
conseiller en la cour de parlement de Tholouze et le chef
conseiller de mondit seigneur eust esté esconduyt de l'instance qu'il avoyt faicte d'entrer au conclave desdits Estats et
y avoir voix délibérative après avoir faict la proposition de
la part de mondit seigneur lors de l'ouverture desdits
Estatz.

Il y a un autre poinct de nouveauté qu'on a voueu glisser à la queue de l'autre, c'est qu'il a esté parlé d'establir
un syndic général des paroisses quy font part au corps desdits Estatz pour y avoir entrée et voix délibéraüive.

Mais, Monseigneur, nous supplions vostre exellance de se
représanter que le nombre de troys dont lesdits Estatz sont
composés est sy entier qu'il n'y eschoit point de crue,
comme contenant le principe, le milieu et la fin, qu'est tout
ce qu'on pourroyt désirer; et d'ailheurs la pluralité de tant
de testes ne peult qu'apporter du désordre et de la combus-
tion, et y ayant lieu dans ce nombre de troys un tissu de
parfaites intelligences quy s'y sont toujours recognues de
main en main pour le service et contantement du seigneur,
qu'est-il besoing de changer l'harmonie quy ne s'accorde
vollontiers en matière de délibérations et suffrages avec le
nombre de quatre, nombre trop ingénieux pour faire des
partages et par une esgalité de voix contraires, ou gist
l'inégalité mesme, couper un corps en deux, jetter des se-
mances de division, brigues et monopoles, et en effet sus-
pendre et tenir en balance le bien de vostre service.

En un mot les additions et inventions nouvelles sont pé-
rilleuses, ce qu'estant préveu par les Lacédémoniens lorsque le musicien Phrinies (?) adjousta deux cordes aux

sept ordinaire de la lire, elles lui furent coupées avec une tranchette, par l'éphore Emirepis (?) et la déffance prononcée en forme d'arrest ne violer poinct la musique.

Ce sont les remonstrances que nous vous faisons, Monseigneur, non avec un esprit de contantion ains de submission et humilité telle qu'est deue par les subjects à leur seigneur et maistre; et vous supplions et conjurons par la mémoire de feu Monseigneur, et par vostre nouvel advènement à la seigneurie et domination que vous avez sur nous de nous maintenir en l'ordre quy ne vient point de nous par invention nouvelle et que nous tenons des seigneurs viscomtes vos prédecesseurs, et ne nous faire perdre le chemin que nos devantiers ont frayé par si longues années et auquel ils nous ont introduit par la main comme le plus asscuré pour vous treuver et aller recognoistre par des pas libres et non contraincts avec protestation de nostre part et quy vient du plus naïf de nos cœurs et sentimens que nous ne faisons ceste instance que pour vous mieux servir, comme estans, Monseigneur, vos très humbles et obéissants subjects et serviteurs les gens des Estatz de votre visconté au pays de Quercy, les consuls de Martel et syndicz de Saint-Céré et Gaignac. Ainsi signé : Linars, Chieze, Gautier, Dumas, La Garinie et Daumarès.

Du doubtziesme may 1623.

XVI

Estatz ordinaires de Limosin pour l'an 1634 (1).

L'an mil six cens trente quatre et le dixneufviesme jour de juin, en la ville de Turenne, en Limosin, et dans la maison de feu Me Anthoine Ferric, advocat de la dicte ville, et en l'assemblée des Estatz du Visconté de Turenne pour la partie du Limosin et de l'ordonnance de Gédéon de Vassinhac, escuier seigneur dudict lieu, baillif perpétuel de Croixe, gouverneur du présent visconté de Turenne, et en vertu de

(1) Archives nationales, R* 493, f* 252.

la Commission à luy envoiée par Madame Elisabeth de Nassau, princesse d'Orange, duchesse douairière de Bouilhon,
au nom et comme ayant tout pouvoir de Monseigneur son
filz, Frederic-Maurice de Latour duc de Bouilhon, prince
souverain de Sedan et Raucour, visconte de Turenne,
comte de Monfort et de Negrepelisse, visconte de Castilhon
de Linquais, seigneur et baron de Mongascon, Limeul,
Liergues, Maringues, Clairant et autres places, capitaine de
cent hommes d'armes de l'ordonnance du Roy, par ledict
sieur exibée et remise en mains de moy, greffier soubzsigné
en dacte du troisiesme jour du mois d'avril audict an mil
six cens trente quatre, signé Elisabeth de Nassau, et plus
bas, par madame, Chadirac et scellée du seau des armes de
madicte dame, laquelle a esté leue a haulte voix par moy
greffier en l'assemblée desdits Estats et sera insérée à suitte
et a fin d'iceux, et sans approuver par lesdits sieurs des Estatz la qualité de président attribuée par la dicte commission audict seigneur de Vassinhac, et aux protestations de
se pourvoir devers mondict seigneur pour cest effect et
aussy sans déroger par le dict sieur de Vassinhac en aulcun
point de sa commission qui puisse préjudicier à mondict
seigneur ; en laquelle ont assisté MM. M° Jean de Chaumel
du Lavadour, advocat, Jean Maillot, bourgeois, et Pierre
Breilh, juge de Grammont, consulz de la ville de Beaulieu,
M° Pierre Dubac, scindic général de Servière, Anthoine
Chessanset, M° appariteur, M° Léonard Coureze, consulz de
la présente ville de Turenne, Jean Bandes, bourgeois, Jean
Meilhac, notaire royal, consulz d'Argentac, assistes de
M° Pierre Dubac, bourgeois du dict Argentac, pour délibérer et traicter des affaires dudict visconté ; après que le dict
sieur a eu déclaré son intention et proposé les poincts sur
lesquel il entendoit estre délibéré, et que de la part desdictz
consulz et scindic général audict nom aist esté aussi proposé suivant leurs charges et mémoires et grandes et mur-
res délibérations, lesdictz sieurs des Estatz ont ordonné
qu'il sera mis et desparti audict visconté pour la partie de
Limosin les sommes ordinaires accordées à feu Monseigneur et autres cy bas contenues pour estre cottizées sur les

villes bourgs et paroisses dudict païs le plus esgalement
que faire se pourra, levées et mises es mains de Me Jean
Foucher, trésorier recepveur de ces deniers, payables en
deux pacqz, scavoir, la moitié au jour et feste de St-Jean et
l'autre moitié au jour et feste de Noël prochain venant,
pour estre emploiée selon que Monseigneur l'ordonnera.

Premièrement, pour les deniers ordinaires des tailles de
mondict seigneur, la somme de six mille livres.

Pour les gages de MM. les consulz de Beaulieu, vingt
quatre livres.

Pour les gages de M. le scindic général de Servière, six
livres.

Pour les gages de MM. les consulz de Turenne, six livres.

Pour les gages de MM. les consulz d'Argentac, six livres.

Pour les gages de M. Foucher, trésorier, deux cens livres.

Pour Me Anthoine Girbaud, greffier des Estatz, trente livres.

Pour M. le Sénéchal, neuf livres.

Pour M. Greil, procureur général du domaine, neuf livres.

Pour M. Geoffre, procureur de Monseigneur à Brive, six
livres.

Pour le sergent des tailhes, pour le port de lestres mandes et commissions, cinq livres.

Pour le sergent de MM. les consulz de Beaulieu, trois livres.

Pour le sergent de MM. les consulz de Turenne, trente
solz.

Pour le sergent de MM. les consulz d'Argentac, trente
solz.

Pour la despance des presents Estatz, la somme de cent
quarante-sept livres, quatorze solz.

Somme tout, la somme de six mille quatre cens cinquante
une livres, quatorze solz.

Sensuit le département de la dicte somme de six mille
quatre cens cinquante une livres quatorze solz :

	l.	s.	d.
Turenne..........................	250	»	»
Jugealz.........................	72	14	6
Sainct-Hilaire-de-Cornil.........	129	3	»
Chameyrac.......................	98	7	»
Vénarsal........................	28	14	»
Ussac...........................	206	14	»
Dampniac........................	114	»	»
Lanteuilh.......................	93	10	»
Malemort........................	68	13	»
Noaillac........................	184	16	8
Linieyrac.......................	195	10	»
Colonges........................	261	»	»
Saillac.........................	66	5	»
Chaufours.......................	43	»	»
Beynat..........................	281	15	»
Meissac.........................	319	»	»
Sainct-Bauzile..................	91	»	»
Marcillac.......................	146	10	»
Sainct-Julien...................	93	10	»
Sérilhac........................	261	5	»
Lostanges.......................	132	6	»
Curemonte.......................	200	»	»
Lachapelle......................	131	8	»
Vegene..........................	121	»	»
Queyssac........................	81	5	»
Puydarnac.......................	180	16	»
Nonards.........................	91	5	»
Tudeil..........................	90	»	»
Sainct-Genies...................	84	»	»
Beillac.........................	152	10	8
La ville de Beaulieu............	252	1	»
Altillac........................	240	»	»
Mercues.........................	58	10	»
Branseilles.....................	26	»	»
Sionhac.........................	40	»	»
Liourdre........................	26	»	»
Astaillac.......................	7	»	»
Lagarde.........................	15	1	8

Chasteaux.....................	159 ll.	» s.	» d.
Lissac........................	143	»	»
Chartriers....................	83	12	»
Sainct-Serny..................	91	10	»
Estivals......................	64	»	»
Nespouls......................	72	»	»
Noualles......................	57	»	»
La ville d'Argentac...........	70	15	»
La Chatellenie de Servières......	778	»	»
Somme tout...................	6,473	1	6

Finalement a esté aresté par lesdicts sieurs des Estatz que les prochains Estatz seront tenus en la ville de Beaulieu.

Faict, clos et arresté les jours, mois et an susdicts, audict Turenne, lesdicts sieurs des Estatz signés à l'original.

Signé : GIRBAUD, greffier des Estatz.

Copie d'ordonnance de Madame, pour la séance de Monsieur Greil procureur général du domaine du visconté de Turenne :

Sur ce qui a esté représenté à Madame qu'en l'assemblée dernière des Estatz du viconté de Turenne, il avoict esté faict quelques difficultés sur l'entrée et séance en icelle du sieur Greil à présent procureur général du domaine dudict visconté, quoy que ses devanciers en ladicte charge y ayent tousjours esté receus sans aucun contredit, son excellence ordonne que ledict sieur Greil, en ladicte qualité de procureur général du domaine, aura entrée en séance ausdicts Estatz, tout ainsi et en la mesme forme et manière que ses devanciers l'ont eue, sans qu'il puisse estre troublé ni empesché à l'advenir pour quelque cause et prétexte que ce soict, mandans et ordonnans aux gens desdicts Estatz que la présente ordonnance ilz fassent lire et enregistrer, et du contenu en icelle jouir et user ledict sieur Greil plainement et paisiblement ; en tesmoing de quoy son Excellence a signé la présente de sa main et faict contre signer par moy son conseiller et secrétaire ordinaire soubzsigné. A Sédan, le troisiesme jour du mois d'avril mil six cens trente-quatre.

2

Signé : ELISABETH DE NASSAU, et plus bas, pour MADAME, CHADIRAC.

Extrait de l'original par moy, notaire garde notte et greffier des Estatz du visconté de Turenne soubzsigné, exibé et retiré par ledict sieur Greil.

Signé : GIRBAUD,

greffier des Estatz.

XVII

Etats extraordinaires de Limousin, pour l'an 1634 (1)

L'an mil six cens trente quatre et le dixneufviesme juin en la ville de Turenne en Limosin, et dans la maison des héritiers de feu M. E. Enthoine Ferric, advocat en la cour de Parlement, en l'Assemblée des Estatz du viconté de Turenne, convoqués par Gédéon de Vassinhac, escuier, seigneur dudict lieu, gouverneur du viconté de Turenne, en vertu de la Commission contenue aux précédens estatz ordinaires, en laquelle ont assisté M. E. Jean de Chaumel du Lavadour, advocat, Jean Maillot, bourgeois, et Pierre Breilh, juge de Gramont, consuls de la ville de Beaulieu, Mᵉ Pierre Dubac, sindic général de Servière, Anthoine de Chossanset, Mᵉ appariteur, Léonard Coureze, consul de la dicte ville de Turenne, Jean Bandes, bourgeois, Jean Meilhac, notaire royal, consulz d'Argentac, assistés de Mᵉ Pierre Dubac, bourgeois dudict Argentac, faisant le corps desdictz Estatz; lequelz après avoir procédé au despartement des ordinaires des tailles dues à Monseigneur, ont trouvé estre à propos de mestre en délibération le moyen de satisfaire aux propositions qui ont estés faictes de la part dudict Sʳ Gouverneur et Mᵉ Pierre Greil advocat en Parlement, procureur général du domaine de la dicte visconté.

En premier lieu s'est présenté Mᵉ Jean Fouchier, advocat en Parlement qui a dict qu'il a pleu à Madame le pourvoir

---

(1) Archives nationales, R² 493, f° 255.

de l'office de trésorier et receveur des tailles du présent visconté soubz la démission pure et simple faicte par Mᵉ Charles Fouchier son père, pourveu dudict office, ainsin qu'a faict apparoir desdictes lettres expédiées en parchemin, en dacte du vingt uniesme février mil six cens trente trois, signées Elizabeth de Nassau et plus bas, par Mᵐᵉ, Chadirac, attend requiert lecture et enregistrement estre faict par vostre greffier desdictes lettres, pour jouir et user de l'esfect d'icelles, conformément à la volonté de madicte Dame.

Surquoy, le dict seigneur de Vassinhac, président ausditz Estatz, de l'avis desdicts sieurs des Estatz, après avoir prins dudict Fouchier le serment en tel cas requis et accoutumé, aurions faict faire lecture à haute voix par nostre greffier des susdicts Lettres et ordonné qu'elle seront registrées en registres des Estatz pour en jouir et uzer par ledict Fouchier, conformément à icelle et suivant la volonté et intention de ma dicte Dame, et à la charge de bailler bonne et suffizante caution conformément ausdictes provizions.

Et sur la lecture qui a esté présentement faicte de la lettre de Madame au corps des Estatz, et sur ce que par Mʳ de Vassinhac, gouverneur du visconté, a esté représenté à l'assemblée que l'acte de l'opposition qui fust faicte en la ville de Martel, le dix-neufviesme aoust dernier, a tellement scandalizé Madame qu'elle n'y a peu dissimuler le mescontentement qu'elle a resseu, ainsin que l'assemblée a peu remarquer dans la lestre qu'elle luy faict l'honneur de lui escrire pour la semondre a réparer le deffault qu'elle y a remarqué, sóict en la matière, soict principalement en la forme, estant ladicte opposition conceue en termes peu respectueux et esloignés de la defferance que les subjetz doibvent et qu'il avoient tousjours accoustumé de rendre à Son Excellence en semblable occasion de s'aliéner de la grande affection qu'elle tesmoigne continuellement à nostre bien et réparer promptement ce desfaut et lui donner toute la satisfaction qu'elle en peut désirer.

Sur quoy l'assemblée, après avoir faict la lecture de la

lettre qui vient de leur estre rendue de la part de Son Excellence, supplie très humblement Sa Grandeur de ne vouloir pas imputer ceste faulte à quelque desfaut de respect et de très humble obéissance qu'elle désire lui rendre avec toute sorte de dévotion et de submission, que si, dans la frayeur que le bruilt de la commission pour les frans fiefz leur avoit donné, ilz se sont portés à former quelque opposition et qu'il se soict coulé quelques termes qui aient peu donner quelque mescontentement à Son Excellence, ils en sont très dolents et maris. — Et affin de lui tesmoigner combien ilz sont desplaisans, par délibération de toute l'assemblée, déclairent qu'ilz n'ont eu autre intention en faisant ladicte opposition que d'arrester le cours de l'exécution de ladite commission jusques à ce qu'ils eussent faict depputation devers son Excellance pour la supplier très humblement leur faire l'honneur de les escouter en leurs raisons et d'avoir agréable la depputation qui en seroict faite à ces fins pour leur faire leurs très humbles remonstrances, espérant de son équité et justice qu'après les avoir ouïs elle ne les voudra pas despouiller de leurs droictz, exemptions et franchizes.

La dicte Assemblée aiant juste subject de louer Dieu de l'heureux mariage de Monseigneur, se recognait obligée de rendre à Madame la Duchesse ses devoirs et submissions pour première recognaissance, et lui tesmoigner les très fidèles affections et très humbles obeissances de subjetz, estime qu'il est très à propos de depputer devers elle deux personnes du corps de ses Estatz pour lui en faire les protestations, et que tout présentement attendant l'agréation de Madame sur ce subject, il sera procédé à la nomination.

Et après que les voix ont esté colligées séparément et en la forme accoustumée en semblable occasion, les suffrages se trouvant donnés au Sr de Chaumel Sr du Lavadour et Monsieur de Vassinhac, président en ladite assemblée de l'avis et au nom d'icelle, a conjuré ledit sieur de vouloir accepter ladicte depputation puisqu'elle ne scauroit estre que très honnorable et utile a tout le corps des présents Estatz, et ordonné par mesme advis d'icelle que pour fournir

aux frais de ce voiage lui sera bailliée la somme de sept
cens livres tournoist, laquelle sera tout présentement
imposée pour estre destinée à cella seulement sans la pouvoir divertir à autre uzage.

Et par ce que sy Madame agrée ladicte depputation il est
expédiant de faire proffiter ledict voyage au soulagement
du païs, ledict sieur député peura se servir de cesté occasion, soubz le bon plaisir demandé, donnée pour représenter
à Son Excellence, les justes subjets que nous avons de nous
plaindre de la commission qu'elle a baillée pour la levée de
frans fiefz et la supplier très humblement de la part de tout
le corps de nous vouloir renvoier en nos requestes et justes
raisons. Et cependant l'on préparera les mémoires et
instructions qu'on doict baillier audict sʳ député avec toutes
les pièces et tiltres nessessaires pour la justification de
l'exemption et franchise dudit païs et notament tout ce qui
regarde les frans fiefz.

Et afin que le dict sʳ député puisse s'en aller avec
quelque dessence devers Madame la Duchesse et lui donner
quelque tesmoignage des bonnes volontés du païs a esté accordé qu'il sera imposé pour le présent que le païs luy faict
mille pistolles qui reviennent à la somme de huict mille six
cens livres, laquelle sera payable en deux pactes par les
contribuables et néantmoins on recherchera les moyens de
luy faire le dict présent tout à la foys.

Ladicte assemblée ayant aussi considéré les grands soings
que M. Justel a eu de faire confirmer de nouveau les priviléges du visconté et qu'il est à présent encore sur le poinct
de les faire vériffier en la Chambre des Comptes, en recognoissance de ce, ordonne qu'il sera imposé la somme de
trois cens livres pour lui estre donnée. Et que lorsque les
sieurs députés s'en jointase (sic) de le supplier de vouloir
continuer et verront avec lui les fraiz qu'il a exposés ou
qu'il esposera pour faire passer lesdicts privilèges en la
Chambres des Comptes, et en raporteront l'estat sommaire
pour estre imposés aux prochains Estatz pour le remboursement entier que l'assemblée entend faire et qu'elle fairoit
de présent sy elle estoit informée de l'estat desdicts frais.

Sera aussi imposée la somme de cent cinquante livres pour les frais que M. de Vassinhac feust obligé de faire à Brive lors du passage du Roy ou pour l'achat d'un fuzil qui fust donné de la part du païs à Monsieur de Pompadour.

Et parce que le païs emprunta à M. le lieutenant-général de Martel la somme de trois cens unze livres qui feust imposée l'année dernière et que néanmoins n'a pas encore esté payée, a esté ordonné que le s' Fouchier, trésorier, qui l'a levée ou deub lever, payeroit ladicte somme, et que pour les interests qui ont coureu ou pouroient courir jusques à l'effectuel payement qui se fera dans deux mois prochains, sera imposée la somme de trente-sept livres dix solz.

Pour l'arrest obtenu au Parlement de Bourdeaux contre le s' Bacour, et pour le remboursement des frais advancés par MM. les consulz de Beaulieu ou pour les frais de divers voyages, sera imposée la somme de soixante-dix livres.

Plus pour la despance faicte par M' Dubac, scindic général de Servière, pour divers voyages contre le dict Bacour, trente-cinq livres.

Plus pour la despance faicte par MM. les consulz de Turenne, à mesmes fins, vingt-huict livres.

Plus pour la despance faicte par MM. les consulz d'Argentac, pour mesmes fins, vingt-huict livres dix solz.

A Girbaud, greffier des Estatz, pour avoir envoyé les lettres que M. le gouverneur escrivict à MM. des Estatz du visconté par messager expres, envoyé de Limeul où les sieurs estoient ou pour de risques qui les porta ausdicts sieurs des Estatz et à toutes les parroisses du visconté en particulier, la somme six livres quatorze solz.

Plus audict Girbaud pour les coppies qu'il a faictes de la confirmation des privilèges que M. Justel envoya de Paris ou pour d'autres caiers qui en ont demandé la somme de vingt livres.

Plus pour la dépance des présents Estats outre celle de l'ordonnance, la somme de cent trente deux livres six solz.

L'assemblée des Estats de l'année dernière ayant resmis à l'ordre de Madame la résolution des difficultés qui s'estoient formées pour l'entrée en séance du sr Greil ausdicts Estatz en qualité de procureur du domaine, Madame en ayant envoyé son mandement, a esté ordonné que conformément à sa volonté ledict mandement sera présentement leu et enregistré affin de s'y conformer à l'advenir, et tout incontinant la lecture en a esté faicte et l'enregistrement comme s'ensuit.

Pour l'assistance de MM. les consulz de Beaulieu, trente-six livres.

Pour l'assistance du scindic général de Servière, neuf livres.

Pour l'assistance de MM. les consulz de Turenne, neuf livres.

Pour l'assistance de MM. les consulz d'Argentac, neuf livres.

Pour les gages de M. Foucher, trésorier, deux cens livres.

Pour M. Anthoine Girbaud, greffier des Estatz, trente livres.

Montant, toutes les susdictes sommes, la somme de dix mille quatre cens une livre, laquelle somme sera despartie comme denier extraordinaire et imposée sur toutes les villes et parroisses dudict visconté ez parties de Limosin, pour estre levée, payée et mise ez mains dudict M. Jean Fouchier, en deux pacqz, le premier à la Saint-Jean et l'autre à la Noël le tout prochain, pour estre icelles dites sommes employées pour les raisons susdictes.

Laquelle susdicte somme de dix mille quatre cens une livres sera despartie sur les susdictes parroisses et villes dudict visconté en Limosin comme s'ensuit.

Sur laquelle dicte somme s'est trouvé soixante douze livres de deniers bons sur le despartement qu'en a esté faict la quelle a este tirée, scavoir : du taux de la parroisse de Lanteuil, vingt deux livres, et du taux de ladicte parroisse, cinquante livres, à cause de la grelle qui est tombée esdictes parroisses et des villes de Lanteuil, Puilamonthe, Laborde, Issac. Erac, et sur le total de la parroisse de Dampniac.

Premièrement :

Turenne . . . .   400 ll. 11 s. » d.

Jugeals	116 ll.	16 s.	2 d.
Saint-Hilaire de Cornil	207	»	2
Chameyrac	157	19	5
Venarsal	45	5	6
Ussac	332	»	2
Dampniac	133	2	8
Lanteuil	128	»	5
Malemort	110	5	5
Noaillac	296	17	9
Linieyrac	314	»	2
Colonges	419	4	3
Sailhac	106	8	»
Chaufours	69	1	8
Beynac	452	12	6
Meissac	512	9	8
Sainct-Bausile	146	2	8
Marcillac	236	7	»
Sainct-Julien et Maumont	150	3	4
Sérillac	419	10	10
Lostanges	212	12	»
Curemonte	321	4	4
La Chappelle,	215	17	4
Végene	194	7	1
Queyssac	130	9	8
Puydarnac	314	15	4
Nonards	151	7	10
Tudeil	144	12	»
Sainct-Geniès	134	17	6
Beilhac	245	1	4
La ville de Beaulieu	404	17	»
Altillac	385	10	»
Mercues	93	18	3
Branseilles	41	15	3
Sioniac	74	5	»
Liourdre	41	15	3
Astaillac	11	5	»
Lagarde	24	3	6
Chasteaux	256	7	10

Lissac	229	ll. 14 s.	»	d.
Chartriers.....................	134	»	»	
Sainct-Cerni...................	147	8	»	
Estivals.......................	102	16	4	
Nespouls......................	115	13	4	
Noailles......................	91	11	1	
La ville d'Argentac............	113	13	8	
Servierre.....................	1,249	13	2	

Somme tout, la dict somme de dix mille quatre cens une livres.

Finalement a esté arresté que les prochains Estaz se tiendront en la ville de Beaulieu.

Et d'aultant que l'assemblée a trouvé les dépanses grandement estimées et qu'il y a eu plainte du peuple, a esté arresté aussy que à l'advenir ceux qui auront droict de de convocation de venir en l'assemblée des Estatz logeront où bon leur semblera à la charge qu'il leur sera baillé par jour pour homme et cheval quatre livres et pour ceux des villes ou les Estatz se tiendront leur sera baillé trente solz.

Faict et arresté les jours, mois et an susdicts, audict Turenne, les dicts sieurs des Estatz signés à l'original.

Signé : GIRBAUD, greffier des Estatz.

XVIII

Etats de Quercy, tenus à Martel le 22 juin 1634 (1).

Aujourd'huy vingt et deuxiesme jour du moys de juing mil six cens trante et quatre, en la ville de Martel en

(1) Document communiqué par M. J.-B. Champeval.

Quercy, se sont assemblés messieurs les consuls de lad.
ville avec leur syndic et messieurs les syndics de Saint-
Céré et Gaignac faisant le corps des Estats du visconté de
Turenne au pays de Quercy, assistés de leur conseil, après
y avoir esté convoqués par Monsieur de Vassighac, gouverneur du visconté, de la part de Monseigneur, quoy que ce
soit de la part de sa mère en son absance, et après avoir
entandu la lecture de la commission de lad. dame à l'effet
de la convocation et assemblée des Estats et que les gens
desd. Estats ont déclaré et protesté comme autrefoys qu'ils
n'entendent approuver les termes de laditte commission en ce
qui est dit que led. sieur de Vassighac présidera et conclurra en
l'assemblée desd. Estats ; et après que led. sieur de Vassighac
s'est retiré, lad. commission estant demeurée en mains du
greffier desd. Estats, ont esté faittes en lad. assemblée les
propositions, délibérations et conclusions suyvantes :

Premièrement, Mᵉ Mᵉ Louys Rogier, advocat en la Cour,
premier consul de lad. ville, a remonstré que mad. dame
ayant cy-devant envoyé la commission pour la levée du
droit des francs fiefs qu'elle prétand estre deub à Monseigneur dans l'estanduc dud. visconté à raison de la vingtiesme année sur les roturiers tenants fiefs, terres et
domaines nobles, mais iceux roturiers ayant esté assignés
aux fins du payement de tel prétandu debvoir par affiches
publiques en la présant ville de Martel devant les commissaires pour cest effect depputtés, lesd. sieurs consuls et
syndics de Martel, Saint-Céré et Gaignac voyant qu'une
telle commission faisoit une grande bresche aux privilèges,
immunités et franchizes dud. viscomté, se seroient retirés
devers led. sʳ de Vassighac, gouverneur, estant lors au lieu
de Croixe, pour le prier d'agréer et trouver bon qu'il se fist
une assemblée aud. Martel pour conférer sur l'occurance
de lad. commission, ce que led. sieur ayant déclairé ne
vouloir empescher, ils se seroint assemblés aud. Martel où se
seroint pareillement randus Messieurs les consuls de Beaulieu, syndics d'Argentat et Servières qui composent le corps
des Estats dud. viscomté au pays de Limosin, pour l'effet de
mesme conférance, ou ayant esté représanté par lesd. sieurs

consuls de Martel qu'ils auroint donné cognoissance aud. sieur de Vassighac qu'on pourroit prandre résolution en lad. assemblée de députer vers Madame pour faire très humbles remonstrances à son Exellence sur l'importance de lad. commission et préjudice qui redondoit d'icelle sur les privilèges et immunittés du pays, pourveu que led. sieur de Vassighac les asseurast que à l'exécution de lad. commission sursoiroit jusques à ce que les remonstrances faittes on apprandroit plus à plain les intentions de lad. dame, ce que le sieur de Vassighac n'auroit voulu promettre; lesd. sieurs consuls et syndics, tant du Quercy que Limozin, se voyant exclus de pouvoir procéder par voyes de remonstrances très humbles à quoy la qualitté de très bons et très fidelles subjects les obligeoit, et qui néantmoins ne pouvoint avoir lieu tandis que l'exécution de lad. commission prandroit cours et que probablement seroit achevée avant que les deputtés eussent fait leur charge à cause de la grande diligence et ferveur qu'on apportoit au progrès de lad. commission, il auroit esté résolu, pour arrester un cours si rappide de commission, de former opposition à icelle et se pourvoir en inhibitions devers le parlement sans préjudice desd. remonstrances, ce qui auroit esté fait; et depuis led. sieur Rogier, syndic général esleu en lad. assemblée pour le pays dud. viscomté de Quercy pour le fait desd. francs fiefs, ayant sceu qu'il y avoit long temps que led. sieur de Vassighac avoit receu la commission de mad. dame pour l'ouverture et tenue desd. Estats sans néantmoins la ramener en effet, et considérant que tel retardemant reculoit les effets du debvoir envers lad. dame concernant lesd. remonstrances qui ne se pouvoint faire sans l'ayde du pays pour subvenir aux frais requis et necessaires à un si loingtain voyage, icelluy sieur Rogier prenant l'occasion de ce que led. sieur de Vassighac estoit tout porté en la présente ville, seroit entré en sommation pardevant notaire et tesmoings en lad. qualitté de syndic général envers led. sieur à l'effect de l'ouverture desd. Estats en vertu de lad. commission aux fins que led. corps des Estats ayt moyen de satisfaire auxd. remonstrances et randre par cest ordre les debvoirs de bons

subjects à mad. Dame et luy tesmoigner et à Monseigneur
les affections acoustumées et tout autrement qu'est porté
par led. acte en datte du premier desd. moys et an, receu
par Oudart, notaire royal, duquel acte ayant esté fait lecture
led. sieur Rogier a requis estre advisé du contenu en iceluy
par tant que besoin; et de plus après que led. sieur de
Vassighac a fait l'ouverture desd. Estats, ayant iceluy remis
devant les gens tenants lesd. Estats une lettre de Madame
adressante à eux, en datte du vingt et troisiesme may mil
six cens trante et quatre, portant entre autres choses
quelle auroit agréable qu'on fist entandre à son Excellance
par de bons mémoires et instructions les raysons et fon-
dements que les habitans dud. viscomté auroint pour
s'exempter dud. droit des francs fiefs :

A esté délibéré et conclud tant sur ce qu'à esté cy-dessus
représanté par led. sieur Rogier que sur le subjet de la
lettre de mad. Dame que les gens desd. Estats approuvant
et ratifiant le contenu aud. acte fait par led. sieur Rogier,
ez lad. qualitté de syndic dud. pays comme tandant au bien
public et au service de mond. seigneur, et ce fait qu'il sera
imposé sur le pays dud. viscomté de Quercy la somme de
deux mille cinq cens livres de don fait à monseigneur pur
gratuit et sans que le pays soit tenu par aucune nécessité
de rante, taille ou subvention annuelle, les protestations
faites aux précédants Estats tenus ici pour réitérées, et à la
charge de nous protéger par mond. seigneur et maintenir à
l'exemple de Monseigneur son père en la possession de nos
privilèges, libertés et franchises, mesmes et par exprès en
l'immunité de ne payer de droit de francs fiefs de laquelle
les habitants dud. viscomté ont jouy jusques à présent
et qui est, un des articles principaux des privilèges dud.
pays.

Et de plus les gens desd. Estats, par forme de congra-
tulation du mariage de mond. seigneur et tesmoignage plus
entier de leur joyeux ressentimans en une telle occasion,
après avoir porté leurs vœux au ciel d'y départir abondam-
ment ses bénédictions, ont donné à mond. seigneur la somme
de douze cens livres.

Plus a esté résolu de faire très humbles remonstrances à
Madame en l'absance de Monseigneur son fils tant par
escrit que de vive voix sur le méritte de l'opposition faicte
à l'exécution de lad. commission contenant led. prétandu
droit de francfiefs et qui contiendront les causes et raysons
qui doibvent mouvoir son excellance à révoquer icelle commission, et pour prandre l'ordre de Madame en cas qu'elle
feroit difficulté de faire lad. révocation de passer par advis
de conseil non suspect et par la voye la plus douce et
civille que faire se pourra; et à ces fins ont estés nommés
et esleus pour depputtés un de chascune desd. villes de
Martel, Saint-Céré, Gaignac, Servière.

Pour subvenir aux frais de laquelle depputtation sera
imposée sur le pays, la somme de six cents livres.

Plus a esté arresté que M. Me Lôuys Lascous, advocat en
la Cour, qui a desjà dressé des mémoires pour l'immunité
des francsfiefs et qui ont esté communiquées à M. le procureur du domaine, sera requis et employé à dresser lesd.
remonstrances par escrit, et pour son travail tant à
raison desd. mémoires que remonstrances qu'il dressera il
luy est accordé la somme de soixante quinze livres.

Plus aud. sr Rogier, pour avoir obtenu en lad. qualitté
de syndic général arrest d'inhibitions et commission de la
cour de parlement de Thoulouse de ne passer oultre aux
frais de lad. commission des francsfiefs ou pour autres
diligences par luy faittes ce concernant, la somme de soixante livres, à la charge néantmoins qu'en cas de besoing
led. sieur Rogier aud. nom fera les diligences pour obtenir
pareilles inhibitions du parlement de Bourdeaux, et de luy
estre fait droit et taxe raisonable pour le rambourcer des
fraix qu'il conviendra exposer à cest effet.

Au sieur de Vassighac, gouverneur de Turenne, la
somme de quatre-vingt livres en recognoissance du soing
particulier que led. sieur auroit apporté à l'advancement
du bien public du pays.

. Au sieur de Gaignac, gouverneur de Saint-Céré, et pour
mesme subjet, la somme de cinquante livres.

A M. le procureur du Roy, premier consul de Martel,

pour avoir contribué ses soins et diligences en plusieurs occurances pour le bien du public, la somme de trante livres.

Pour l'assistance de Messieurs les consuls de Martel, la somme de quarante livres.

Pour le syndic dud. Martel, cinq livres.

Pour l'assistance desd. syndics de Saint-Céré, trante et six livres.

Pour l'assistance des syndics de Gaignac, trante livres.

Pour les gaiges de M. Faucher, thrésorier, la somme de soixante et quatre livres.

Pour les gaiges de Girbaud, greffier, trante livres.

Pour les gaiges de M. le seneschal, six livres.

Pour les gaiges de M. Greilh, procureur du domaine, six livres.

Pour les régents de Martel, cent cinquante livres.

Pour les régents de Saint-Céré, cent cinquante livres.

Pour les régents de Gaignac, trante six livres.

Pour le sergent des tailhes, quatre livres.

Pour le sergent de Martel, trante sols.

Pour la despance de messieurs les consuls de Martel, quarante livres.

Pour la despance de messieurs les syndics de Saint-Céré, trante sept livres dix sols.

Pour la despance de messieurs les syndics de Gaignac, vingt-livres.

Pour la despance de monsieur le Gouverneur, quarante livres.

Pour la despance du thrésorier, huit livres.

Plus pour Oudart, notaire, qui auroit receu plusieurs actes concernant les affaires du pays, six livres.

Plus pour la despance de messieurs les syndics de Saint-Céré et Gaignac, pour s'estre randus à Martel pour délibérer des affaires du publiq et ce par diverses fois, a esté accordé auxd. sieurs syndics de St-Céré trante livres, et aux syndics de Gaignac, pareille somme de trante livres.

Plus pour la collation donnée par led. sieur Rogier, premier consul, la somme de six livres.

Montant tous les articles susdits à la somme de cinq mille trois cens septante une livre, neuf sols, trois deniers.

Finalement, a esté accordé que les prochains Estats se tiendront en la ville de Saint-Céré.

S'ensuit le despartement de lad. somme de cinq mille trois cens septante une livre, neuf sols, trois deniers.

Premièrement, Martel, deux cens douze livres, huit sols, cinq deniers.

La chastellenie de St-Céré, mille six cens soixante deux livres, neuf sols, neuf deniers.

La chastellenie de Gaignac, cent septante trois livres, trois sols, deux deniers.

Saint-Félix, vingt neuf livres, huit sols, six deniers.

Saint-Michel, cent cinq livres, dix deniers.

Creysse, cent septante et trois livres, neuf sols, sept deniers.

Saint-Sozy, nonante et huit livres, dix et neuf sols, six deniers.

Blansaguet, vingt et une livres, quatre sols, deux deniers et demy.

Saint-Palavy, septante et sept livres, deux sols, deux deniers.

Beyssac, septante et cinq livres, six sols, sept deniers et demy.

Reyrevignhes, quarante sept livres, un sol, huit deniers.

Bourzolles, vingt et quatre livres, cinq sols, six deniers.

Floyrac, huittante cinq livres, quatre sols, dix deniers.

Cavaignac, cent soixante livres, treize sols, sept deniers.

Ginhac, trois cens quarante quatre livres, cinq sols, un denier et demy.

Rignac, cent huittante trois livres, sept sols.

Creyssensac, deux cens vingt livres, huit sols, cinq deniers.

Cuzance, deux cens quarante quatre livres, un sol, six deniers.

Saint-Bonnet, cent nonante et neuf livres, deux sols.

Valeyrac, quarante huit livres, huit sols, dix deniers.

Sarazac, trois cens soixante et sept livres, un denier et demy.

Muret, soixante une livres sept sols trois deniers.

Mayrac, septante six livres, douze sols, huit deniers et demy.

Alvinhac, huittante quatre livres, treize sols, trois deniers.

Saint-Dionys, nonante six livres, seize sols, trois deniers.

Betailhe, deux cens soixante et trois livres, dix et sept solz, six deniers.

Meyraguet, dix et neuf livres, seize sols, quatre deniers.

Clejouz, dix et neuf livres, seize sols, quatre deniers.

Saint-Hilaire, dix et neuf livres, deux sols, deux deniers.

Laval, vingt et trois livres, cinq sols.

Montvalan, cent quatorze livres, unze sols, deux deniers.

Gluge, trente sept livres, un sol, six deniers et demy.

Monte tout, comme dit est, la somme de cinq mille trois cens septante et une livres, neuf sols, trois deniers.

Laquelle somme de cinq mille trois cens septante et une livres, neuf sols, trois deniers sera payée en deux pacts et termes, scavoir : le premier au jour et feste de la Maddeleyne prochain venant et l'autre moytié au jour et feste de Noël appres suyvant, et sera lad. somme cottizée sur lesd. parroisses et habitans d'icelle conformémant au département cy-dessus escript, en Dieu et conscience, le fort portant le foyble, et portée par les syndics au sieur Faucher.

Fait, clos et arresté les an et jour susd. en la susd. ville de Martel, ayant esté prins d'office pour greffier Me Jhean Oudart, notaire royal aud. Martel, à defaut de ce que led. sieur de Vassighac n'auroit voulu souffrir que Me Anthoyne Girbault, greffier auxd. Estats, ayt fait le debvoir de sa charge ; Rogier, premier consul de la ville de Martel, Bertrandi, consul de la ville de Martel, Bourdaria, syndic de la ville de Martel, de Coly, consul de la ville de Martel, M. Chassain, consul de Martel, Boutet, syndic de St-Céré, Rodette, syndic de Saint-Céré, Lavaur, syndic de Gaignac, Destals, syndic de Gaignac, ainsin signés à l'original et moi.

Signé : Oudart, notaire royal.

Et advenu le lendemain, le vingt et troisiesme dud. moys, heure de quatre heures de après midy dud. jour, le cayer des présents Estats ayant esté présenté aud. sieur de Vassighac pour le signer en temps que besoing et led. sieur ayant refusé de ce faire et usé de menace de battre et de frapper ceux qui ne voudroint condescendre à ses volontés et propositions par luy faittes, les gens des Estats ayant voulu prendre acte des menaces et violance, et Mᵉ Guil. Bourdaria advocat comme syndic de lad. ville de Martel assisté desd. sieurs consuls de Martel, syndics de St-Céré et Gaignac, ayant requis led. sieur de Vassighac d'avoir un peu de patience à cause qu'on vouloit faire un acte devant notaire et tesmoings concernant la liberté desd. Estats et le service de Monseigneur, et led. sieur estant à cheval sur la porte de la Fontanelle ayant haussé à diverses reprises un baston, qu'il tenoit en sa main et d'icelluy menacé led. Bourdaria et tasché de l'en frapper et de pousser à cest effet le mulet sur lequel il étoit monté s'il ne se fust retiré, a esté délibéré par lesd. Estats et conclu que les gens desd. Estats prennent le fait et cause pour led. Bourdaria en lad. qualitté comme offancé pour la deffance et l'intérest du publiq et que du tout il seroist informé pour lad. information faitte y estre pourveu par mesd. Seigneur et Dame et autrement aux frais et despans du pays ainsin qu'il appartiendra. Rogier consul de la ville de Martel, Bertrandy, consul, de Coly, consul, M. Chassain, consul, Bourdaria, syndic de lad. ville de Martel, Boutet, syndic de St-Céré, Rodette, syndic de St-Céré, Lavaur, syndic de Gaignac, Destals, syndic de Gaignac, aynsin signés à l'original et moy.

Signé : OUDART, notaire royal.

XIX

Etats de Quercy, tenus à Saint-Céré le 3 septembre 1637 (1).

L'an mil six cens trente sept et le troisiesme jour du moys de septembre, dans la ville de Saint-Céré, en Quercy, et en l'assemblée des Estats du Viscomté de Turenne, ayant esté convoqués et assemblés, après que Monsieur de Vassignac, gouverneur audit viscomté, a eu représenté la commission concernant l'ouverture desd. Estats émanée de Madame, au nom et comme ayant tout pouvoir de Monseigneur son fils, dattée du treizieme juillet aud. an, signée Elisabeh de Nassau, et plus bas, par Madame, Chadirac, et scellée du sceau et armes de mad. Dame, et que lecture a esté faicte à Messieurs les consuls de la ville de Martel, scindics des villes de Saint-Céré et Gaignac composant le corps desd. Estats, qui ont représenté qu'ils n'entendent appreuver lad. commission aux termes qu'elle est conceue pour le regard du droit de présider ez lad. assemblée donnée aud. sieur de Vassignac, et de la part dud. sieur de Vassignac avoir esté remonstré que comme le droit de convoquer et ouvrir le présent Estat appartenoit à Monseigneur, aussi luy appartient le droit de l'élection du lieu de la convocation nonobstant toutes coustumes contraires prétendues, non plus que le droit et authorité de présider et conclure ausdits Estats appartenant à mondit seigneur, il pouvoit du mesme pied commettre tel qu'il luy plairoit pour cest effet, et lesd. sieurs des Estats soustenant le contraire et persistant comme dessus en leurs protestations et déclarations, iceux sieurs desd. Estats se seroient retirés à part, les protestations, déclarations et conclusions suivantes auroient esté faictes :

---

(1) Document communiqué par M. J.-B. Champeval.

Et premièrement, Monsieur Mre Bertrand Labruny, advocat en la cour, premier consul en lad. ville de Martel, a remis et exhibé la réponse escripte par mad. Dame à la lettre à elle envoyée par les gens desd. Estats et rendue à son Excellence par led. sieur de Labrunye, de laquelle ayant esté faicte lecture, led. sieur Labrunye a représenté que suyvant la résolution prinse aux derniers Estats tenus en la ville de Martel, l'année mil six cens trente quatre, d'envoyer les députés vers mad. Dame pour luy faire très humbles remonstrances, tant de vive voix que par escript sur le mérite de l'opposition formée à l'exécution de lad. commission des francsfiefs, contenant les causes et raisons qui doivent mouvoir son excellence à révoquer lad. commission, et prendre l'ordre de mad. Dame en cas qu'elle fairoit difficulté de faire lad. révocation, de passer par l'advis de conseil non suspect et par la voye la plus douce et civile que faire se pouroit, à l'effet de laquelle députation ledit sieur Labrunye auroit esté nommé et esleu par ledit pais et par délibération commune de lad. ville de Martel, et suyvant lad. nomination fait le voyage de Paris, de là à Sedan, devers mad. Dame avec Messieurs de Lavaur et Fraisse, docteurs et advocats, scindics desd. villes de Saint-Céré et de Gaignac, députés aussi dud. pays, lesquels après avoir fait voir et consulté les mémoyres et instructions à eux baillés par advis et délibération de conseil, ils auroient esté conseillés de transiger concernant le droit de francfiefs avec mad. Dame et Monseigneur et accorder certaine somme modique pour le passé et autre somme à payer de vingt en vingt ans, suyvant laquelle résolution ils auroient fait et passé transaction avec mad. Dame pour raison de tous droits et finances qu'elle pouvroit prétendre pour le passé dud. droit de francfiefs à la somme de trois mille livres payables la moytié à la Noël et l'autre moytié à la Saint-Jean advenir et de payer mesme et semblable somme de trois mille livres de vingt en vingt ans après, lequel contract de transaction led. sieur de Labrunye auroit exhibé et d'icelluy fait faire la lecture et requis avec lesd. sieurs Lavaur et Fraisse la ratiffication ensemble la promesse par lesd. sieurs

députés consentie en faveur de son Excellence, la coppie de
laquelle a esté remise et d'icelle lecture faicte.

Davantage a esté représenté par led. sieur Labrunye que
par advis et délibération commune de la part desd. gens
qui composent lesd. Estats il a esté résolu qu'on tesmoignera
à mond. seigneur de Turenne leurs bonnes volontés et affections que les habittans dud. viscomté ont à son service
par une recognoissance qu'on désiroit luy en faire et
soubs l'espérance qu'on avoit que mond. seigneur de Turenne
procureroit envers sa Majesté la révocation de l'emprunt de
la somme de huit mille livres par elle mis sur la ville
de Martel, comme aussy l'exemption des rations ordonnées
par nosseigneurs les ducs d'Epernon et de la Valette, gouverneurs et lieutenants généraux pour le roy en Guyenne
sur le général du Viscomté au présent païs de Quercy,
et pour cest effet on auroit accordé par forme de don pur
et gratuit à mond. seigneur de Turenne la somme de neuf
cens livres, laquelle somme lesd. sieurs consuls de Martel
et scindics de Saint-Céré et de Gaignac auroient empruntée
du sieur de Faucher, trésorier desd. Estats, à la charge
d'icelle faire imposer avec l'intérest puis le jour du bail qui
finit le dernier jour de juin dernier passé, jusques à l'effectif
remboursement qui sera à la feste de Noël prochain, et
ainsi led. sieur de Labrunye auroit remonstré que lad.
somme avec les intérest devoit estre imposée et cottisée sur
le présent pays de Quercy, et moyennant ce lesd. consuls et
scindics demeureroient quittes et deschargés de la promesse
qu'ils auroient consentie en faveur dud. Faucher, et led.
Faucher rendra et remettra lad. promesse cancellée.

Pareillement a esté remonstré par led. sieur Labrunye que
Monsieur de Justel, conseiller et secrétaire du Roy, maison
et couronne de France, intendant des affaires de mad. Dame,
a travaillé et employé ses soings au Conseil et ailleurs en
divers rencontres, à raison de quoy et soubs l'espérance
qu'il continuera à l'advenir les mesmes soings il est à propos
que led. pays le recognoissent par quelque gratification
civile.

Sur quoy a esté délibéré de la part desd. messieurs qui auroient été députés par le conseil de la ville de Martel pour se treuver en ceste tenue des Estats en la compaignie des sieurs consuls de lad. ville que sur ce qui a esté cy dessus représenté concernant le contrat consenti en la ville de Sédan par lesd. sieurs de Labrunye, Lavaur et Fraisse dès le treiziesme juillet dernier, et concernant aussi la révocation demandée par mad. Dame et pour raison de laquelle il auroit esté aussi consenti une promesse par escripture privée à mad. Dame par lesd. Labrunye, Lavaur et Fraisse led. jour treiziesme juillet, ils ne pouroient prendre autre résolution que celle qui avoit esté prinse dans leur maison consulaire en l'assemblée des bourgeois de lad. ville dès le vingt-deuxiesme d'aoust dernier, scavoir est que les scindics de la ville de Martel déclarent en la présente assemblée d'Estats comme ils déclarent que lad. ville ne peut appreuver led. contrat consenti comme dit est par lesd. sieurs Labrunye, Lavaur et Fraisse comme fait sans charge ni procuration expresse ainsi qu'il eust esté requis et comme estant d'ailleurs led. contract directement contraire aux droits, privillèges, immunités, franchises de lad. ville de Martel concernant le droit des francfiefs du payement duquel lesd. bourgeois et habittans d'icelle ville sont exemps et de laquelle exemption ils ont de tout temps et ancienneté jouy, et ne se trouvera point que led. droit leur ayt esté jamais demandé par nosseigneurs les viscomtes ni qu'ils en ayent jamais payés; et par tout où on vouldroit exécuter led. contract contre les habittans de lad. ville les scindics formeroient opposition à lad. exécution au nom de lad. ville et communauté de Martel, et sur ce au plustost seroient faictes très humbles remonstrances à mad. dame, son excellence seroit très humblement suppliée de vouloir, en conséquence desd. privilèges, libertés et immunités, déclarer n'avoir entandu comprendre aud. contrat lesd. bourgeois et habittans de lad. ville de Martel, ains vouloir qu'ils demeurent purement et absolument exempts comm'ils ont esté de tout temps et ancienneté dud. droit de francfiefs et du droit de nouveaux acquets. Et touschant la susd. révocation

demandée comme dit est par mad. Dame, que suyvant l'intention et volonté de mad. Dame et pour luy témoisgner
l'obeyssance qui luy est deue, ledit scindic, pour l'intérest
de la ville de Martel consentiroit comme consent que ce qui
est escript dans l'acte mis au bas du cayer des derniers
Estats demeure révoqué aux conditions aussi que tous autres
actes qui pourroient avoir esté faits delors ou depuis de la
part du Conseil de mad. Dame contre les consuls et scindics
qui estoient pour lors ou leurs assistans demeurent par
mesme moyen mutuellement révoqués pour non faicts et
advenus.

Et de la part des messieurs les scindics de Saint-Céré et
de Gaignac, assistés aussi de leur Conseil, a esté délibéré,
concernant ledit contract dud. jour treziesme juillet dernier
et le contenu en la susd. promesse faict à mad. Dame le
mesme jour treiziesme juillet, il fault appreuver et rattifier
comm'ils appreuvent et rattiflent led. contract passé entre
mad. Dame et leur susd. députtés concernant le droit de
francfiefs à la charge de la rattification de Monseigneur
promise par mad. Dame et avec protestation que la part des
habittans de la ville de Martel ne pouvra point en conséquence de leur opposition ni autrement estre rejettée sur
led. pays, et concernant lad. promesse faicte à mad. Dame
par lesd. députtés qu'ils consentent et accordent que l'acte
d'opposition formée par leurs scindics le dix neufvieme
avril mil six cens trente quatre, à la levée des droicts de
francfiefs ordonnée par mad. Dame, soit et demeure nul sans
effet et comme non advenu ensemble tout ce qui s'en est
ensuivi et pareillement l'acte du vingt troisiesme juin aud.
an, inséré au cayer des Estats de lad. année, à la charge que
moyennant ce demeureront aussy nuls tous autres actes qui
peuvent avoir esté faits au contraire sans que pour raison
de ce il se puisse estre fait aulcune question ni recherche.

De mesme a esté délibéré et conclud par l'unique voix
des gens desdits Estats qu'il sera imposé sur le présant pais
de ce vicomté du présant Quercy la somme de trois mille
une livres de don fait à mondit Seigneur pur gratuit et sans
que led. pais y soit tenu par aulcune nécessité de rente, tailhe,

ou susvention annuelle, les protestations faites aux précédants Estats tenues icy pour reitérées et à la charge de nous protéger par mond. Seigneur et maintenir en la possession de nos privilèges, libertés et franchises.

Davantaige auroit esté arresté par lesd. scindics de Saint-Céré et Gaignac que de la somme de trois mille livres portée par le susd. contract de transaction dud. jour treiziesme juillet dernier et conformément à icelluy il sera imposé sur led. païs la somme de mille cinq cens livres payable au terme porté par le susdict contrast; sur quoy lesd. sieurs députtés du conseil de lad. ville de Martel, et led. scindic auroient déclaré suivant ce qui est porté par le résultat fait en lad. maison consulaire le susd. jour vingt deuxiesme d'aoust dernier qu'en cas où on vouldroit exécuter led. contract contre lesd. habittans de lad. ville de Martel et cottiser lad. somme sur eux, ils s'y opposent comme dit est cy dessus au nom de lad. ville et communauté de Martel, se réservant néantmoings lad. communauté comme il a esté aussi dit cy-devant de faire sur ce au plustost les susd. remonstrances très humbles à mad. Dame en absence de mond. Seigneur et supplier très humblement son excellance de vouloir en conséquence des susd. privillèges, libertés et immunités déclairer n'avoir entendu comprendre aud. contract lesd. habittans de la ville de Martel.

D'abondant les gens desdits Estatz auroient résolu et conclud que la somme de neuf cens livres, cy-devant accordée par forme de don pur et gratuit à Monseigneur de Turenne et qui auroit esté empruntée dud. Faucher, thrésorier desd. Estatz sera imposée sur led. pays avec l'intérest puis le jour de l'emprunt jusques à la feste de Noël prochain venant, led. intérest montant pour led. temps à la somme de vingt six livres, deux sols, six deniers, et que lad. somme principalle et les intérests se départiront et cottiseront sur led. païs de Quercy, à la charge que moyennant ce les promesses faictes pour lesd. sieurs consuls syndics en faveur dud. thrésorier, seront cancellées et remises en les mains desd. consulz et scindics.

Et sur ce qu'on a donné à entendre aux gens desd. Estats qu'oultre lad. somme de neuf cens livres accordées à mond. seigneur de Turenne, il seroit à propos de luy accorder encores la somme de six cens livres pour 'estre employée au payement d'un cheval qui auroit esté vendu par le sieur de Bars à mond. seigneur de Turenne pour la somme de quinze cens livres, a esté résolu qu'à la première tenue d'Estats on taschera de tesmoigner encores particullièrement à mond. Seigneur des effets de nostre bonne volonté en son endroit.

De plus a esté arresté qu'il sera donné à monsieur de Justel, en recognoissance des soings qu'il a exposés en diverses rencontres pour le présent pays et en conséquence de ce qu'on espère de sa part la continuation desd. soings, la somme de trois cens livres.

Plus à Monsieur de Gaignac, en recognoissance des peynes et frais par luy exposés en divers voyaiges pour led. pays, la somme de quatre vingt dix livres.

Plus à Monsieur Andrieu, pour divers frais par luy fais, en divers voyaiges pour le service dud. pays, vingt livres.

Plus à Monsieur Nicolas procureur, pour ses peynes, journées et vacations par luy exposées en la dernière assemblée faicte à Martel et expédition de divers actes par luy faicts en absence du greffier des Estatz concernant les rations, la somme de vingt livres.

Plus à Messieurs les consulz de la ville de Martel, pour divers voyaiges par eux faicts touschant les affaires du présent pais tant à Creysses, Bétailhe, Verdier qu'en la présante ville et à la ville de Gaignac, la somme de cent livres, à la charge de ne pouvoir compter la despense faicte esd. voyaiges en lad. ville de Martel lors qu'ils tiendront à compte.

Plus a esté accordé la somme de six vingt douze livres pour les voyaiges faicts par le sieur de Canolles et austres qui auroient esté employés par monsieur de Vassinhac en diverses occurances pour le bien du public ou du présant pays ou pour tous frais par eux faits.

Plus à Messieurs les syndics de la ville de Saint-Céré, aussy pour divers voyages faicts aud. Bétailhe, Verdier, Creysses et Martel où ils ont esté particullièrement par trois diverses fois accompagnés de leur Conseil ayant en cela fait beaucoup plus de despense et frais que lesd. consulz de Martel, la somme de trente cinq livres.

Plus aux sieurs scindics de la ville de Gaignac, pour mesmes voyages et autres voyaiges faicts cy-devant pour les susd. rations, la somme de trente livres.

Plus pour l'assistance desd. sieurs consuls de Martel en ceste assemblée d'Estats, la somme de quarante livres.

Pour l'assistance du syndic de Martel, cinq livres.

Pour l'assistance des scindics de Saint-Céré, trente six livres.

Pour l'assistance des scindics de Gaignac, trente livres.

Pour les gaiges du sieur de Faucher thrésorier, soixante quatre livres.

Pour les gaiges de Me Anthoine Girbeaud, greffier desd. Estats, trente livres.

Pour les gaiges de Monsieur le Sénéchal, six livres.

Pour les gaiges de Monsieur Andrieu, procureur aud. domaine, six livres.

Pour le régent de Martel, cent cinquante livres.

Pour le régent de Saint-Céré, cent cinquante livres.

Pour le régent de Gaignac, trente six livres.

Pour le sergent des Estats, quatre livres suyvant la coustume et trente sols à raison du sesjour extraordinaire en la présente ville.

Pour la despense de messieurs les consuls de Martel, à cause du séjour extraordinaire qu'ils ont faict en la ville de Saint-Céré en ceste tenue d'Estats, la somme de soixante livres sans tirer à conséquence.

Pour la despense de messieurs les syndics de Saint-Céré, la somme de quarante livres sans tirer à conséquence.

Plus pour la despense des syndics de Gaignac, la somme de trente deux livres sans conséquence aussi.

Pour la despense de Monsieur de Vassignac, soixante livres sans tirer à conséquence.

Pour la despense du sieur Faucher, douze livres sans tirer à conséquence.

Pour la despense dud. Girbeaud, la somme de douze livres sans tirer à conséquence.

Plus a esté arresté qu'il est accordé à Monsieur Dalis, outre et par-dessus ce qu'il lui avoit esté baillé desja par les parroisses de ceste vicomté au présent pays de Quercy, la somme de deux cens trente livres à prendre et cottiser particulliérement sur lesd. paroisses lesquelles pourront faire le despartement de lad. somme esgallement entr'elles, et sous les protestations expresses de n'appreuver si après la députation ci-devant faicte de lad. somme dud. sieur Dalis par les paroisses comme ne pouvant icelles paroisses faire aucune députation cela appartenant aux gens desd. Estats.

Au surplus de tant que la tenue desd. Estats auroit esté interrompue ez années mil six cens trente cinq et mil six cens trente six, pendant lesquelles ils auroit esté fait certaines levées de deniers dans le présent pays du visconté en Quercy à la réquisition de mad. Dame, les gens desd. Estats ont déclairé qu'ils apreuvent et authorisent lad. levée faicte durant lesd. années mil six cens trente cinq et mil six cens trente six, à la charge néantmoins de rendre par le thrésorier desd. Estats bon et loyal compte à la prochaine tenue d'Estats des deniers levés et en présenter le reliquat, lors duquel compte sera fait estat des articles concernant lesd. villes et communautés qui n'ont point payé esd. années, lesquelles villes et communautés seront tenues de payer et remplir lesd. articles soit par compensation des sommes qui doivent revenir bonnes auxd. villes et autre revenu, en la forme accoustumée et le tout au pied de la somme de troys mille sept cens nonante deux livres dix sols pour chascune desd. années, et laquelle approbation les gens desd. Estats ont faict soubs les protestations expresses que doresnavant il ne sera faict aulcunes telles levées au préjudice des libertés et privillèges desd. Estats et sans le consentement express desd. Estatz duement assemblés en la forme accoustumée.

Monte tout à la somme de six mille huit cens vingt livres dix sols sans à ce comprendre les deux cens trente livres qui se doivent cottiser particulièrement sur les paroisses.

S'ensuit le despartement de la d. somme de six mille huict cens vingt livres dix sols, sauf erreur de calcul.

Premièrement :

Martel .... 212 ll. 5 s. 8 d.

sans à ce comprendre cinquante sept livres douze sols, huict deniers, sauf erreur de calcul, à quoy reviendroit la cotte de lad. ville de Martel de la somme de quinze cens livres, en cas que lad. ville de Martel ne fust exempte dud. droict.

La chastelenie de Saint-Céré	2,112	15	»
La chastelenie de Gaignac	220	»	8
Saint-Félix	36	8	5
Saint-Michel	133	9	8
Croixe	220	14	7
Saint-Sosi	127	1	8
Blanzaguet	26	19	1
Saint-Palavy...................	98	10	11
Beyssac	95	14	8
Reyrevignes	60	9	3
Boursolles	30	16	10
Flouirac....................	108	11	5
Cavanhac	204	1	1
Ginhac....................	437	9	11
Rinhac.,...................	233	10	4
Creyssensac.	280	2	8
Cusance	310	16	•
Saint-Bonnet................	203	»	5
Valeyrac	61	11	2
Sarrazac	466	10	1
Murel...................!....	80	11	6
Meyrac.....................	97	7	9
Alvinhac...................	107	12	10

Saint-Dionis....................	123 ll.	» s.	8 d.
Betaille......................	335	6	4
Meyraguet....................	25	3	7
Cléjouz.......................	25	3	7
Saint-Hilaire-de-Goudoules.......	24	»	5
Laval........................	29	11	3
Montvalant...................	145	11	5
Gluge........................	47	1	6

Monte tout la somme de six mille huict cens cinquante
cinq livres dix huict sols, sauf erreur de calcul.

Laquelle somme de six mille huict cens cinquante six
livres, dix huict sols sera payée en deux pactes et termes,
scavoir est le premier au quinziesme jour du présant moys
de septambre et l'autre moytié au jour et feste de la Noël
prochainement venant, et sera lad. somme cottizée sur lesd.
parroisses et habittans d'icelles conformément au département que dessus, en Dieu et conscience, le fort portant le
foible, et portée par les scindics aud. sieur Faucher, thrésorier desd. Estats et de tant qu'il se treuve y avoir de bon
au dessus de lad. somme de six mille huict cens vingt livres
dix sols dans les articles susd. trente six livres huict sols, a
esté arresté que lad. somme sera baillée à Mre Anthoine
Girbaud, greffier desd. Estats la somme de six livres pour son
sesjour extraordinaire en la présant ville pendant la tenue
des présants Estats et le surplus pour en rendre compte à la
prochaine tenue d'Estats.

Finallement a esté arresté que doresnavant toutes
requestes et demandes qui pouvroient estre faictes par
quelles personnes que ce soit seront présentées et proposées
par tout le jour de la première séance qui se faira esd. Estats
autrement elles seront rejettées.

Comme aussi a esté arresté que les prochains Estats se
tiendront en la ville de Gaignac.

Faict et arresté les jours et an susd. audit Sainct-Céré ;
Labrunye, premier consôl de la ville de Martel, Simon,
consul de la ville de Martel, Lavaur, scindic de la ville de
Sainct-Céré, Laclaverie, scindic de Sainct-Céré, Darnal,

scindic de Martel, Lacambre, scindic de Gaignac, Fraisse, scindic de Gaignac, Linaus, Darcambail, Lasegarie, Boutet, Pourtois, Jal dit Destail, assistans, ainsi signés.

(*Suit la teneur de la commission donnée par la duchesse de Bouillon au s^r de Vassinhac pour la convocation des Etats*).

Signé : Girbaud, greffier.

XX

Etats de Quercy, tenus à Martel le 11 septembre 1643 (1).

L'an mil six cens quarante trois et le unsiesme jour du mois de septembre, dans la ville de Martel en Querci, et en l'assemblée des Estats du Viconté de Turenne audit Querci, convoquée et assemblée par très hault et puissant prince Monseigneur le duc de Bouillon, prince souverain de Sédan et Beaucour, viconte de Turenne, conte de Montfort, Lenquais, Seigneur et Baron de Mongascon, Limeuil, Maringues, Gersat, Joye et Baugier, Chastel d'Eniejac, Brive, La Milière, Beaumont, Flouirac, Marjac, etc., dans la salle de la maison du sieur de L'Albertie, sieur de Brianci ; Mondit seigneur estant sur le poinct de faire l'ouverture de sesdits Estats en présence du sieur de Tersac, scindic général dudit païs et des Consulz de ladite ville de Martel et de Saint-Céré et des scindics de Gagnac, composant le corps desditz Estatz, et des scindics des paroisses du plat païs et de plusieurs gentilhommes officiers et autres personnes entrés

(1) Archives nationales, R² 493, f° 68.

dans ladite salle pour voir l'ouverture desdits Estatz, le premier Consul de ladite ville faisant pour le corps desdictz Estatz auroit présenté une requête à mondit seigneur et supplié son Altesse de lui en faire droict. La lecture de la quelle ayant esté remise après l'ouverture desdictz Estatz, mondict seigneur auroit représenté ausdictz Estatz qu'il avoit convoqué ladicte assemblée pour lui confirmer le désir qu'il a de continuer ausdictz Estatz sa protection et les effectz de sa grand veuillance, et par mesme moyen pourvoir par leur advis au bien et soulagement de tous ses subjectz et empecher les désordres et les abus qui se sont glissés dans la cotisation et levée de ses deniers et les subjectz de plainctes qui lui sont faictes journellement et le nombre des procès qui naissent pour raison de ce entre ses subjectz, auxquelles fins il auroit exorté un chascun de ceux qui ont voix délibérative ausdictz Estatz de donner leurs advis désintéressés et les conseils qu'il jugeroit les plus salutaires pour le bien du viconté et le soulagement des pauvres, et ayant faict entendre plus amplement son intention par MM. François de Javel, conseiller du Roy et son premier advocat au siège royal de Sarlac, chef de son conseil. Dequoy lesdicts sieurs des Estatz ayant remercié mondict seigneur par la bouche dudict sieur de Tersac, scindic général desdictz Estatz et supplié son Altesse de leur continuer ladicte protection comme ils désirent continuer dans les effects de leur très humble recognoissance avec les respects et obéissances qu'ilz lui doivent.

Lecture auroict esté faicte de la susdicte requeste, et tous les chefs de laquelle ayant esté respondus par mondict seigneur par sa propre bouche, a esté résolu d'une commune voix qu'il sera procédé au despartement et imposition de la somme de treize mil livres et autres deniers ordinaires et extraordinaires conformément au cayer des Estatz et acte cy mentionné du onziesme mars 1642 sur le pied de l'imposition des deniers de mondict seigneur faict l'an 1606, le fort portant le faible, sans préjudicier néantmoins aux gens desdictz Estatz de leur estre faict droit et justice sur les remonstrances qui ont esté par eux faictes à son Altesse par ladicte requeste par eux présentée concernant le changement du réglement ancien par l'augmentacion des deniers par eux promis au respect de la province de Limosin en quoy ils prétendent estre grévés, ce que son Altesse leur a promis de faire avant qu'il soit procédé à un autre despartement ni levée.

Comme aussi a esté résolu qu'au cas que les dictz Estatz ne fussent tenus à l'advenir annuellement au premier jour de juin à cause de l'absance de mondict seigneur ou pour n'avoir pas esté jugé nécessaire par mondict seigneur sur la réquisition des gens qui composent lesdicts Estatz pour le bien du païs et ni avoir de cause légitime de convoquer iceux Estatz, sans tirer à conséquence ni préjudicier aux droicts desdits Estatz, que les commissions et mandes des deniers ordinaires seulement seront déclairés sur le pied du despartement de la présente année, sauf à les reformer avant la levée après l'ordonnation à faire par Monseigneur sur la diminution requise par lesdictz sieurs des Estatz, après que son Altesse aura examiné et jugé l'exactitude, si par son Altesse il est trouvé raisonnable ; lesquelles commissions et mandes seront ainsi dressées par le greffier des Estatz et par lui envoyées aux parroisses en ces termes : *De par mondict Seigneur*, et plus bas, *et les gens desdictz Estatz. Monseigneur ordonne à son gouverneur de Turenne et autres ses officiers de prester main forte à l'exécution desdictes mandes contre les reffusans.* Et parce que pour le pied desdicts deniers ordinaires il ne faut pas seulement compter ceux de mondict seigneur mais encore les gages et attributions ordinaires et accoustumés à estre imposés et levés annuellement sur ledict païs de l'aucthorité desdicts Estatz, sera faict une réduction desdicts gages et droicts aultres que pour la despance, pour en estre faict un pied certain qui puisse estre compris dans les dictes mandes, pour après ladicte somme ainsi imposée et levée, estre délivrés par le receveur à ceux à qui elles devront revenir, conformément à la destination desdicts Estatz à la première sommation à peyne d'en respondre par ledict receveur en son propre et privé nom.

Et sur la proposition qui a esté faicte de donner règlement sur la nomination qui doibt estre faicte des scindicz cottisateurs et collecteurs à cause de divers abus qui se practicquoyent dans les parroisses dudit vicomté sur le sujet desdictes nominations et des gages des personnes, Monseigneur, de l'advis desdictz Estatz, a ordonné pour empescher lesdits abus à l'advenir, le retardement de ladicte levée par le moyen des contestations qui arrivent sur la nomination et décharge desdits scindics cottisateurs et collecteurs, que la nomination desdicts scindicz cottisateurs et collecteurs sera faicte annuellement vers le seisiesme de janvier, un jour de dimanche et feste solennelle, issue de la messe, par les habitans des parroisses à la pluralité des voix, sinon es villes et communautés qui ont des règlements ja faicts particulièrement pour lesdictes nominations auxquelles n'est dérogé; lesquels habitans prendront garde de choisir des gens idoines et capables de faire ladicte charge et qui ne s'en puissent faire décharger par les excuses de droict comme par l'aage, maladie et autres qui ne pourroient estre continués en ladicte charge ni nommés en icelle qu'après trois ans expirés pour le moins, lesquels scindics cottisateurs seront par mesme moyen collecteurs desdicts deniers l'année de leur charge, tenus et chargés de faire la cottisation selon Dieu et conscience, le fort portant le faible, eu esgard aux biens fortunes et commodités d'un chascun, sans que l'année de leur dicte charge, ils puissent se décharger ni diminuer leur taux de l'année précédente ni ceux de leurs propres parens de leur aucthorité et sans congnoissance de cause, a peyne du quadruple employable au proffict de la parroisse.

Et aux fins que lesdicts scindics collecteurs et cottisateurs ne puissent pas, par passion, malice ou faveur, charger ou décharger ceux que bon leur semblera et soyent obligés d'y procéder équitablement, a esté arresté qu'en cas de plainte en surtaux mondict Seigneur donnera, s'il lui plaist, ordre qu'il soit envoyé des commissaires sur les lieux, pour, sur leur rapport, après avoir faict passer des experts non suspects ausdictes parties sur les biens des demandeurs en

surtaux et prins l'advis des voisins non interessés et des
paroisses contigues et autres qu'il verra estre à propos,
estre procédé contre les téméraires plaideurs par condam-
nation de tous les despens, domages et interestz et frais de
la commission en faveur de la partie qui obtiendra en cause,
et en cas de malice et vexation recognue en l'amende telle
que de raison.

Et aux fins que les dicts scindics et assesceurs ne puissent
rejetter la faulte du mauvais taux qu'ilz pourroient faire
sur autres personnes qu'eux, sur ce qui a esté representé
qu'il y a des gentilhommes ayant justice dans les dictes
paroisses ou qui n'en ont pas, ou les officiers des lieux et
autres personnes aucthorisées et acreditées qui font faire ladicte cottisation en leur présence et à leur volonté pour
favoriser ou préjudicier à ceux qui bon leur semble, a esté
résolu et arresté que personne de quelle qualité et condition
qu'il soit ne pourra assister à la dicte cottisation que les
seuls cottisateurs sauf scribe par eux employé pour la faction
dudict rolle qui soit estranger et habitant d'autre parroisse
et non interessé par parentelle ou autrement, ni tenancier
dans icelle, sauf par ceux auxquels a esté donné autre
règlement par Monseigneur ou qui ont règlement, statuts
et privilèges particuliers.

Et sur la proposition qui a esté faicte que soubz prétexte
du règlement donné aux derniers Estatz, par lequel est
porté que sans avoir esgard aux transports des taux des
particuliers faicts d'une parroisse en l'autre soict à cause
du changement du domicille ou pour aliénation du fonds,
mondict seigneur de l'advis des dictz Estatz auroit ordonné
qu'un chascun seroit cottisé dans les parroisses dans l'estendue desquelles il avoit du bien, et tous ainsy qu'est
porté dans l'article des dicts Estats qui contient ledict règlement, lequel a esté leu par le greffier desdicts Estatz, il est
survenu grand nombre de procès qui ont donné sujet à mondict seigneur duement informé que les tailles sont mixtes
dans tout le viconté au-deça la rivière de Dordogne et telles
jugées par arrestz des Cours des Aydes de Guienne et de
Clermont-Ferrant, Monseigneur, de l'advis desdictz Estatz et

de son Conseil, a ordonné qu'à l'advenir chasque contribuable sera cottisé au lieu de son domicile pour tous ses biens et fortunes et sans qu'il puisse estre cottisé hors de son domicile en cas qu'il soit récent dans le dict viconté et illec comme dict est cottisé, sauf en cas de changement de domicille d'une parroisse à l'autre arrivé despuis l'an 1606, auquel temps le pied de la taille due à Monseigneur fust faict par l'ordre de feu Monseigneur son père de très glorieuse mémoire, d'estre faict droict de transport dudict taux légitimement reglé à la décharge de la parroisse quictée sur celle dans laquelle ilz sont allé demeurer, dont il sera faict droict au prochain despartement en justiffiant desdicts changements de domicille, et d'en estre usé de la mesme façon à l'advenir, à la charge néantmoins que celuy qui quittera une parroisse pour aller habiter dans l'autre sera tenu de nottifier le changement de son dict domicille aux scindics de la parroisse quittée et sera continué d'estre cottisé en ladicte parroisse durant l'an et jour à compter du jour de ladicte notiffication et de procurer le transport de son taux dans la parroisse dans laquelle il porte son dict domicille, autrement à faulte de ce faire, il sera tousjours continué d'estre cottisé comme il estoit auparavant et contrainct au payement de sont taux par les voyes de droict.

Et pour empêcher qu'il n'arrive aucun sujet de contestation sur l'explication dudict règlement, Monseigneur de l'advis que dessus a ordonné que tous estrangers et non habitans dans le viconté qui possèdent du fonds dans icelle seront obligés selon la valeur des biens qu'ilz possèdent, le fort portant le faible, et pour ce qui regarde le viconté au delà de la rivière de Dordogne, les impositions et despartement se fairont à l'accoutumée et jusques à ce que par Monseigneur de l'advis desdictz Estatz y soiet esté pourveu.

Sur ce qui a esté représenté par les scindics de la parroisse de Cressensac qu'il avoit pleu à son Altesse descharger Guilhaume Laroche, Mᵉ de poste de Cressensac, de la cotte par luy deuc de ses deniers, et que la dicte décharge demeurant qu'il pleust à sa dicte Altesse décharger ladicte parroisse du taux dudict Laroche. A esté ordonné par mondict

seigneur, de l'advis desdictz Estatz, sur les inconvénians
qui pourroient arriver à l'advenir en conséquence de
ladicte ordonnance absolue, que ledict Laroche seroit
exempt dudict taux à concurrance de la somme de dix
livres seulement, aultant de l'impot qu'il sera en ladicte
charge, et sujet au payement du surplus, et ladicte somme
de dix livres seulement despartie sur ledict païs.

Et sur la proposition faicte sur la continuation de la commission ordonnée par son Altesse ausdicts derniers Estatz
pour la visite des parroisses, a esté ordonné par son Altesse
de l'advis desdictz Estatz que ledict sieur de Terssac, en
qualité de syndic général de nouveau confirmé en ladicte
charge, assisté des sieurs de la Martinière et Rogier, tra-
vailleront en qualité de commissaires dans les parroisses qui
les requerront, aux frais des dictes parroisses.

Ayant esté représenté par ledict sieur Andrieu qu'après
le malheur de la prise de Monseigneur il fust advisé par
quelques-uns affectionnés au service de son Altesse qu'il
estoit à propos de députer ledict sieur de Terssac pour aller
à Sédan porter les doléances de la province à nos Dames,
et le sieur de Bas en Catalongne vers Monseigneur de
Turenne, pour prévenir par la créance dudict seigneur
les logemens des gens de guerre qui pourroyent estre envoyés audict présant viconté, et que l'un et l'autre voyage a
esté advantageux tant en la province de Quercy qu'en la
province de Limosin, qui a assuré le dict remboursement
de deniers de la somme de mil livres advancée par le receveur desdictz Estatz; a esté arresté que la veuve du sieur
Fouchet, receveur, sera remboursée du tiers de la dicte somme de mil livres qu'est trois cens trente trois livres six sols
huict deniers, après qu'en exécutant les ordonnances réitérées en diverses tenues aux précédens Estatz elle aura
rendu compte aux gens desdicts Estats, à condition néantmoins qu'à l'advenir il ne sera faict aucuns voyages sans
l'adveu et ordonnance desdicts Estats autrement il ni sera
rien contribué par lesdits Estats. Et attendu la présente
imposition les gens desdicts Estats n'entendent empêcher
que les gens du Conseil de son Altesse obligent encores la

dicte veuve n'en retirent les assurances que luy ont baillé
au prorata de ladicte somme.

Sur ce qui a esté proposé par Me Gédéon Andrieu, procureur du domaine du présent viconté, que les Estatz du
viconté en Limosin tenus par Monseigneur en la ville d'Argentac le premier du courant l'ont chargé de représenter
en cette Assemblée que le désir qu'ilz ont d'entretenir une
bonne correspondance entre les habitans de l'une et de
l'autre province en ce viconté les a obligés à se résoudre
d'empêcher que ceux de Limosin ne cottisent point dans
leurs rolles les habitants de Quercy pour le fonds qu'ilz y
possèdent d'anciennetté et pour lequel ilz n'ont jamais
payé qu'au lieu de leur domicille, ce qu'ils entendent faire
exécuter de leur part si les présans Estatz en veulent faire
de mesme, ayant chargé le dict sieur Andrieu de leur donner le choix et de requérir qu'il en fust dressé un article
dans le cayer des présens Estatz selon lequel ilz se portent
en la cottisation de ceux de Quercy qui possèdent du fonds
ancien dans le païs de Limosin.

Après que le sieur Andrieu a représenté que ce que Monseigneur avoit ordonné en ses derniers Estatz, tant de
Limosin que de Quercy, que chascun seroit cottisé dans
toutes les parroisses où il possédoit du fonds, auroit causé
plusieurs contestations non seulement entre les paroissiens
d'une mesme province mais encore entre plusieurs parroisses de l'un et de l'autre costé; les habittans de Betaille, par
exemple, qui sont du présant païs, possèdent plusieurs
domaines dans la parroisse de Beillac en Limosin, pour
lesquelz ilz n'ont jamais estés cottisés audict Beillac mais
seullement à Betaille, lieu de leur domicile pour tous leurs
biens. Et ceux de Lineyrac en Limosin, possédans un notable fonds dans la parroisse de Saint-Palavy en Quercy, pour
lequel ilz n'ont jamais été indictes audict Sainct-Palavy
mais audict Lineyrac pour tous leurs biens, et que pour ne
faire tort aux uns ni aux autres en cas où ledict reglement
des présens Estats fust entretenu, il faudroit réformer le
taux des uns et des autres et des parroisses, ce qui ne se
pourroit pas sans grand embarras lequel désirent empêcher.

Monseigneur ayant esgard à ce que la commodité et incom-
modité des uns et des autres se rencontrent à plusieurs de
part et d'autre, ordonne de l'advis desdictz Estatz que les
habitans du Limosin ne pourront pas être de nouveau
cottisés en Quercy non plus que ceux de Quercy en Limosin
pour le fonds ancien et pour lequel ilz n'avoient pas esté
indicts dans l'un ou dans l'autre dudict païs depuis l'année
1606 jusques à l'année dernière; et pour les taux qui ont
estés payés ladicte année dernière par ceux qui avoyent
esté cottisés de nouveau hors de la province de leur domicille, Son Altesse ordonne pour le bien de paix qu'il ni
escherra nulle restitution, sans préjudice ausdicts habitans
tant de Limosin que de Quercy de cottiser dans leurs parroisses les particuliers qui y ont acquis des fonds depuis
ladite année mil six cens six, autres pourtant que ceux
pour lequel leurs auteurs n'estoyent pas cottisés, sans
qu'a l'advenir il puisse estre faict nul transport de province
à autre en faveur de qui que ce soict que son Altesse
prohibe par exprès; et par ce que Monseigneur agréant le
consentement mutuel des habitans desdictes provinces veut
que le présent reglement soit entretenu de toutes parts,
son Altesse ordonne que ledict Andrieu, en conséquence du
pouvoir à luy donné, souscrira le cayer des présens Estatz
à la charge de le faire rattiffier aux gens desdicts Estatz du
païs de Limosin.

Et d'aultant que par le despartement cy-devant envoyé par
le sieur sénéchal il n'avoit esté imposé que la somme de
treize mil livres et gages ordinaires et que les sommes imposées la présente année sont beaucoup plus notables à
cause des diverses despances et notamment des gens desdictz
Estatz qu'il pourroit arriver que la levée desdictes sommes
ne deust estre faicte que l'année prochaine, ceux qui sont
en charge pourroient prendre les droicts à eux accordés par
les présens Estatz au préjudice de ceux qui y ont assisté et
souffert la despance; a esté arresté que les consulz et sindics
qui seront en charge l'année prochaine seront tenus de se
contenter de ce qui a esté taxé et desparti par ledict sieur
sénéchal et les consulz et scindics de la présente année

prendront les gages et autres droicts qui leur ont esté attribués en la presante tenue d'Estats auxquelz ils ont assisté.

Et d'aultant qu'à cause de la diversité des reglemens contenus aux présens et derniers Estats tenus à St-Céré il y pourroit eschoir de la contestation, a esté ordonné par Monseigneur de l'advis desdicts Estats que les règlemens faictz en la tenue des Estats derniers en la ville de Saint-Céré sortiront leur plein et entier effect sauf ceux auxquelz par les présens Estatz aura esté spécialement dérogé.

Sur la requeste présentée par le supérieur des religieux du couvent Sainct-François de la ville de Martel, leur est accordé par aumosne cinquante livres.

Au sieur de Terssac, scindic général, en considération des soings particuliers et extraordinaires qu'il a pris et de diverses courses par luy faictes pour le service de la province, la somme de cent cinquante livres pour ceste année seulement et sans tirer à conséquence, oultre les gages ordinaires.

Plus audict sieur de Terssac pour la peyne par luy prize à l'effect de la commission ordonnée par les Estatz, la somme de soixante livres.

Au sieur Justel pour les soings qu'il prendra à Paris pour les affections du pais lui a esté accordé, pour cette année seulement et sans tirer à conséquence, la somme de cent vingt livres.

Au sieur Chadirac, secrétaire de son Altesse, sans tirer à conséquence, le somme de cinquante livres.

A monsieur le second consul de Martel, assisté de M. Rogier, pour le voyage par lui faict à Turenne, par le commandement de madame, six livres.

Au sieur Rodette, pour mesme sujet député de St-Céré, six livres.

Au sieur Lacambs, secrétaire de Gagnac, pour mesme fin, quatre livres.

Aux sieurs de Lamartinie et Vogier, commissaires avec le sr de Tersac, pour leurs peynes et vaccation en ladite commission, soixante livres.

Plus à Gui Lalba, voyeur, pour les soings par luy pris à

faire accommoder les chemins de Turenne à Roquemadour pour le soulagement de son Altesse, la somme de dix livres oultre et pardessus la somme de trente livres qui lui fust accordée aux derniers Estats qui ne fust imposée, laquelle sera cottisée la présente année, qu'est en tout quarante livres.

A Crojat, pour avoir servi de greffier à la commission ordonnée par lesdictz Estats, trente six livres.

A Antoine Guinont, sergent, pour l'assistance par luy faicte à Messieurs les commissaires des Estats, la somme de quatre livres.

Au s' Farginel, cappitaine du chasteau de Turenne, pour la peine par lui prise a servir le païs, sans tirer à conséquence et pour cette fois seulement, trente livres.

A la parroisse de Bourzolles, pour le soulagement de la foule soufferte à cause des logemens des gens de guerre, quarante livres.

A Estienne Robert et Jean Barre, scindicz de Creissensac l'année dernière, pour les frais par eux faictz pour le païs, la somme de quinze livres.

A un scindic de chasque parroisse pour s'estre rendu en la présente ville par le commandement de Monseigneur, taxé pour quatre jours à raison de vingt solz par jour, quatre livres, pour estre imposée et levée par un chascun d'eux en sa parroisse.

Et après que Anthoine Guinoni et Guilhem Boulduire, sergents des tailles dudit viconté ont remonstré avoir esté pourveus dudict office par leurs Altesses comme ils ont faict apparoir des Lettres de provision des vingt-septiesme may 1638, signées F. M. De Latour, et plus bas, par Monseigneur, Chadirac, et scellées du premier juillet 1643, signées Éléonore de Berg, et plus bas, par Madame, Chadirac, et scellées; a esté ordonné que lesdictes lettres seront enregistrées et qu'ilz exerceront la charge en conséquence du serment par eux presté.

Pour la despance de Monseigneur, quatre cens livres, à la charge que d'ores en avant la despance faicte par mondict seigneur pour la tenue des Estatz ou par autre ayant

charge de son Altesse pour en faire l'ouverture sera despartie sur le païs à la raison que par les gens desdictz
Estatz sera advisé.

Pour la despance de M. de Terssac, quarante livres.

Pour la despance de MM. les consulz de Martel, soixante-
cinq livres.

Pour la despance de MM. les consulz de Saint-Céré, cent
cinquante livres.

Pour la despance de MM. les scindicz de Gagnac, soixante
cinq livres.

Pour la despance du receveur, quinze livres.

Pour la despance de Girbaud, greffier, quinze livres.

Pour les gages de M. de Terssac, deux cens livres.

Pour l'assistance de Messieurs les consulz de Martel,
quarante livres,

Pour l'assistance de MM. les consulz de St-Céré, trente-
six livres.

Pour l'assistance de MM. les scindicz de Gagnac, trente
livres.

Pour les gages de M. le Sénéchal, douze livres.

Pour les gages du procureur du domaine, douze livres.

Pour les gages du receveur, quatre-vingtz livres.

Pour les gages de Girbaud, greffier, trente livres.

Et pour la peyne extraordinaire qu'il a prise, six livres.

Pour le régent de Martel, cent cinquante livres.

Pour le régent de Saint-Céré, cent cinquante livres.

Pour le régent de Gagnac, trente six livres,

Pour les sergens des Estatz, six livres à chascun trois.

A M. Delerni, pour avoir faict le despartement, trente
solz.

Aux sergens des Estatz pour les soings extraordinaires
par eux employés en la tenue des présens Estatz ou port
des ordonnances de Monseigneur aux sindics des paroisses,
la somme de cinq livres, sans tirer à conséquence, à la
charge qu'à l'advenir en cas de pareille rencontre ilz seront
tenus de se faire payer à chasque parroisse pour le port
desdictes ordonnances suivant la distance des lieux.

Et parce que M. Andrieu a esté prié de fournir tout présentement la despance des sieurs des Estatz autre que les quatre cens livres accordées pour le desfrais de la maison de Monseigneur et d'advancer aussy les gages desdits Estatz dont la moitié a esté levée et celle de l'autre moitié se faira à Noël, pour lesquelz gages il n'y a point d'augment, ensemble seize livres, pour la despance faicte par les consulz de Martel, Saint-Céré et Gagnac convoqués par Madame, en l'absance de Monseigneur en la ville et chasteau de Turenne pour leur proposer le despartement que son Altesse entendoit faire, en conséquence duquel les mandes ont esté despuis envoyées, signées par le sieur Sénéchal, a esté accordé que pour les advances de la dicte despance, il sera imposé pour l'intérest desdictes advances la somme de vingt quatre livres, huict solz.

Somme tout, quinze mil cinq cens huictante cinq livres, huict solz, neuf deniers, sauf erreur de calcul.

S'ensuit le despartement de la dicte somme de quinze mille cinq cens huictante cinq livres, huict solz et neuf deniers.

Martel	609 ll.	18 s.	» d.
La Chastellenie de Saint-Céré	4,800	16	6
La Chastellenie de Gagnac	490	»	10
Saint-Félix	85	19	2
Sainct-Michel	307	1	»
Croixe	505	6	3
Saint-Sozy	288	7	6
Blanzaguet	61	18	»
Sainct-Palavy	224	15	»
Beyssac	219	8	»
Reyrevignes	138	14	»
Bourzolles	70	15	»
Floyrac	248	4	»
Cavaniac	468	8	3
Ginhac	1,003	7	»
Rinhac	538	9	6
Creissensac	632	10	»
Cusance	712	18	6

Saint-Bonnet	580 ll.	4 s.	3 d.
Valeyrac.....................	141	14	6
Sarrazac.....................	1,070	5	6
Murel.........................	180	6	6
Meyrac.......................	223	6	»
Alvinhac.....................	254	17	6
Sainct-Dionis.................	285	2	8
Betaille......................	769	5	3
Meyraguet....................	57	17	»
Clejouls.....................	57	17	»
Sainct-Hilaire-de-Gourdoulès......	54	3	4
Laval........................	70	16	7
Montvalent	334	1	»
Gluge.......................	107	13	»

Somme tout, quinze mil cinq cens quatre vingtz six livres, dix neuf solz, un denier.

Et d'aultant que réduction faite, il s'est trouvé y avoir de bon et au dessus du pied sur lequel le calcul a esté faict la somme de quatre livres, trois solz, un denier, a esté arresté qu'il seroit donné au sieur Delerni pour son travail extraordinaire à faire ledict calcul et réduction, trente solz oultre trente solz à lui cy-dessus donnés, et le restant à Girbaud, greffier desdicts Estatz, qu'est cinquante trois solz, en considération de son travail et despance extraordinaire, oultre ce que luy a esté cy-dessus accordé, le tout sans tirer à conséquence, et sans qu'on puisse faire autre cottisation sur le pied des articles de chaque paroisse à cause dudict augment.

Finalement a esté arresté que les prochains Estatz seront tenus à Saint-Céré.

Faict, clos et arresté audict Martel, le seiziesme dudict moys juin; ainsi signés : F. M. De La Tour, Terssac, Judicies, premier consul de Martel, Crozac, consul de Martel, Andrieu, Feral, consuls de Martel, Sani, consul de Saint-Céré, Lacambs, scindic de Gagnac, sans approuver la prochaine tenue d'Estatz à Sainct-Céré pour avoir esté l'ordre perverti, et moy,

GIRBAUD.

XXI

Mande du 16 septembre 1643 (1)

MANDE PAR MONSEIGNEUR ET LES GENS DES ESTATS. (16 *septembre* 1643).

A vous sieurs manans et habitans du lieu et parroisse de
...... Salut. Comme en l'Assemblée des Estats tenus en la
présente ville ayt esté advisé mettre et imposer sur les habitans du présent viconté audict païs la somme de quinze
mil cinq cens huictante cinq livres, huict sols, neuf deniers,
et ce pour l'année prochaine qu'on comptera 1644, en ce
compris toutes charges ordinaires et extraordinaires et frais,
de laquelle somme vostre paroisse a esté cottisée à la somme
de........., laquelle somme sera imposée et levée sur les
particuliers habitans contribuables de vostre parroisse, en
Dieu et conscience, le fort portant le foible, le plus preste-
ment qu'il se pourra, sans support ni faveur, cottisant un
chascun du viconté au lieu de son domicille pour l'un ses
biens et fortunes ; et quant aux estrangers résidents hors le
viconté, n'estans du règlement, seront cottisés pour le fonds
qu'ils possèdent dans le viconté et pour celluy qu'ils acquer-
ront à l'advenir, et ne pourront estre cottisés ceux de viconté
en Limosin pour le fond ancien qu'ils tiennent dans le
Quercy, pour lequel il n'ont esté cottisés despuis l'an 1606,
sauf de celluy qu'ils auront acquis despuis laditte année,
autre toutesfois que celluy pour lequel leurs auteurs n'estoient pas cottisés ; lesquelles sommes, imposées et levées,
portées à Turenne ez mains du receveur qui sera commis à
la recepte, aux termes accoustumés de Sainct-Jean et Noël
prochain ; pour faire laquelle cottisation, faire nominations

---

(1) Archives Nationales, R² 493, f° 82.

desdicts scindics et collecteurs annuellement, incontinent
après l'envoy des présentes si faict n'a esté, un jour de
Dimanche ou feste, issue de la Messe, par les habitants des
parroisses à la pluralité des voix, lesquels habitants fairont
eslection des gens capables et solvables pour faire la dicte
charge qui ne se puissent faire décharger par les excuses de
droict comme par l'aage, maladie et autres, lesquels scindics fairont l'une et l'autre charge d'assesseurs collecteurs,
et ne pourront se décharger eux ni leurs parents et alliés
en ladicte année de leur charge sans congoissance de cause,
aux peynes portées par l'ordonnance; à laquelle cottisation
personne de quelle qualité et condition qu'il soit n'assistera
que les seuls assesseurs et collecteurs nommés et les scribes
par eux employés en cas qu'ilz ne scachent eux escrire; pour
la faction du diet rolle lequel scribe sera prins par iceux
assesseurs tel que bon leur semblera, non habitant de leur
parroisse ni intéressé; duquel rolle sera faict deux coppies
par le dict scribe, escrites et signées de sa main, lesquelles
portées es mains du greffier des Estats soubsigné conformément à ce qui en a esté ordonné par les précédents Estats,
avant faire aucune levée de deniers, pour icelles signées,
l'une desquelles demeurera au greffe des Estats l'autre es
mains desdicts collecteurs pour faire la dicte levée, sans
qu'il soit loisible ausdicts assesseurs d'imposer autres sommes que les subsides, si ce n'est les justes frais de la cottisation et levée, ni faire la dicte levée que sur l'une desdictes
coppies à peyne de faux.

Donné à Martel, en l'Assemblée desdicts Estats le seiziesme
septembre mil six cens quarante trois.

Signé : GIRBAUD, greffier desdicts Estats.

XXII

Assiette des tailles en Limousin (1).
(1647-1648)

I

Assiète des Tailles sur le Visconté de Limosin, de l'an mil six cens quarante-sept, et du cheval donné à Monseigneur de Turenne.

Nous, François de Clavières, juge sénéchal du Visconté de Turenne, certifions que ce jourd'huy huictiesme juin 1647, nous nous sommes transportés en la ville de Meyssac en laquelle ont esté convoqués Messieurs qui composent les Estatz du visconté, pour entendre les volontés de Monseigneur sur la tenue desdicts Estatz la présente année, où estans en l'assemblée, M⁰ Gédéon Andrieu, procureur du domaine dudict visconté, a dict que Monseigneur a chargé MM. de son Conseil de faire entendre de sa part à MM. des Estatz qu'il n'a pas trouvé à propos d'envoyer commission pour la convocation d'iceux pendant son absence comme il est de coustume pour le bien de son visconté, à cause de quoy ses Estatz ne pouvant estre tenus ceste année, Monseigneur estant sur le point de son partement de Rome pour revenir en France, parce qu'à son arrivée son Altesse marquera le temps et le lieu de la tenue d'iceux ainsin que bon lui semblera, et que néantmoins le retardement de ses deniers seroit préjudiciable s'il n'y estoict pourveu, à raison de quoy M⁰ Gédéon Andrieu a requis d'estre procédé le plustost qu'il se pourra au despartement des tailles du

---

(1) Archives nationales, R⁴ 493, f⁰ˢ 332 et ss. — Cette pièce comprend, avec les assiettes des tailles de 1647 et 1648, l'assiette de 1649 qui diffère peu des précédentes et que nous ne jugeons pas utile de reproduire ici.

visconté selon la forme prescrite par les Estatz tenus en la
ville d'Argentac l'année 1643 et comme il a esté despuis
praticqué. Sur quoy, ouy par nous les sieurs consulz de
Beaulieu, Turenne, scindic général de Servières et consulz
d'Argentac, et prins l'advis de M° de Chabrinhac escuier,
sieur de Traverssac, sindicz général du présent visconté de
Limosin et de son consentement, en vertu du pouvoir à
nous donné en la dicte qualité de sénéchal de faire l'imposition des tailles annuellement dues à Monseigneur dans
son visconté par les habitans et autres contribuables a
icelle, en desfaut de la tenue desdictz Estatz, avons procédé
au despartement desdictes tailles sans y comprendre que
les deniers ordinaires revenans à vingt un mil livres de
tailles, et les charges d'icelle à la somme de sept cens quatre vingt dix huit livres y comprins douze livres pour les
gages de M° Arnaud Geoffre, procureur au siège de Brive, qui
avoit esté obmis ces années dernières et que lesdicts sieurs
qui composent lesdictz Estatz ont jugé devoir estre cottisée
comme une charge ordinaire et antienne, remettant l'impo-'
sition d'autre deniers obmis, sy aucuns en y a, à la prochaine tenue et convocation desdictz Estatz, lesquelles sommes seront imposées et payées par les consulz ou scindicz
des villes ou paroisses du visconté en la présente ville de
Turenne et non ailleurs, entre les mains de M° Anthoine
Chieze, receveur des tailles du visconté, scavoir la moitié le
dixiesme de juin prochain et l'autre moitié au terme accoustumé de la Noël en suivant. Et parce que pour la faveur et
support que les habitans du visconté ont receu de Monseigneur le Maréchal de Turenne pendant l'absence et le sesjour de Monseigneur à Rome, il a esté trouvé bon de lui
faire présent d'un cheval qui a esté desja acheté et envoyé à
Paris pour le faire passer en Allemagne où Monseigneur le
Maréchal est à présent commandant les armées du roy et
gouverneur du païs, et que le prix ou la conduite dudict
cheval a cousté la somme de trois mille livres, de laquelle
est à payer deux mille livres par le visconté de Limosin, et
qu'il a esté trouvé à propos d'imposer la dicte somme de
deux mille livres du consantement desdicts sieurs sus-nom-

més, et particulièrement de l'advis et consentement dudict sieur de Traverssac, avons ordonné que ladicte somme de deux mille livres sera aussy imposée au sol la livre et sur le pied de la taille de Monseigneur par rolle à part ou par article séparé et payée ausdicts termes accoustumés de St-Jean et de Noël prochains et entre les mains dudict receveur, pour icelle délivrer à quy il appartiendra, auxquelles fins sera procédé à la cottisation par les consulz collecteurs et cottisateurs des villes et paroisses du visconté, incontinant après les commissions à eux envoyées et par eux receues en la forme prescrite par icelles à peynes de mille livres d'amande, despans, domages et intérests et du retardement des deniers et affaires de son Altesse, desquelles commissions la teneur sera insérée au pied du présent despartement pour lequel nous avons faict et dressé nostre présent procès-verbal à Turenne le huictiesme de juin mil six cens quarante sept.

S'ensuit le despartement des susdictes sommes sur les parroisses particulières du visconté de Limosin avec la forme et teneur de la Commission ainsi qu'elle doit estre auxdictz consulz, scindicz et habitans desdictes villes et parroisses, l'année présente 1647.

Premièrement :

Turenne......................	768 ll.	» s.	» d.
Plus pour le cheval envoyé à M. le maréchal de Turenne..............	79	»	»
Jugealz	196	»	»
Plus pour le cheval...........	14	»	»
Sainct-Hilaire................	429	10	»
Plus pour le cheval...........	42	»	»
Chameyrac..................	329	»	»
Plus pour le cheval...........	32	»	»
Venarssal	91	10	»
Plus pour le cheval...........	8	»	»
Ussac......................	708	10	»
Pour le cheval................	66	»	»

Dampniac......................	381 ll.	10 s.	»	d.
Plus pour le cheval...........	36	»	»	
Lanteuil......................	289	»	»	
Plus pour le cheval...........	35	»	»	
Malemort......................	241	10	»	
Plus pour le cheval...........	22	»	»	
Noailhac......................	574	»	»	
Plus pour le cheval...........	53	»	»	
Linieyrac.....................	673	»	»	
Plus pour le cheval...........	64	»	»	
Colonges......................	875	10	»	
Plus pour le cheval...........	84	»	»	
Saillac.......................	210	10	»	
Plus pour le cheval...........	18	»	»	
Beynac........................	839	»	»	
Plus pour le cheval...........	76	»	»	
Chaufours.....................	141	»	»	
Plus pour le cheval...........	12	»	»	
Meyssac.......................	1,068	10	»	
Plus pour le cheval...........	94	»	»	
St-Beauzile	308	10	»	
Plus pour le cheval...........	29	»	»	
Marcillac.....................	520	10	»	
Plus pour le cheval...........	48	»	»	
St-Julien.....................	242	15	»	
Plus pour le cheval...........	20	»	»	
Serillac......................	904	»	»	
Plus pour le cheval...........	87	»	»	
Lostanges.....................	419	10	»	
Plus pour le cheval...........	40	»	»	
Curemonte	735	15	»	
Plus pour le cheval...........	67	»	»	
Lachapelle....................	447	»	»	
Plus pour le cheval...........	42	»	»	
Vegene........................	399	»	»	
Plus pour le cheval...........	34	»	»	
Queyssac......................	285	»	»	
Plus pour le cheval...........	25	»	»	

Puydarnac......................	695	10	»
Plus pour le cheval............	64	»	»
Nonars.......................	361	10	»
Plus pour le cheval............	34	»	»
Tudeil........................	312	»	»
Plus pour le cheval............	29	»	»
Sainct-Genies..................	277	»	»
Plus pour le cheval............	23	»	»
Beithac.......................	510	»	»
Plus pour le cheval...........	45	»	»
Beaulieu	873	»	»
Plus pour le cheval...........	78	»	»
Altillac.....,................	835	»	»
Plus pour le cheval............	73	»	»
Mercues.......·...............	271	»	»
Plus pour le cheval............	20	»	»
Branceilles...................	73	»	»
Plus pour le cheval...........	5	»	»
Sionnhac.....................	163	»	»
Plus pour le cheval...........	14	»	»
Lioardre.....................	50	5	»
Plus pour le cheval...........	2	»	»
Astaillac.....................	17	15	»
Plus pour le cheval...........	»	20	»
Lagarde,.....................	64	»	»
Plus pour le cheval...........	5	»	»
Chasteaux....................	512	»	»
Plus pour le cheval...........	47	»	»
Lissac.......................	466	»	»
Plus pour le cheval...........	42	»	»
Chartriers....................	211	10	»
Pour le cheval................	19	»	»
St-Serny.....................	390	»	»
Pour le cheval...............	27	»	»
Estivals......................	187	»	»
Pour le cheval...............	16	»	»
Nespouls	207	»	»
Pour le cheval...............	18	»	»

Noailles......................	187	»	»
Pour le cheval...............	16	»	»
Argentac.....................	249	»	»
Servieres....................	2,908	10	«
Pour le cheval...............	280	»	«

Somme tout, scavoir : pour les deniers ordinaires, la somme de vingt un mil sept cens nonante huict livres, pour la taille et charge d'icelle ;

Plus pour le prix dudict cheval, la somme de deux mil livres. Revenant le tout à vingt trois mil sept cens nonante huict livres.

Signé : GIRBAUD, greffier des Estatz.

Sen...uit la teneur de la commission en la forme qu'elle est envoyée aux villes et parroisses.

De par Monseigneur et messieurs des Estatz du visconté de Turenne en Limosin, 1647.

Ayant esté trouvé bon de différer la convocation des Estatz du visconté jusques à l'arrivée de Monseigneur et cependant jugé nécessaire de faire le despartement des tailles ordinaires, Nous, François de Clavières, juge sénéchal, au nom et soubz l'austhorité de Monseigneur et de Messieurs des Estatz, et en vertu du pouvoir qu'il nous a esté donné de faire le despartement des tailles dudict visconté, en desfaut de la tenue d'iceux, de l'advis et consentement de Mercure de Chabrinach, escuier, sieur de Traverssac, sindicz général du présent visconté, avons procédé au despartement de la somme de vingt un mil livres de tailles due à Monseigneur annuellement et de la somme de sept cens nonante huict livres pour les charges sur les villes, communaultés et parroisses du visconté de Limosin, sans que le présent despartement puisse estre tiré à conséquence préjudiciable aux droicts desdictz Estatz, faisant lequel despartement avons trouvé vostre parroisse de.................. devoir payer et porter la somme de................... laquelle somme vous mandons et ordonnons estre imposée et levée sur les contribuables de vostre dicte parroisse, vous

servant à cet effet d'un scribe du visconté non habitant de
vostre paroisse, avec desfance aux scindicz asseceurs collecteurs de se descharger en l'année de leur charge, eux ni
leurs parans amis et aliés, ni appeler autre personne que le
dict scribe en cas qu'ilz ne sachent escrire, par lequel
scribe seront faites deux coppies du rolle qui seront rapportées au greffe des Estatz signés d'un notaire en présence
des témoins pour estre par nous vériffiées et randues exécutoriables sans esmolumens, et sur l'une desquelles coppies
et non autres sera la levée faicte et l'autre retenue par
Me Anthoine Girbaud, greffier des Estatz, pour y avoir recours sy besoin est, des sommes imposées le plus justement
qu'il se pourra et levées sans risques ni exaction, vous servant des sergents des taille dudict visconté et non d'autres ; les sindicz assesseurs collecteurs porteront icelles
entre les mains de Me Anthoine Cheize, receveur en la présente ville de Turenne et non ailleurs, scavoir la moitié, le
dixiesme de juin prochain, et l'autre moitié la Noël en suivant; à quoy faire il seront contraincts par toutes voyes de
justice dues et raisonnables et comme pour deniers et privilèges; vous donnant advis que rapportant incontinant
après la commission receue, sans retardement des deniers
de Monseigneur, les arrests par nous rendus sans appel
entre les particuliers contribuables et les sindicz des parroisses ou confirmes par arrest et autrement, du consentement des parties sera faict droict des transports des taux
d'une parroisse à l'autre.

Faict à Turenne, le huictiesme de juin mil six cens quarante sept.

Et cottiserez aussi la somme de............ à laquelle
monte vostre quottité du prix du cheval envoyé à M. le Maréchal de Turenne, laquelle cottiserez par article séparé ou
par rolle à part, si bon vous semble, sur le pied de la taille
et au sol la livre, et icelles payerez aux termes portés par la
susdicte commission de............

II

Assiete des Tailles du Visconté de Limosin de l'an mil six cens quarante huit.

Sur ce que M⁰ Gédéon Andrieu, advocat en parlement et procureur du domaine du visconté, a dict que l'imposition des tailles du visconté ayant esté différée jusques à ce jour dans l'espérance que les habitans du visconté avoient que les Estatz pourroient estre convoqués l'année présente, ainsi que Monseigneur leur avoict faict espérer qu'à son retour d'Italie en France son Altesse dessandroict dans la visconté, et que néantmoins à cause desdictes affaires en cours les Estatz ne peuvent estre tenus pour encores et que le retardement de l'imposition et de la levée des deniers et des tailles ordinaires pourroit apporter du préjudice, requérons estre procédé sans plus de remize. A ces causes, Nous et en l'authorité de Monseigneur et de M⁰⁰ des Estatz, et du pouvoir qui nous a esté donné de faire le département en déffaut des tenue d'Estats, prins sur l'advis de Mercure de Chabrinhac, escuier, sⁱ de Traverssac, sindic général du présent visconté, avons procédé audict département pour lequel avons trouvé ne debvoir estre imposés autres deniers que les ordinaires, revenans à vingt un mille livres des tailles, et les charges d'icelles à la somme de sept cens quatre vingt dix huict livres, remetant l'imposition de certains deniers que ledict M⁰ Gédéon Andrieu nous a dict avoir esté obmis ces années dernières aux prochains Estatz; lesquelles susdictes sommes seront imposées et payées par les consulz ou scindicz des villes et parroisses du visconté, en la présente ville de Turenne, en le bureau de la tailhe de tous tems établi et non ailleurs, entre les mains de M⁰ Anthoine Chieze, receveur des tailles du visconté, scavoir la moitié le jour de la St-Jean et l'autre moitié au terme acoutumé de la Noël en suivant, auxquelles fins sera procédé sans dellay à la cottisation par les consulz scindics et assesseurs des villes et parroisses du visconté, inconti-

nant après l'envoi des commissions, en la forme prescripte
par icelle a peine de deux mille livres d'amande, despans,
domages et intérest et du retardement des deniers et affaires
de son Altesse, desquelles commissions la tenue sera insérée au pied du despartement, pour lequel jour a esté faict le
présent acte à Turenne le treiziesme juin mil six cens quarante huict.

S'ensuit le despartement de la taille ordinaire et charge
d'icelle faict par nous, juge sénéchal susdict pour l'année
présente 1648.

Turenne........................	768 ll	» s.	» d.
Jugeals	188	8	»

Votre parroisse de Jugeals a esté déchargée de la somme
de sept livres douze sols qui a esté portée sur la parroisse
de Noailles, scavoir sur Jean Couderc, Anthoine Gernolles,
Pierre Seignolles, Jean Seure et Louize de Girounie, habitans
de Noailles, au moyen de la décharge et rejet de leur taux
de vostre parroisse sur Noailles, parroisse de leur demeure.
Ugues Bagires, Jean Couderc, Gernolles, Seignolles, Seure et
Girounie, [seront rayés] du rolle de vostre parroisse à
payne de payer leur taux en vostre privé nom, attendu le
rejet de leur taux faict à la descharge de vostre parroisse;
ainsin est escrit au pied de la commission envoyée à ladicte
parroisse.

Sainct-Hilaire..................	429 ll.	10 s.	» d.
Chameyrac....................	329	»	»
Venarsal.....................	91	10	»
Ussac.......................	708	10	»
Dampniat....................	381	10	»
Lanteuil	289	»	»
Malemort....................	241	10	»
Noailhac....................	574	»	»
Linieyrac	673	»	»
Colonges....................	875	10	»
Saillac.....................	210	10	»
Beynat......................	839	»	»
Chaufours...................	141	»	»
Meyssac....................	1,068	10	»

	ll.	s.	d.
St-Bauzile......................	308	10	»
Marcillac......................	520	10	»
St-Julien......................	242	15	»
Sérillac	904	»	»
Lostenges	419	10	»
Curemonte	735	15	»
La Chapelle	447	»	»
Vegennes......................	399	»	»
Queissac	285	»	»
Puidarnac......................	695	10	»
Nonars........................	361	10	»
Tudeil	312	»	»
St-Genies	277	»	»
Beilhac	510	»	»
Beaulieu	873	»	»
Altilhac.......................	835	»	»
Mercuez.......................	271	»	»
Branseilles	73	»	»
Sionhac	163	»	»
Liourdre......................	50	5	»
Astaillac	17	15	»
Lagarde.......................	64	»	»
Chasteaux.....................	510	»	»

Vostre parroisse a esté deschargée de vingt sept sols sept
deniers qui ont esté rejettés sur la parroisse de Noailles, à
cause de quoy vous rayerez désormais du rolle de vostre
parroisse Leonnard Martit, Jean Petit Bérusson et Giry
Malaingne, sur lequel le taux a esté rejeté sur la parroisse de
Noailles, vous faisant desfance de les comprendre dans le
rolle de votre parroisse de Chasteaux à peyne de payer par
vous le taux en vostre privé nom, ainsi est escript au pied
de la commission qui a esté envoyée la présente année à
ladicte parroisse.

	ll.	s.	d.
Lissac........................	466	»	»
Chartriers....................	211	10	»
St-Serni......................	290	»	»
Estivals	187	»	»
Nespouls......................	207	»	»

Noailles......................... 195 ll. 19 s. 7 d.

Vostre parroisse a esté augmentée de sept livres douze solz à la descharge de la parroisse de Jugeals, et de vingt sept sols sept deniers à la descharge de la parroisse de Chasteaux lesquelles sommes rejettées et cottisées en vostre parroisse, sçavoir sur Jean Couderc, notaire, quatre livres, six sols, quatre deniers; sur Anthoine Gernolles, vingt sept sols, sept deniers; sur Pierre Seignolles, vingt deux sols, cinq deniers; sur Jean Scure, sept sols, dix deniers; et sur Louise de Girounie, veufve de........ aussy sept sols dix deniers; sur Pierre Jaliniers, douze sols, sept deniers; sur Giry Malaingne, quinze sols, sur chacun augmentation de leur taux et ce dessus en exécution de nostre ordonnance mise au bas de certaine requeste par lesdicts habitans de Jugeals et Chasteaux présentée et receue par le greffier des Estats du vingt uniesme d'avril et an présent 1648, pour y avoir recours sy besoing est.

Argentac..................... 249 ll. » s. » d.

Servières..................... 2,908 10 »

Somme tout que monte ladicte assiette.

S'ensuit la forme que la commission ainsi qu'elle sera envoyée la présente année 1648 aux parroisses.

De par Monseigneur et MM. des Estats du visconté de Turenne en Limosin, 1648.

Monseigneur, despuis son retour de Rome, nous a faict entendre qu'il désire convoquer les Estatz de son visconté et assister à la tenue d'iceux, et par ce que l'estat de ses affaires n'a peu permettre à son Altesse de s'esloigner de la cour pour venir dans son visconté au temps accoustumé pour en faire la convocation, et que dans ceste attente, le retardement de l'imposition et levée des tailles du visconté pourroict apporter du préjudice aux particuliers contribuables à icelles, à ceste cause, nous, juge sénéchal du visconté, de l'advis et consentement de Mercure de Chabrinhac écuyer, s' de Traverssac, scindic général du visconté en Limosin, au nom et soubz l'authorité de Monseigneur et de MM. des Estatz et en vertu du pouvoir à nous donné de faire

le despartement en desfaut de tenue d'Estatz, avons
procédé à l'imposition des tailles et charges ordinaires
d'icelles qui sont la somme de vingt un mille livres d'un
costé et sept cens nonante huict livres d'autre, sur les villes
et parroisses du visconté en Limosin, pour la présente année
sans que le présant despartement puisse estre en exemple
ni conséquence préjudiciable aux droict et libertés desdicts
Estats, de laquelle susdicte somme avons trouvé vostre ville
ou parroisse devoir payer et porter la somme de..........
laquelle somme vous mandons d'imposer et lever sur les
contribuables de vostre communaulté, vous servant à cest
esfest d'un scribe du visconté non habitant de vostre ville et
parroisse en cas que les cottisateurs ne sachent escrire, par
lequel scribe sans l'assistance d'autre personne que
desdicts assesseurs seront faictes deux coppies du rolle qui
seront rapportées au greffe des Estatz pour estre par nous
veriffiées et rendues exécutoires sans frais, l'une desquelles
sera retenue, par les assesseurs scindicz collecteurs pour sur
icelle et non autre coppie faire la levée, et l'autre sera
retenue par Mᵉ Anthoine Girbaud, greffier des Estatz,
pour y avoir recours si besoing est ; faisons desfance
ausdicts scindicz, assesseurs collecteurs de se descharger
en l'année de leur charge, eux ni leurs parens, amis ni
aliés, aux peynes de droict, et ladicte imposition faicte le
plus justement qu'il se pourra et levée sans risque, lesdicts
collecteurs porteront icelle somme entre les mains de
M. Anthoine Chièze, receveur en la présente ville de Turenne et non ailleurs, aux termes accoustumés de la St-Jean
et Noël prochain, au payement desquelles sommes imposées
seront contraincts chascuns pour leur taux et les collecteurs
par les voyes ordinaires de justice et comme pour denier de
tailles et privilèges par le sergent des tailles du visconté.
Faict à Turenne le treiziesme de juin mil six cens quarante
huict.

XXIII

Etats de Limousin, tenus à Turenne
le 18 mai 1650. (1)

L'an n   ᵉ   cens cinquante et le dixhuictiesme jour de
may, en '   *e* de Turenne en Limosin et maison appelée
du Grenie , en l'assemblée des Estatz dudict païs convocqués
par très haut et très puissant prince Messire Frédéric-Maurice de la Tour, duc de Bouilhon, prince souverain de Sédan
et Raucour, visconte de Turenne et de Lençois, conte de
Montfort, en laquelle ont assisté Mercure de Chabrinhac,
escuier, sieur de Traverssac, scindic général dudict païs,
Martial Malin, sʳ de Nalc et Mᵉ Jean Brounac, consuls de la
ville de Beaulieu, assistés de Mᵉ Jean Massoubre, advocat en
la cour et consul ancien de ladicte ville, Anthoine Duverncy,
scindic général de Servière, Ramond Jalinier, bourgeois, et
Mᵉ Pierre Lafortie, greffier au présent siège, consulz de la
présente ville, assistés de Mᵉ Jean Valen, procureur au présent siège, leur adjoinct, François Mérillac, Géraud Taverny,
Anthoine Dufaure et Anthoine Peyrat, marchans et consulz
de la ville d'Argentac; après que son Altesse leur a représenté qu'elle a différé jusque à présent les Estatz, tant à
cause de son éloisgnement que pour évister ausdicts Estatz
la despance qui se faict d'ordinairement dans les assemblées
d'icelles et qu'elle les a convoqués pour leur donner de
nouveaux tesmoignages de son affection et des soingz qu'elle
prend pour leur continuer les effects de sa protection et
pourvoir par l'advis desdictz Estatz au bien et soulagement
de ses subjets, et d'aultant que pour cest effect, elle est dans
une pressante nécessité, par l'oppression qui lui est faicte
par ses ennemis ...., de renouveller

(1) Archives nationales, R² 493 fᵒ 337.

les privilèges du présent visconté, a prié lesdictz
Estatz de luy faire l'advance des deniers qu'ils sont obligés
de lui payer annuellement, par le contract du cinquiesme
mars 1642, et de pourvoir au remboursement des frais exposés l'année dernière pour la conservation du présent chasteau ensemble ceux qu'il convient faire présentement pour
mesme faict attendu les troubles qui sont dans le présent
royaume, et faict entendre plus amplement son intention par
MM. François de Javel, juge sénéchal au présent visconté,
intendant des affaires de son Altesse; sur quoy lesdictes villes
et communaultés ayant remercié Monseigneur des tesmoignages qu'il luy plaist leur donner de sa bienveillance et
supplié son Altesse de leur accorder la continue de sa protection, de mesurer qu'ilz désirent de vivre et mourir
dans le respect et obéissance qu'il y doivent et luy donner
tous les tesmoignages possibles de leur zéle au bien de son
service, pour les effectz de leur recongoissance a esté résolu
d'une commune voix, premièrement qu'il sera imposé
sur le dict païs la somme de deux milles livres à laquelle
s'est trouvé monter la dicte despance faicte pour la conservation dudict chasteau l'an 1648, pour la part que lesdictz
présents Estatz en doivent porter, laquelle somme sera levée
et imposée incessament et païée et remise entre les mains
de Monseigneur, dans quatre ans à pactz égaux ; en second
lieu que pour donner plus de moyen à son Altesse de pouvoir continuer à sesdictz Estatz les effectz de sadicte protection, lesdicts Estats lui advanceront le payement de la somme
de vingt un mil livres que lesdicts Estatz se sont obligés de
lui payer annuellement pour quatre ans, revenant en tout,
pour lesdicts quatre ans, à quatre vingt quatre mil livres ; sera
aussi imposée et levée incessament pour estre payée scavoir
la somme de vingt un mil livres dans un mois prochain
venant et le restant dans un mois après ; et pour faciliter
lesdicts payements ain que ladicte somme restante et non
levée sera emprunté par les six plus aizés et mieux accom-
modés de chaque parroisse et a desfaut de ce les susdicts
six aizés de chascune des dictes parroisses pourront estre
constraincts audict payement par toutes voyes de droit et

raisonnables et accoustumées estres suivies dans le présent
visconté pour faciliter la levée et exaction des deniers de
mondit seigneur pour la cotte de leur parroisse, à la charge
néantmoins que pendant lesdictes quatre années ils ne pourront estre obligés à payer autre somme à mondict seigneur,
ains en demeureront libérés par l'anticipation du susdict
payement, à la charge aussi que en cas que ceux qui
auront esté contraincts d'emprunter les sommes non levées
seront rembourcés par lesdictes parroisses en principal et
accessoires; quand ausdicts autres deniers ordinaires, qui
sont les gages et la despance du s' sindic général, seront
imposés et levés à l'accoustumée, et sur la proposition faicte
par mondict seigneur; sur le subject de la garde dudict
chasteau, ilz continueront de fournir la subsistance de la
garnison pour trois mois seulement et sans tirer à conséquence et ce sur le pied de mil livres par mois sur le Limosin, qui sera imposée au sol la livre, sur le pied des deniers
ordinaires; et au surplus sur la proposition faicte par Mᵉ
Gédéon Andrieu, procureur du domaine, qu'aux derniers
Estatz tenus en la ville d'Argentac, en l'année 1643, il feut
ordonné que la somme de six cens vingt six livres traize
solz quatre deniers séroict imposée et levée sur le visconté
en Limosin pour les deux tiers de la dépance faicte par les
sᵐ de Terssac et Bac, aux voyages qu'ilz avoient faicts
auparavant à Paris, Lyon et Perpignan, pour le bien des
affaires du visconté, dont le tiers a esté desja imposé et
levé sur la province de Quercy, s'il ne se trouvait pas de
fonviz suffisants pour payer icelle somme sur le reliquat
du compte deu par la veufve du s' Fouchier au corps des
présent Estat, à la rezddition duquel compte il auroict esté
arrêté par lesdicts derniers Estatz qu'elle seroict incessamment poursuivie, à laquelle reddition des comptes lesdicts
Estatz n'ayant nullement pressé ladicte veufve et ayant
mesme souffert le désist des biens de son desfunt mari, il
ne seroict pas raisonnable que les deniers que mondict seigneur a advancés, dont lesdictz Estatz ont trouvé à propos
d'ordonner l'imposition et levée qui n'a esté différée que sur
l'espérance de la pouvoir tirer de ladicte veusfve, fussen

plus longtems retardés, le dict Mᵉ Gédéon Andrieu ayant
requis que tant ladicte somme que autres deniers qui ont
esté alloués en reprize à ladicᵗᵉ veufve dans ses derniers
comptes à la charge du recouvrement sur ledict païs, fussent
imposés et levés présentement comme les autres deniers
sus exprimés, a esté arresté qu'attendu l'immensité des
sommes dont la levée a esté ordonnée la présente année, et
qu'il est à espérer que ladicte veufve devra de quoi satisfaire à icelle, ladicte levée sera remise jusque à ce qu'elle
aura esté poursuivie conformément à ladicte délibération à
la reddition de son dict compte et payement dudit reliquat
et ce audict frais et dilligence des présents Estatz, à quoy
il sera vaqué incessament et pour cest effect nommé un
sindic, et à faulte de faire lesdictes dilligence et remboursement entre cy et à la prochaine tenue d'Estatz, l'article des
précédants sera exécuté sans plus remise et soubs la protestation expresse cy dessus faicte de ne pouvoir estre tenus
pendant lesdictes quatre années à payer aucunes sommes à
mondict seigneur pour quelle cause et prétexte que ce puisse
estre.

Fait, clos et arresté le dict jour et an 1650.

S'ensuit le despartement et gages desdicts sieurs des
Estatz.

Pour la despance de M. de Traverssac, scindic général,
cinquante livres, laquelle est comprise dans le despartement
ordinaire

Pour la despance ordinaire et extraordinaire de MM. les
consulz de Beaulieu, cens quarante livres.

Pour la despance ordinaire et extraordinaire du scindic
général de Servierre, quarante livres.

Pour la despance de MM. les consulz de Turenne, vingt-
quatre livres.

Pour la despance de MM. les consulz d'Argentac, soixante
livres.

Pour la despance de Girbaud, greffier des Estatz, douze
livres.

Somme ladicte despance, **276** livres.

S'ensuit les gages desdicts sieurs des Estatz.

Audict sieur scindic général, deux cens livres.
A MM. les Consulz de Beaulieu, quarante huit livres.
Audict sieur scindic général de Servierre, douze livres.
Ausdicts sieurs consulz de Turenne, douze livres.
Ausdicts sieurs consulz d'Argentac, douze livres
A M. le sénéchal, dix huit livres.
A M. le procureur du domaine, dix huict livres.
A M. Geoffre, procureur à Brive, douze livres.
A M. le trésorier, trois cens livres.
A Girbaud, greffier, cent livres.
Aux sergens des tailles, dix livres, à chacun cinq.
Au sergent desdicts sieurs consulz de Beaulieu, trois livres.
Au sergent desdicts sieurs consulz de Turenne, trente solz.
Au sergent desdicts sieurs consulz d'Argentac, trente solz.
Somme les susdicts deniers ordinaires la somme de sept cens nonante huict livres; et parce qu'à cause de la presse et de la mauvaise conjoncture du temps l'assemblée a esté contraincte de se séparer avant le département des susdictes sommes, ayant signé l'acte, et ordonné que le greffier procédera au despartement exactement et sans précipitation pour esvicter les erreurs qui s'y pourroient glisser sy la chose estoict faicte avec trop de presse, auquel despartement assistera Mᵉ Andrieu, avec le greffier.

Turenne : sept cens septante six livres, pour les vingt un mille sept cens quatre vingt quatorze livres; pour la despance, neuf livres quatorze solz; pour les soixante trois mille livres, deux mille deux cens trente une livres; pour les trente mille livres, cent cinq livres; pour les deux milles livres, septante livres; et pour les deux mille trois cens nonnante quatre livres trois solz, huictante quatre livres, trois solz.

Jugealz (1) :

I	188 ll.	4 s.	» d.
II	»	47	»
III	514	1	»
IV	25	»	»
V	17	13	4
VI	24	3	»

Sainct-Hilaire-de-Cornil :

I	429	10	»
II	5	18	»
III	1,244	14	»
IV	59	1	»
V	36	6	»
VI	43	19	»

Chameyrac :

I	329	»	»
II	4	19	»
III	948	7	»
IV	45	5	»
V	30	8	4
VI	37	4	»

Venarsal :

I	91	10	»
II	»	24	»
III	264	6	»
IV	12	10	»
V	8	6	8
VI	10	4	»

Ussac :

I	708	10	»
II	9	11	»
III	2,047	2	»
IV	97	11	»

(1) Par abréviation, nous reproduisons les divers articles de l'imposition dans le même ordre que pour Turenne, le chiffre I se rapportant aux 21,798 livres de la taille, le chiffre II à la dépense, le chiffre III aux 63,000 livres de taille avancés, le chiffre IV aux 3,000 livres, le chiffre V aux 2,000 livres et le chiffre VI aux 2,394 livres, 3 sols.

V....................................	65 ll.	10 s.	8 d.
VI....................................	78	»	»

Dampniac :

I....................................	381	10	»
II....................................	4	16	»
III....................................	1,104	13	»
IV....................................	52	9	»
V....................................	34	19	4
VI....................................	39	18	»

Lanteuil :

I....................................	289	»	»
II....................................	3	13	»
III....................................	835	1	»
IV....................................	39	10	»
V....................................	26	6	8
VI....................................	31	19	»

Malmort :

I....................................	241	8	»
II....................................	3	»	»
III....................................	697	10	»
IV....................................	32	»	»
V....................................	21	6	8
VI....................................	31	19	»

Nouailhac :

I....................................	574	»	»
II....................................	7	12	»
III....................................	660	8	»
IV....................................	78	18	»
V....................................	52	12	»
VI....................................	64	»	»

Linieyrac :

I....................................	673	»	»
II....................................	8	19	»
III....................................	1,943	5	»
IV....................................	92	»	»
V....................................	61	6	8
VI....................................	75	15	»

Colonges :

I......	871 ll.	14 s.	» d.
II.............................	11	8	»
III............................	2,518	18	»
IV............................	119	1	»
V.............................	79	13	4
VI............................	96	15	»

Sallhac :

I.............................	218	8	»
II.............................	»	53	«
III............................	670	16	»
IV............................	28	»	»
V.............................	18	13	4
VI............................	23	14	»

Beynat :

I............................	836	»	»
II............................	10	10	»
III............................	2,421	8	»
IV............................	115	»	»
V.............................	76	3	4
VI............................	95	7	»

Chaufours :

I............................	144	16	»
II............................	1	16	»
III............................	418	4	»
IV............................	19	»	»
V.............................	12	13	4
VI............................	16	15	»

Meyssac :

I............................	1,068	8	»
II............................	14	»	»
III............................	3,085	8	»
IV,...........................	156	10	»
V.............................	104	6	8
VI............................	120	»	»

St-Bauzire :

I............................	308	10	»
II............................	3	19	»

III	891 ll.	» s.	» d.
IV...........................	42	»	»
V............................	28	»	»
VI...........................	34	10	»

Marcilhac :

I...........................	520	10	»
II...........................	7	»	»
III..........................	1,503	1	»
IV...........................	71	10	»
V............................	47	10	8
VI...........................	58	10	»

St-Julien :

I...........................	242	15	»
II...........................	3	»	»
III..........................	701	5	»
IV...........................	33	»	»
V............................	22	»	»
VI...........................	27	»	»

Serrilhac :

I...........................	904	»	»
II...........................	11	16	»
III..........................	2,510	»	»
IV...........................	123	»	»
V............................	82	»	»
VI...........................	102	»	»

Lostanges :

I...........................	419	10	»
II...........................	5	14	»
III..........................	1,211	15	»
IV...........................	57	10	»
V............................	38	6	8
VI...........................	47	5	»

Curemonte :

I...........................	735	15	»
II...........................	9	14	»
III..........................	2,115	7	»
IV...........................	101	»	»

6

V................................	67 ll.	6 s.	8 d.
VI...............................	91	16	»
La Chapelle :			
I................................	447	»	»
II...............................	5	12	»
III..............................	1,296	»	»
IV..............................	61	»	»
V................................	10	11	4
VI..............................	45	»	»
Vegène :			
I................................	399	»	»
II...............................	5	♠	»
III..............................	1,155	♦	»
IV..............................	54	10	»
V................................	36	7	8
VI..............................	42	♦	»
Queyssac :			
I................................	285	♦	»
II...............................	3	11	»
III..............................	822	18	»
IV..............................	31	»	»
V................................	26	♦	♦
VI..............................	32	2	»
Puydarnac :			
I................................	695	10	»
II...............................	9	♦	»
III..............................	2,038	14	»
IV..............................	95	10	»
V................................	63	13	4
VI..............................	80	»	»
Nonars :			
I.	361	10	»
II...............................	5	»	»
III.	1,044	♦	»
IV..............................	49	10	»
V................................	33	»	»
VI..............................	40	10	»

Tudeil :

I.....................................	312 ll.	» s,	» d.
II....................................	3	18	»
III...................................	900	18	»
IV....................................	43	»	»
V.....................................	28	13	4
VI....................................	35	2	»

St-Genies :

I.....................................	277	»	»
II....................................	3	9	»
III...................................	800	11	»
IV....................................	38	»	»
V.....................................	25	6	8
VI....................................	31	19	»

Beilhac :

I.....................................	510	»	»
II....................................	6	18	»
III...................................	1,468	18	»
IV....................................	70	»	»
V.....................................	56	13	4
VI....................................	61	4	»

Beaulieu :

I.....................................	835	»	»
II....................................	10	19	»
III...................................	2,520	»	»
IV....................................	120	»	»
V.....................................	80	»	»
VI....................................	98	8	»

Altilhac :

I.....................................	835	»	»
II....................................	10	19	»
III...................................	2,412	16	»
IV....................................	114	10	»
V.....................................	76	6	8
VI....................................	92	8	»

Merques :

I.....................................	271	»	»
II....................................	3	18	»

III........................... 785 ll. 8 s. » d.
IV............................ 37 10 »
V............................. 25 » »
VI............................ 27 12 »

Branceilhes :
I............................. 73 » »
II............................ » 18 »
III........................... 210 6 »
IV............................ 10 » »
V............................. 6 13 4
VI............................ 8 5 »

Sionnhac :
I............................. 163 » »
II............................ 2 11 »
III........................... 461 2 »
IV............................ 22 6 »
V............................. 14 18 »
VI............................ 17 17 »

Liourdre :
I............................. 50 » »
II............................ » 13 »
III........................... 145 14 »
IV............................ 7 » »
V............................. 4 8 4
VI............................ 5 11 »

Astailhac :
I............................. 17 10 »
II............................ » 4 »
III........................... 51 6 »
IV............................ 2 5 »
V............................. 1 10 »
VI............................ » 39 »

Laguarde :
I............................. 61 » »
II............................ » 16 »
III........................... 184 16 »
IV............................ 8 15 »

	5 ll.	16 s.	8 d.
V..............................			
VI.............................	7	4	»

Chasteaux :

I..............................	510	13	5
II.............................	6	17	»
III............................	1,486	2	»
IV.............................	78	»	»
V..............................	52	»	»
VI.............................	46	1	»

Lissac :

I..............................	466	»	»
II.............................	6	»	»
III............................	1,344	15	»
IV.............................	63	»	»
V..............................	42	»	»
VI.............................	51	15	»

Chartriers :

I..............................	211	10	»
II.............................	2	13.	»
III............................	609	»	»
IV.............................	28	15	»
V..............................	19	3	4
VI.............................	23	14	»

St Cerny :

I..............................	293	»	»
II.............................	3	14	»
III............................	837	9	»
IV.............................	41	»	»
V..............................	27	»	»
VI.............................	34	6	8

Estivalz :

I..............................	187	»	»
II.............................	»	47	»
III............................	538	13	»
IV.............................	26	»	»
V..............................	16	8	4
VI.............................	11	8	»

Nespoulz :

I.............................	207 ll.	» s.	» d.
II............................	2	12	»
III...........................	597	»	»
IV...........................	28	5	»
V	18	16	»
VI...........................	23	6	»

Nouailhes :

I	195	19	7
II............................	»	49	»
III	566	9	»
IV...........................	21	10	»
V............................	17	»	»
VI...........................	21	18	»

Argentat :

I............................	249	»	»
II	3	12	»
III..........................	719	2	»
IV....•......................	34	»	»
V............................	22	12	4
VI...........................	27	18	»

Servières :

I............................	2,908	10	»
II	36	15	•
III. .·......................	8,389	17	»
IV...........................	399	3	»
V............................	267	2	»
VI...........................	321	13	»

Faict le dict jour, mois et an susdict, lesdicts sieurs des Estatz signés à l'original.

GIRBAUD, greffier des Estatz.

XXIV

Etats de Quercy, tenus à Saint-Céré le 7 mai 1655 (1)

L'an mil six cens cinquante cinq et le septiesme jour de may, en la ville de Sainct-Céré et dans la maison de Mᵉ Jean d'Augier, advocat en Parlément, juge de ladicte ville, régnant Louis quatorze, par la grâce de Dieu roy de France et de Navarre, en l'assemblée indict aux gens qui composent les Estals du présent vicomté au païs de Quercy par Gédéon de Vassinhac, escuyer, seigneur dudict lieu, gouverneur audict vicomté, en vertu et conformément à la commision à lui envoyée par très haulte et illustre princesse Éléonore de Bergh par la grâce de Dieu souveraine duchesse de Bouillon, au nom et comme tutrice et gardienne de très hault et très puissant prince Frédéric-Maurice de la Tour d'Auvergne, par la grâce de Dieu souverain duc de Bouillon, duc d'Albret et de Chasteau-Tierry, conte d'Auvergne et d'Evreux, vicomte de Turenne, et ladicte commission dattée du sixiesme novembre 1634, signée F. N. Éléonore de Bergh, duchesse de Bouillon et plus bas, par Madame, Sireul de Langlade, laquelle a esté lue à haulte voix par moy, greffier des Estats et qui sera insérée au pied du présent cayer; — où se sont trouvés Jean-Louis Feydit, escuyer, sieur de Terssac, scindic général dudict pais, MM. les consuls de Sainct-Céré assistés de leur conseil, et les sieurs scindics de Gagnac, aussi assistés de leur conseil, et où aussi se sont trouvés Anthoine Crémoux, scindic de Cusance, Henri Galatri, scindic de Bourzolles, Jean Grafoul, scindic de Beyssac, Jean Duman, scindic de St-Dionis, Jean Lespinasse, scindic de Blansaguet, Bertrand Lavergne, scindic de Meyraguet, Gabriel Boet, scindic de St-Hilaire de

(1) Archives nationales, Rᵃ 493, fᵒ 132.

Goudourles, Pierre Crozat, scindic de Creissensac, Jean
Vergne, scindic de St-Michel, Guillaume Timbaudi, scindic
de Montvalent, Annet Fordic, scindic de Gluges, Laigier
Serre, scindic de Calvinhac, et plusieurs autres scindics
envoyés des parroisses dudict viconté pour ouir les propositions qui pourroient estre faictes à l'ouverture desdicts
Estats.

Monsieur Lavaur, premier consul de Sainct-Céré, a représenté quil leur a esté intimé, et à Messieurs les scindics de
Gagnac, un acte portant opposition à la tenue des Estats du
présent viconté en Quercy, en datte du second du courant,
reçu par Champ, notaire, et a eux intimé par ledict Champ le
quatriesme, laquelle porte en somme que lesdicts Estats ne
se peuvent tenir par lesdicts sieurs consuls de St-Céré et
scindics de Gagnac sans l'assistance desdicts sieurs consuls
de Martel, lesquels tous ensemble composent seuls le corps
desdicts Estats. Sur quoy mondict sieur d'Ailli a représenté
que les mesmes sieurs consuls de Martel lui en ont
faict sçavoir la mesme opposition après qu'il a eut indict
lesdicts Estats en vertu de la susdicte commission de son
Altesse, mais qu'il n'a pas trouvé à propos, après avoir pris
sur ce l'advis des sieurs du Conseil de son Altesse, de révoquer ni changer l'indiction desdicts Estats, veu mesme
qu'il avoit mandé auparavant à tous les scindics des parroisses dudict viconté en Quercy de se trouver à l'ouverture
desdicts Estats pour entendre les propositions qu'il avait à
faire, de la part de son Altesse, et y porter leurs plainctes et
requestes pour y recevoir la justice et les reiglements qu'ilz
en attendoient despuis longtemps, mais que pour oster
ausdicts sieurs consuls de Martel tout prétexte d'ignorer
l'ouverture desdicts Estats, il les y avoit non seulement cités
par une lettre à eux envoyée par le sergent des Estats mais
encore par le ministère du greffier desdicts Estats qui leur
auroit expressément notiffié l'ouverture d'iceux qui se fairoit aujourd'hui en la présente ville et de les sommer de s'y
rendre comme un des membres qui les composent pour y
pourvcoir a ce qui regarde les intérests de son Altesse et le
bien du païs, le cinquiesme du courant, parlant au sieur

Murlet, second consul de ladicte ville, qui ne lui auroit faict
autre responce si ce n'est que le sieur premier consul estoit
allé à Sainct-Céré pour notiffier ausdicts sieurs de ladicte
ville l'oposition qu'ilz avoyent formée à la tenue desdicts
Estats, mais que ladicte opposition ne portant point les
causes qui ont donné lieu ausdicts sieurs consuls de Martel
de la former et d'ailleurs ne dépendant pas d'eux d'empêcher ou de retarder la convocation desdicts Estats, mais de
Madame seule à qui le droict de les convoquer quand bon
lui semble appartient, ceux qui les composent n'ayant droict
que d'y assister pour y donner leurs suffrages à ce qui peut
regarder le bien et utilité publicque dudict païs, et que
si lesdicts sieurs consuls de Martel eussent eu des raisons à
proposer pour la surcéance de la tenue desdicts Estats, leur
devoir les obligeoit de les venir proposer au jour et lieu où
l'indiction en avoit esté faicte, mais que leur deffaut et
absence volontaire ne devoit pas empêcher la tenue desdicts
Estats après qu'il a esté du bon plaisir de son Altesse
d'envoyer sa commission pour la tenue d'iceux après diverses remonstrances qui lui avoient esté faictes qu'ils estoient
absolument necessaires pour le bien de son service et l'utilité dudict païs; et sur ce les sieurs nommés scindics des
paroisses ayant demandé par une requeste, qui a esté lue
à haute voix par le greffier desdicts Estats, qu'il fust passé
oultre à la tenue desdicts Estats pour y estre pourveu à ce
qui regarde le bien du service de Madame, et à leurs requestes particulières soubz la protestation par eux faicte
qu'au cas où l'assemblée se sépareroit sans tenir lesdits
Estats de se pourvoir vers son Altesse contre les gens qui
composent lesdicts Estats et de tous leurs despens, domages
et interests au cas ou ils seroient d'un tel mespris que de
se séparer sans procéder à la tenue desdicts Estats dont
mondict sieur D'Ailli est venu faire l'ouverture en vertu de
sadicte commission; après la lecture de laquelle requeste le
dict sieur de Lavaur, parlant pour lesdicts consuls de Saint-
Céré et scindics de Gagnac, auroit représenté qu'ils deviennent advertis que les motifs de l'opposition desdicts sieurs
Consuls de Martel est fondée sur ce que Mr de Terssac pré-

tend avoir séance et voix délibérative en l'assemblée desdicts
Estats, en qualité de scindic général, quoy que lesdicts consuls de Martel, de Saint Céré et scindics de Gagnac composent seuls lesdicts Estats et ayent faict opposition à l'établissement dudict sieur de Terssac en ladicte charge dans
le cayer des Estats tenus en l'an 1642 qui ont esté renouve-
lés despuis de temps en temps, et ainsi que bien que lesdicts sieurs Consuls de Martel ne deussent pas defaillir
pour nulle occasion à l'Assemblée desdicts Estats mais y
venir pourvoir conjoinctement avec lesdicts sieurs Consuls
de Saint-Céré et scindics de Gagnac aux affaires publiques,
ils ne restent pas à renouveler la mesme opposition à ce
que ledict sieur de Terssac puisse avoir entrée et voix délibérative auxdicts Estats comme n'y ayant que lesdictes trois
communautés qui les composent.

Sur quoy, ledict sieur de Terssac auroit réparti qu'il a esté
appelé à ladicte charge par Monseigneur de très glorieuse
mémoire et y auroit esté maintenu sans trouble pendant
plusieurs années, sur ce qu'originairement le corps de la
noblesse assistoit es assemblées desdicts Estats dudict viconté et par suitte de temps auroit trouvé meilleur de s'y
trouver par un député de leur corps à qui le nom de scindic
général auroit esté donné, laquelle charge auroit esté rem-
plie successivement par Mrs de Bastit, de Carmang et de
Langlade, comme en font foy les registres desdicts Estats,
que si bien pendant quelques temps cet ordre avoit demuré
interrompu, cella n'avoit pu faire aucun préjudice aux
nobles vassaux dudict viconté à la prière desquelz Monseigneur de très glorieure mémoire l'avoit pourvéu de ladicte
charge, et sur ce qu'ils avoyent tesmoigné à son Altesse
qu'ils désiroient conserver leur droict d'assister ausdicts
Estats pour y porter leurs voix et leurs suffrages au bien
de son service et la conservation des privilèges dudict païs
et ce par un de leur corps, despuis lequel establissement
ayant exercé ladicte charge avec honneur et sans reproche
l'opposition du tiers estat demurant vuidée par son instal-
lation et longue possession paisible de ladicte charge, lesdicts consuls n'avoient aucun droict de l'y troubler et

qu'ainsi il n'y avoit qu'à laisser les choses en l'estat et à passer à la tenue desdicts Estats pour l'ouverture desquels mondict sieur d'Ailli les auroit cités en vertu de la commission de son Altesse; ledict sieur de Lavaur a percisté audict nom en ses oppositions et protestations de se pourvoir devers Madame, par les très humbles remontrances desdictes villes et communautés, pour luy faire voir qu'il n'y a que les consuls de Martel, de Sainct-Céré et scindics de Gagnac qui ayent entrée et voix délibérative ausdicts Estats dudict visconté en Quercy, affin qu'il lui plaise révoquer la commission dudict sieur de Terssac, comme préjudiciable à leurs droicts et libertés qu'ils entendent conserver et s'y maintenir soubz le bon plaisir de son Altesse pour plaire à laquelle lui tesmoigner une entière submission, ilz ont ordre de leurs communautés qu'il soit passé outre à la tenue desdicts Estats soubz les protestations de se pourveoir contre l'establissement dudict scindic général et sans que le présent acte puisse estre tiré à aucune conséquence.

Après quoy la tenue desdicts Estats demurant résolue et la commission de son Altesse receue avec respect soubz les protestations faictes par lesdicts sieurs des Estats qu'ils n'aprouvent point la qualité de Président attribuée audict sieur d'Ailli qui en est le porteur et ils protestent de se pourveoir vers son Altesse sur ce suject, ledict seigneur d'Ailli a protesté qu'il n'entendoit desroger en aucun point à la teneur de sa dicte commission ni rien relascher des droicts et prérogatives de son Altesse qui lui a adressé ladicte commission pour tesmoigner aux gens qui composent lesdicts Estats et à tous les habitans de son dict viconté qu'elle désire leur continuer sa favorable protection et les effects de sa bienveillance, sur ce qu'elle a esté advertie qu'un plus loing retardement à convoquer lesdicts Estats pourroit donner lieu à plusieurs désordres qui se glissent dans son viconté et laisser croistre les abus ausquels elle désire porter le remède convenable par l'advis desdicts Estats de la gratitude desquels elle a sujet d'espérer que dans la nécessité présente des affaires de sa maison ils fairoient des efforts extraordinaires pour lui donner d'autant plus de moyen de continuer à sondict viconté sa protection contre toute sorte de foules, d'en conserver les privilèges entiers et en maintenir les habitans dans les immunités et franchises dont ils jouissent paisiblement par les soings qu'elle a la bonté d'employer pour leur conservation.

Après quoy le dict sieur de Terssac auroit tesmoigné pour le corps des Estats que le viconté estoit dans des sentimens d'une entière gratitude des marques qu'il plaist à Madame leur donner de la continuation de sa bienveillance et des effects de son auguste protection et qu'ils estoient pleins d'une volonté très libre de lui donner des preuves de leur entière recongnoissance par tous les efforts qu'il leur sera possible et qu'ils espéroient que s'ils n'estoient pas proportionnés aux devoirs auxquels ils se recongnoissent obligés, ils esperoient que Madame seroit satisffaicte de leurs bonnes volontés et auroit esgard à l'impuissance de leurs forces et leur continueroit sa favorable protection, soubz les protestations qu'ils font de demeurer tousjours dans une entière submission à ses ordres et dans de véritables rescentimens de la bonté qu'il luy plaist leur tesmoigner en toute sorte d'occasions.

Et le jour mesme mondict sieur d'Ailli se estant retiré, ensemble ledict sieur de Javel, sénéchal et autres sieurs du Conseil de son Altesse qui l'accompagnoient, lesdits sieurs des Estats auroient demuré assemblés pour délibérer sur les propositions à eux faictes de la part de son Altesse et autres affaires publicques. Et après que lesdicts scindics des parroisses ont eu proposé leurs plainctes, baillé leurs requestes, ils se sont aussi retirés, et par lesdicts Estats a esté arresté que pour tesmoigner à Madame le zèle qu'ils ont au bien de son service et pour secourir la nécessité de ses affaires ils luy accordent, sans tirer à nulle sorte de conséquence, par don gratuit, pour cette année sulement, la somme de sept mil cinq cens livres, oultre les deniers ordinaires que ledict viconté en Querci lui donne annuellement aussi par don gratuit qui vont à treize mil livres soubz lesdictes taxations portées par l'acte des Estats de l'an 1642 et qui ont esté renouvellées et réitérées aux Estats suivans, espérant que

son Altesse les maintiendra dans les franchises, libertés,
immunités et priviléges dudict viconté et ne souffrira qu'il
leur soict faict aucune sorte de préjudice ; lesquelles sommes de treize mil livres d'un costé et sept mil cinq cens
livres d'autre seront imposées et levées en deux pacts
esgaux de Sainct Jean et Noël prochain sur tous les habitans et contribuables dudict viconté et portées es mains de
M° Giles Lachéze, receveur desdicts Estats, pour estre par
lui employées suivant les ordres de son Altesse. Lequel receveur sera tenu de tenir son bureau en la ville de Turenne
et d'y demeurer le temps nécessaire, qui ne peut estre que
de deux mois pour le moins après chascun desdicts pactes
pour empescher les plainctes qui ont esté faictes de temps
en temps par divers scindics de ce qu'ils ne le trouvoyent
point audict Turenne pour luy faire leurs payemens ; et en
cas que ledict receveur ne satisffairoit pas au présent reiglement les scindics pourront consigner les sommes qu'ils lui
auroient portées audict Turenne, et il sera tenu de tous les
despens, dommages et intérests que lesdicts collecteurs
scindics en pourroient souffrir.

Et sur ce qui a esté représenté par divers scindics des
parroisses que quoy que par les reiglemens des présens Estats
convoqués par Monseigneur mesme en l'an 1642, il soict
expressément porté que ledict receveur prendra pour argent
comptant tous les articles des reffusans après dues diligences, conformément à ce qui est reiglé par l'article XV° desdicts Estats qui est qu'il prendra lesdicts articles pour argent
comptant et en deschargera lesdicts scindics et par eux lui
remetant un exploict de commandement faict à un chacun
desdicts reffusans, il ne tient compte d'obéir audict reiglement, mais faict rigoureusement exécuter lesdicts scindics pour tous le contenu en leur mande, lesquelz par ce
désordre se trouvent constraintz de payer pour autrui n'a-
yant pas le moyen de tirer raison de plusieurs personnes
puissantes et mal intentionnées qui usent de leur aucthorité
sur eux et les maltraitent quand ils leur demandent leurs
taux, ce qui arrive si souvent et en tant de lieux que, si ledit reiglement n'estoit exécuté et lesdicts mauvais payeurs

constraincts par l'aucthorité de son Altesse à satisfaire à
leurs articles, cella ruineroit les premiers et mèneroit un
désordre très préjudiciable aux interests de son Altesse et
au bien du païs ;

A esté arresté que ledict receveur exécutera ponctuellement
le reiglement et qu'en cas qu'il vint à y contrevenir il en
sera porté plaincte à Son Altesse et sera permis ausdicts
scindics de consigner ou prendre acte du reffus, et moyennant ce ils demeureront d'auttant déchargés à sa recepte et
lui tenu en tous leurs despens, domages et interests, bien
entendu que lesdicts scindics demeureront responsables de
la validité de leur cotisation.

Sur la requeste présentée par les scindics de la parroisse
d'Autoire qu'après avoir soustenu un long procès en la
Cour des Aides de Montpelier contre les scindics de Loubressac pour empêcher l'usurpation d'une grande estendue
d'un tenement qu'ilz avoyent tenu de tout temps et ancienneté franc et immune de toutes tailles et impositions royalles et pour lequel ils estoient cottisés en leur domicille dans
ledict viconté, ils perdirent leur cause par arrest de la Cour
des Aides de Montpelier, rendu en l'an 1633 et le 18 Mars.
Et ainsi leur possession ayans été [......] ils payent des
taux excessifs dans ladicte parroisse de Loubressac ; comme
aussi le mesme accident pour les biens qu'elle possédoit
dans le tailliable de Meyrinhac, qu'ils avoyent aussi longtemps possédé immune de toutes impositions royalles et qui
ont esté aussi [......] despuis quelques années dans le
tailliable dudict Meyrinhac, en sorte que le pied ancien des
deniers qu'ils payent dans le viconté de l'aucthorité des Estats d'icellui leur ayant esté originairement jetté eu esgard
à tous les biens qu'ils possédoient lors quoy que la plus
grande partie d'iceux fussent dans l'estendue du taux du
Roy ; a cause que par certaine convention faicte lors que
les tailles n'estoient pas si fortes qu'elles sont à présent audit taux du roy, et les habitans du viconté ne se cottisoient
pour les biens qu'ils tenoyent les uns dans le tailliable des
autres, ils se trouvent extraordinairement surchargés pour
ce qu'ils possedent dans l'estendue du viconté ; de quoy ayant

porté diverses plainctes aux Estats pour obtenir leur décharge
et le rejet de ce dont ils se trouvent foulés au dessus leurs
forces, il leur auroit esté promis justice et auroit esté remis de temps en temps sur l'espérance d'un nouveau régalement général auquel n'ayant point esté jusqu'ici satisffaict
pour diverses considérations, attendant qu'il puisse estre
faict pour établir une entière égalité parmi les contribuables
dudict viconté et oster aux communautés sujet de plaincte
en particulier ;

A esté arresté que par provision et après ledict régalement
général ladicte parroisse d'Autoire sera déchargée sur le
pied ordinaire de la somme de deux cens cinquante livres,
laquelle sera rejettée sur le restant du présent viconté, sauf
des taux que les villes de Sainct-Céré et de Gagnac en
devroyent prendre qui demureront en surcéance et dont ladicte parroisse d'Autoire continuera le payement jusqu'audict régalement général, attendu qu'il est notoire que lesdictes villes et communautés de St-Céré et de Gagnac se
trouvent exécissevement chargées dans le despartement
général des deniers ordinaires dudict viconté, à raison de
quoy les sieurs consuls et scindics desdictes villes de St-
Céré et de Gagnac requièrent qu'il soict délibéré aux
présens Estats sur les moyens à tenir pour parvenir à une
juste égalation du pied ordinaire des deniers qui se levent
de l'aucthorité desdicts Estats dans ledict viconté ; ce
qu'ayant esté mis en délibération a esté trouvé à propos de
différer l'exécution dudict nouveau département jusques à la
prochaine tenue des Estats.

Estant arrivé que diverses parroisses ont négligé de cottiser les gages ordinaires des Estats des trois années, cinquante un, cinquante deux et cinquante trois, il leur estoit
mandé de cottiser année par année pour estre payés aux
mesmes années à ceux à qui l'attribution desdicts gages
est faicte par lesdicts Estats, ce qui a donné lieu au receveur
de faire cote à la communauté de St-Céré des gages de leurs
régens, ensemble des gages des consuls de ladicte ville qui
reviennent pour ledict régent à cent cinquante livres et
pour lesdicts consuls à trente six livres annuellement, en sorte

que ledict receveur doibt à ladicte communauté en bloc pour lesdicts gages desdictes trois années cinq cens cinquante huicts livres.

A esté ordonné que conformément à la mande desdicts Estats de ladicte année 1650 lesdicts gages seront imposés et levés partout où la levée en est demurée en reste et ce par les scindics qui se trouvent à présent en charge, pour estre délivrée audict receveur lequel en tiendra compte ausdicts sieur consuls de St-Céré ladicte somme de cinq cens cinquante huict livres sur les sommes qui se trouveront contenues en la mande qui leur sera envoyée de l'aucthorité des présens Estats. sinon qu'il justiffiat, par bonne quittance de ceux qui ont esté en charge durant lesdictes trois années, qu'il eut payé en tout ou en partie ladicte somme, auquel cas il sera tenu de délivrer aux consuls de la présente année extrait valable desdictes quittances pour les raporter en leurs comptes.

Sur ce qui a esté représenté par le s' Drulhe, scindic de Gagnac, que les scindics qui estoient en charge en la dicte ville en l'année 1652, ayant faict la levée par advance des deniers ordinaires de l'année 1654, ont en main les gages deubs à luy et à ses consorts scindics de ladicte année 1654 et ne tiennent compte de les leur payer ; a esté ordonné que le receveur payera les gages desdicts scindics de ladicte année dernière, dont il a faict ou deub faire recepte, sauf à lui à les répéter ou précompter ausdicts scindics de ladicte année 1654, sauf ausdicts scindics de l'année 1652 de recourir au mesme receveur pour leurs gages que ledict receveur a pris ou deub prendre de ceux qui ont faict la levée du contenu en la mande de l'année 1650.

Guilhaume Baisse, Jean Fraisse et Leuret Verts, scindics dudict Gagnac, en l'année 1649, ayant demandé qu'il fust permis d'imposer sur le tailliable dudict Gagnac trois cens livres qu'ils avoyent empruntées pendant leur scindicat et employées aux affaires urgentes de leur communauté, et ce en vertu et pour les causes espéciffiées en l'acte de délibération de la plus grande et saine partie des habitans de leur communauté, du vingt neufviesme février audict an

1619, qu'ilz ont représenté, signé Labrousse, notaire; les Estats, veu ledict acte portant ledict consentement, ont permis l'imposition de ladicte somme de trois cens livres et interests légitimes qui seront liquidés par les scindics qui sont à présent en charge, et qu'au payement les contribuables et tailliables seront contraincts par toutes voyes dues et raisonnables, laquelle levée sera faicte par les scindics qui sont à présent en charge et par eux délivrée audict sieur Baisse et ses consorts pour employer à l'acquitement de l'obligation qu'ilz en ont consentie pour les affaires de ladicte communauté, à la charge par eux d'en rendre compte à ladicte communauté.

Les scindics et assistans dudict Gagnac ayant représenté qu'ils soustiennent un grand procès despuis plusieurs années contre les consuls de la baronnie de Castelnau, pour empêcher l'usurpation qu'ils ont entrepris de faire despuis longtemps sur les limites du viconté dans l'estendue de leur parroisse, qui est à présent pendant au Conseil en reiglement de juges, pour lequel ils ont faict de grands frais dont leur communauté en est endebtée en divers endroicts, ils ont dict que leur cause regardant l'intérest public du présent viconté, la raison veut que les frais dudict procès soient suportés par tout le corps dudict viconté, surtout veu que par les délibérations précédentes des Estats il a esté arresté que quand il surviendra des affaires qui regarderont l'intérest public il y sera pourveu à frais communs, que s'il arrivoit que ladicte usurpation eust lieu au préjudice de leurs justes deffaveurs et oppositions qu'ils en font en justice on ne leur pourroit reffuser un rejet de surtaux qu'ils souffrent et qui deviendroit insuportable s'ils ne conservoient l'estendue du tailliable eu esgard auquel a esté faicte l'imposition sur laquelle ils se trouvent à présent cottisés; a esté arresté qu'il sera différé à délibérer sur ladicte réquisition aux prochains Estats pour en estre faict droict après une plus longue et mûre délibération ainsi qu'il sera advisé.

Et illec mesme lesdicts sieurs scindics et députés dudict Gagnac ayant remonstré que la nécessité du soustien dudict

procès et d'autres urgentes et imposantes affaires de leur
communauté les contraignent à fournir diverses sommes
qu'ils ne trouvent pas la commodité d'emprunter pour les
difficultés des affaires que les communautés ont accoustumé
de souffrir, en sorte qu'il leur est important d'imposer et
lever les sommes nécessaires aux occasions sur leur communauté; pour lesquelles faire valablement il est nécessaire
que les présens Estats permettent qu'elles soyent faictes de
leur authorité comme ne se pouvant faire autrement aucune
imposition valable dans le viconté; après que lesdicts scindics et députés de Gagnac se sont retirés, les Estats faisant
droict à ladicte requeste et attendu la notoriété du contenu
en icelle ont permis et permettent ausdicts d'imposer et
lever sur les habitans de ladicte parroisse après que par
délibérations publiques faictes et valables dans les formes
par la pluralité desdicts habitans, légitimement assemblés
lesdictes impositions et levées auront esté résolues par lesdicts habitans, lesquelles présuposées, les rolles qui seront
faicts desdictes sommes seront exécutoires et les cottisés
contraincts au payement de leurs taux comme pour deniers
privilégiés, par toutes voyes de justice dues et raisonnables,
à la charge par ceux qui fairont lesdictes levées d'en rendre
compte à ladicte communauté.

Sur ce qui a esté représenté qu'il peut arriver des nécessités si pressentes dans des communautés par creu du plat
païs ausquelles ils ne peuvent pourvoir ni imposer sur eux
valablement aucunes sommes sans l'aucthorité des Estats
qui ne s'assemblent que dans un an et quelques fois mesme
sont différés plus longtemps par des accidents impréveus,
et ainsi il pourroit arriver de grands préjudices ausdictes
communautés s'il ne leur estoit pourveu de quelque moyen
pour pouvoir lever sur eux des sommes extraordinaires
pour leurs nécessités urgentes; les Estats ont déclairé qu'ils
consentent que lesdictes communautés, après des actes d'un
consentement général de leurs habitans qui contiennent les
causes desdictes levées, puissent icelles faire en recourant
préalablement à la permission du Sénéchal de Turenne à
qui lesdicts Estats commettent le pouvoir d'octroyer telles

permissions soubz lesdicts consentements publics et légitimement consentis par lesdictes communautés. Lesquelles
impositions ainsi faictes, ils déclarent dès à présent comme
dès lors valables comme faictes de l'aucthorité des présens
Estats et ce jusques à ce qu'autrement aux présens Estats y
ayt esté pourveu.

Le cahier des Estats de l'an 1613 ayant esté veu et par
icellui que les Estats ont résolu qu'au cas qu'ils ne fussent
tenus à l'advenir annuellement au premier jour de juin
pour les raisons espécifiées audict cayer, le greffier des
Estats envoyera les mandes des deniers ordinaires sur le
pied de ladicte année ; a esté arresté que ledict cas arrivant,
ledict mandement sera exécuté, et lesdictes mandes des
deniers ordinaires envoyées par ledict greffier de l'aucthorité
desdicts Estats soubz les réservations et protestations narées
en l'article sur ce faict ausdicts Estats de l'année 1643,
auquel pied demeurera joincte la somme de vingt livres
dont les gages du receveur ont esté augmentés par délibération du présent Estat.

Et par ce que par l'ordonnance de feu Monseigneur qui
qui nous a esté exibée par les consuls de la ville de St-Céré
il est enjoinct aux parroisses dépendans de la chastellanie
dudict St-Céré de contribuer par chasque habitant au bastiment de leur halle d'une journée de bœufs et que le fonds
dans lequel doit estre bastie ladicte halle a esté acheté
quinze cens livres des deniers propres et particuliers de
ladicte ville, à quoy il est aussi juste que lesdictes parroisses
contribuent ; les gens desdicts Estats ordonnent qu'oultre
le charroy ordonné par mondict seigneur pour ledict bastiment, les habitans desdictes parroisses payeront pour soula-
ger ladicte ville de partie du susdict prix la somme de trois
cens livres, laquelle somme sera cottisée sur les parroisses
de la chastellenie dudict Sainct-Céré et adjoustée à la mande
desdictes parroisses pour estre après délivrée par le receveur des Estats aux consuls de ladicte ville de Sainct-
Céré.

Pour le voyage faict pour le païs par le sieur Augier vers
son Altesse à Roan et à Evreux avec un homme à cheval

pris par les députés en commun de qui la despance a esté
entièrement advancée par lediet sieur Augier, a esté arresté
qu'il sera imposé la somme de cinq cens quarante sept
livres sur tout le présent viconté et après délivrée aux consuls dudict Sainct-Céré qui en ont faict l'emprunt et payé
l'intérest compris en ladicte somme totale de cinq cens
quarante sept livres,

Et pour l'advance des frais de mesme voyage faict par le
député de Gagnac, sera aussi imposée la somme de trois
cens trente livres et après délivrée aux scindics dudict
Gagnac qui en ont faict l'advance, ce qu'ayant esté ordonné
contre l'advis dudict sieur de Terssac, il a requis que le
cayer fust chargé de ce qu'il s'est opposé à une telle imposition pour n'avoir pas ledict voyage esté faict par délibération commune des gens qui composent lesdicts Estats,
ayant esté faict dans certaine assemblée particulière où il
n'a point esté appellé, ce qui ne se peut faire valablement.

Et sur la proposition faicte de la part du sr de Savari
touchant l'éxécution d'une ordonnance de feu Monseigneur
en datte du 16 juillet 1650 qu'il a exibée, par laquelle la
despance du voyage que ledit sieur Savari fist à Bordeaux,
pour le service de Son Altesse, en qualité de consul de la
ville de Sainct-Céré, doibt estre rejettée sur toute la chastellanie dudict Sainct-Céré, la chose ayant esté mise en délibération, Monsieur de Terssac a esté d'advis d'exécuter
ladicte ordonnance pour le respect qu'il porte au service de
mondict seigneur, et les sieurs consuls de la ville de Sainct-
Céré et scindics de Gagnac, ayant opiné en contraire, la
proposition a esté renvoyée et ledict sieur Savari a protesté
de se pourvoir sur ladicte communauté de St-Céré ainsi
qu'il verra estre à faire, pour laquelle la despance du
voyage qu'il fist à Bordeaux pour le service de son Altesse
en qualité de consul de la ville de Sainct-Céré est rejettée
sur toute la chastellanie dudict Sainct-Céré et les gens
desdicts Estats.

Le receveur des tailles ayant représenté qu'au despartement des deniers imposés de l'aucthorité des Estats du

présent païs il intervint erreur au préjudice de sa recepte
de la somme de trois cens huictante livres douze sols;
Après que par le sieur Lauriers le cayer desdicts Estats a esté veu par l'ordre des présens Estats, et les
articles dudict despartement exactement calculés et examinés, a esté trouvé que ladicte erreur intervint audict despartement, en sorte que sur leur rapport il a esté ordonné
qu'il sera faict droict audict receveur dudict manque de
fonds et que ladicte somme de trois cens huictante livres
douze sols sera imposée et levée la présente année avec les
autres deniers ordinaires sur tous les contribuables dudict
païs pour estre restablie à ladicte recepte et employée
par ledict receveur suivant la destination desdicts Estats
de ladicte année 1650.

Ayant esté représenté que, pendant les derniers troubles
de Guienne, M' d'Ailli, gouverneur du présent viconté, a
esté obligé de faire diverses despances pour le bien et
utilité publicque du païs, a esté ordonné que sans tirer
à conséquance, il lui sera donné trois cens livres qui seront
imposées de l'aucthorité des présens Estats sur tout ledict
païs et portées ès mains dudict receveur pour estre délivrées
audict sieur d'Ailli.

Monsieur de Terssac ayant beaucoup despancé en divers
voyages pour empêcher les logemens des gens de guerre
qui vouloient entreprendre d'enfraindre les privilèges dudict
viconté et servi le public en diverses occasions, les présens
Estats lui ont accordé la somme de trois cens livres qui
sera pareillement imposée et levée pour lui estre délivrée
par ledict sieur receveur sur tout le païs.

Sur ce qui a esté représenté par M° Giles Lachèze que
les gages qui lui sont payés annuellement pour la recepte
qu'il faict des deniers ordinaires de l'aucthorité des présens
Estats sont si modicques qu'il ne suffisent pas à le faire
subsister dans son bureau pendant le temps qu'il est
obligé d'y attendre le payement desdictes sommés ordinaires, oultre les pertes et les accidens qui arrivent ordinairement dans un tel maniement; les Estats, ayant esgard à sa
requeste ont ordonné qu'outre la somme de quatre vingts

livres de gages attribués à ladicte recepte, qu'il lui sera donné vingt livres annuellement qui seront départies sur le pied ordinaire et fairont en tout cent livres pour les gages dudict s' receveur.

A M' Andrieu, pour les soings qu'il a employés aux affaires du présent païs la somme de soixante livres qui sera aussi imposée et levée comme les autres sommes.

A esté accordé au s' Farginel, cappitaine au chasteau de Turenne, quatre vingts livres pour des voyages qu'il a faicts vers son Altesse et autres lieux pour le bien du païs, laquelle sera imposée et payée en la mesme forme que les autres sommes extraordinaires accordées ci-dessus.

Messieurs les consuls qui estoient l'année dernière en ladicte ville de Sainct-Céré et les sieurs scindics de Gagnac de la mesme année ayant représenté qu'ils ont faict divers voyages à l'Hospital, Beaulieu et ailleurs, sur les mandemens de Messieurs du Conseil, pour délibérer sur la tenue des présens Estats, a esté ordonné qu'il leur sera taxé pour les frais desdicts voyages trente livres à chascune desdictes communautés, faisant en tout soixante livres, dont lesdicts consuls et scindics seront tenus de rendre compte à leur dicte communauté.

Aux sergents des tailles, à chascun quatre livres qu'est huict livres, oultre leurs gages ordinaires.

Aux révérens Pères Récolets par ausmone, sans tirer à conséquance et pour cette année sulement, leur a esté donné la somme de quarante livres qui sera imposée et levée comme les autres deniers et délivrée par ledict receveur ausdicts pères Récolets.

Au sergent de Sainct-Céré, trois livres.

A Monsieur Lauriesque, marchand, pour avoir travaillé au despartement des deniers imposés de l'aucthaurité des présens Estats dix livres, et pour une collation faicte par les gens desdicts Estats pendant leur séance, trente quatre sols, faisant en tout unze livres quatorze sols.

Gages Ordinaires

Pour les gages de Mr de Tersac, scindic général, deux cens livres.

Pour Mrs les consuls de Martel, quarante livres.

Pour Mrs les consuls de Sainct-Céré, trente six livres.

Pour Mrs les consuls de Gagnac, trente livres.

Pour Mr le sénéchal, douze livres.

Pour Mr le Procureur du Domaine, douze livres.

A Mr le Receveur pour ses gages, cent livres.

Pour le greffier, trente livres.

Pour le régent de Martel, cent cinquante livres.

Pour le scindic de Martel, cinq livres.

Pour le régent de Sainct-Céré, cent cinquante livres.

Pour le régent de Gagnac, trente six livres.

Pour les deux sergens des Estats, six livres.

SOMME 807 ll.

Despance ordinaire.

Pour la despance de Mrs d'Ailli, Terssac, de Javel, Andrieu, Lachèze, Girbeaud, son clerc, le sergent des Estats et autre suitte extraordinaire pendant cinq jours, deux cens livres.

Pour la despance de Mrs les consuls de Sainct-Céré, soixante cinq livres.

Pour la despance de Mrs les scindics de Gagnac, soixante dix livres.

Madame Davine ayant présenté une requeste pour avoir payement de dix-huict livres qui furent obmis à lui payer en l'année 1612, pour la despance de feu Monsieur de Clain, juge sénéchal aux Estats, après que la chose a esté vérifiée par le raport de Mrs Breau, Condamine et Dousset, consuls de St-Céré ladicte année, a esté ordonné que ladicte somme de dix-huict livres sera cottisée et levée sur la chastellanie de St-Céré.

A esté arresté que les prochains Estats se tiendront en la
en la ville de Gagnac.

Faict clos et arresté le dixiesme desdicts mois et an.

XXV

Etats de Quercy, tenus à Saint-Céré
le 28 août 1661. (1)

L'an mil six cens soixante un et le vingthuictiesme jour
d'aoust, en la ville de Sainct-Céré en Quercy et dans la
maison de François de Puimule, s' du Teil, régnant Louis
roy de France et de Navarre, en l'assemblée indicte aux
gens qui composent les Estats du présent viconté au pais
de Quercy par Gédéon de Vassinhac, escuyer, seigneur du
dit lieu, gouverneur au présent viconté de Turenne, en
vertu et conformément à la commission à lui envoyée par
Monseigneur de Mesme, conseiller du roy en ses Conseils
d'Estat et Privé et président en la Cour de Parlement Ide
Paris, tuteur honnoraire des personnes et biens de très haut
et très puissant prince Godefroy-Frédéric-Maurice de la Tour,
duc de Bouillon, d'Albret et de Chasteau-Tierri, comte
d'Auvergne, d'Evreux et du bas Armagnac, viconte de
Turenne, etc., et des autres princes et princesses ses frères
et sœurs, nommé par arrest du Parlement de Paris du
22ᵉ aoust 1657, ladite commission en datte du 28 may
dernier, signée dudit seigneur et scellée du sceau et armes
de sadicte Altesse, mondit seigneur le duc de Bouillon, et
plus bas, par nosdits seigneurs les tuteurs, Dufort, laquelle
a esté lue à haute voix par moy greffier desdits Estats en
l'assemblée d'iceux qui sera insérée à la suite et à la fin et
sans approuver par lesdits sieurs des Estats la qualité de
président attribuée par laditte commission dudit sieur
d'Ailli et autres protestations de se pourveoir devers mondit

(1) Archives nationales, R² 494.

seigneur pour cest effect et de lui représenter très humblement que laditte qualité choque entièrement la liberté des
Estats de sondit viconté et va contre ce qui a esté de tout
temps pratiqué et qui s'observe dans toutes les provinces du
royaume qui se régissent par Estats, et aussi par ledit sieur
Vassinhac en aucun point de sa commission qui puisse
préjudicier à son Altesse; En laquelle ont assisté MM^rs Jean
Salvat, premier consul de la ville de Martel, assisté de
MM^rs François de Lachèze, conseiller du Roy et son lieutenant particulier au siège royal de laditte ville, Anthoine
Rogier advocat en la cour, Pierre Basclé substitut de M^r le
procureur du roy et adjoinct aux enquettes et commissions
ordinaires et extraordinaires audict siège, et Me Pierre
Arcambal, aussi advocat en laditte cour, et François Puimule, s^r du Teil, Jean d'Alquie, bourgeois, et Jean Chaus-
selou, m^e chirurgien, consul dudict Sainct-Céré, assistés de
MM^rs Paul Lavaur, François Puimule, Michel Belhomme et
autres de leur conseil, et Jean Vaisse, Anthoine Laumont et
Guilhaume Stalor scindic de Ganhac, assistés de Me Guilhaume Fraisse advocat et Pierre Lavaur; et après avoir
percisté comme dessus en leurs protestations et déclarations,
iceux sieurs des Estats se seroient retirés et laditte commission estant remise entre les mains dudit greffier, les
propositions et délibérations suivantes auraient esté faictes
en l'assemblée du corps desdits Estats.

S'ensuit la teneur de laditte commission :

Les tuteurs honoraires de Monsieur le duc de Bouillon,
duc d'Albret et Chasteautieri, conte d'Auvergne et d'Evreux,
viconte de Turenne et grand chambellan de France et des
autres princes et princesses ses frères et sœurs, nommés
par arresté du Parlement de Paris des 22 aoust 1657 et
13 février 1660, à Monsieur d'Ailli, gouverneur dudict
viconté de Turenne, salut; estant nécessaire ainsi qu'il est
accoustumé de convocquer et tenir les Estats dudict viconté
de Turenne au païs de Quercy la présente année et de commettre pour cest effet en notre absance une personne de
qualité et de suffisance requise, à ces causes et pour l'estime
que nous avons sujet de faire de votre fidélité, congnoissance,

expérience et affection aux affaires dudict seigneur dans
ledict païs de Quercy, nous, en la qualité susdite, vous
avons commis et commettons par ces présentes pour convocquer
les Estats dudit viconté de Turenne audit païs de
Quercy, à tel jour et lieu que sera par vous jugé plus commode
et expédient et y représentant la personne dudict
seigneur, présider en l'assemblée desdits Estats et appeller
les consuls et scindics des communautés qui y doivent
assister auxquels nous escrivons pour cest effect, faire les
réquisitions ordinaires et accoutumées ou telles autres que
vous jugerez nécessaires pour les affaires dudict seigneur
et de son service, recevoir les plainctes et remonstrances
qui vous y pourront estre faictes, sur icelles donner les ordres
que vous jugerez plus à propos, ou selon l'importance d'icelles
les réserver à nostre particulière congnoissance, faire dresser
cayers et articles de tout ce qui y sera arresté et résolu pour
nous estre incontinant renvoyés et sur iceux sçavoir nostre
intention, de ce faire vous donnons pouvoir et mandement
spécial. Donné à Paris le XXVIIIᵉ jour de mai 1662. Signé
de Mesme, et plus bas, par nosseigneurs les tuteurs, Dufort,
et sellé du seau et armes de mondict seigneur.

Et après que ledict sieur d'Ailly a par sa bouche explicqué
l'intention de saditte Altesse, a esté accordé :

Premièrement qu'il sera imposé la somme de treize mil
livres, pour les deniers ordinaires de mondict seigneur
soubz les protestations et réservations portées par l'acte des
Estats de l'an 1642 et 1643 qui demeurent pour réitérées,
payables en deux pacts, sçavoir la moitié à la Sainct-Jean
l'autre à la Noël.

Et sur ce qui a esté proposé touchant la charge prétendue
de scindic général et imposition des appointements et gages
d'icelle aux termes des dernières lettres de Son Altesse,
monseigneur le prince de Turenne, escrites tant audict sieur
d'Ailly et ausdits sieurs des Estats qu'à MMʳˢ Léon de la
Serre, escuyer, seigneur dudict lieu et de Langlade, conseiller
du roy en ses conseils et lieutenant général au siège dudict
Martel. Après que la chose a esté amplement concertée entre
lesdits sieurs des Estats et qu'il a esté recongnu que des-

puis le prétendu establissement de ladite charge, lesdicts
sieurs des Estats avoyent tousjours constamment persévéré
dans leurs oppositions audict établissement comme contraire
aux droicts, franchises et libertés desdicts sieurs des Estats
et au bien public, lesdicts sieurs consuls de Martel ont
déclairé ne pouvoir approuver ni consentir au préjudice
desdites oppositions précédentes aucune imposition et levée
desdicts gages et appointements pour ladite charge, ains s'y
opposent, et font les protestations telles que de droict et de
se pourveoir ainsi qu'il appartient ; lesdictz sieurs Consuls
de Sainct-Céré et scindics de Gagnac ont faict pareilles et
semblables déclarations et protestations, mesmes de demander incessamment à son Altesse la suppression de ladicte
charge pour les raisons susdictes et néantmoins qu'ils trouvent bon que pour plaire et obéir aux ordres et volontés de
son Altesse Monseigneur le prince de Turenne, la somme
de deux cens livres soit imposée et cottisée pour les gages
et appointemens dudict scindic général soubz les mesmes
oppositions et protestations que dessus et autres telles que
de droict, lesdicts sieurs consuls de Martel ont percisté en
leurs oppositions déclarations et protestations.

Et sur l'advis qui a esté donné ausdits sieurs des Estats
qu'au préjudice du règlement porté par le cayer des Estats
de l'an 1612, tenus en la presente ville soubz son Altesse
deffunct Monseigneur, on prend des esmolumens et sommes
excessives pour des appointemens et simples ordonnances
mises au pied des requestes qui sont présentées aux sieurs
officiers du sénéchal de Turenne dont on a mesme baillé
diverses pièces justificatives ausdits sieurs des Estats qui
ont esté mises sur le tapis et lues en l'assemblée, ce qui
revient à une notable foule des sujets de son Altesse et
choque mesme les droicts et la compétance desdicts sieurs
des Estats auxquels seuls, soubz l'authorité de son Altesse,
le droict d'imposition appartient, puisque mesme au faict
d'une juridiction contentieuse par le mesme règlement porté
par lesdicts Estats lesdicts sieurs officiers dudict sénéchal
de Turenne ne peuvent prendre aucun esmolument pour
leurs ordonnances, actes et jugements rendus sur les contes-

tations et procès menés par-devant eux pour raisons des
deniers accordés à son Altesse, et d'aultant mieux que par
les arrêts et règlements des cours des Aydes ledict règlement
porté par les susdits cayés se trouve confirmé; A esté résolu
d'une commune voix que les inhibitions portées par le
susdict cayer d'Estat sont et demeurent renouvelées par le
présent, et ce faisant, réitératives inhibitions et deffances
sont faictes ausdicts sieurs officiers du sénéchal de Turenne
suivant l'article septiesme desdicts Estats d'ordonner ny de
permettre aucune imposition de sommes sans la permission
desdicts Estats, ensemble leur est enjoinct comme autrefois
suivant l'acte unsiesme du mesme cayer de juger les procès
qui interviendront pour raison des deniers accordés à son
Altesse sommairement et sans esmolument, et au cas à
l'advenir il y seroit contrevenu en quelque façon qu'on en
portera les plainctes à son Altesse et qu'on se pourvoirra
autrement par les voyes de droict ainsi que de raison,
nonobstant toutes délibérations précédentes qui pourroient
estre en quelque façon contraires aux susdits et présens
règlemens lesquelles demeurent entièrement revoquées et
enjoinct au greffier d'en changer les mandes.

Sur la proposition faicte touchant le pouvoir ci devant
donné au greffier des Estats en l'année 1643, aux Estats de
Martel, d'envoyer les mandes, attendu les inconvéniens qui
peuvent arriver de l'envoy des mandes faict en telle sorte,
contraire au service de son Altesse et au bien public droicts
et libertés desdicts sieurs des Estats, a esté arresté qu'il ne
sera plus à l'advenir en la liberté du greffier d'envoyer de
soy lesdictes mandes, ains par l'aucthorité de son Altesse
et desdicts sieurs des Estats, par vertu et en conséquence de
la tenue annuelle d'iceux, comme son Altesse est très humblement suppliée d'en vouloir faire l'indiction et convocation
annuellement par la nécessité du bien du service de son
Altesse et du bien public.

Comme aussi sur ce qui a esté remonstré qu'à raison de
l'envoy des mandes par le greffier, ainsi qu'il est ci-dessus
exprimé par le précédent article, il s'est trouvé par erreur
ou autrement par quelque surprise diverses sommes de

notable considération qui ne pouvoient ni devoyent estre
levées puisqu'il n'en estoit faict d'imposition, et par ainsi
que l'aucthorité de son Altesse et droict desdicts Estats se
trouvent blessés et les subjects de Monseigneur foulés sans
aucun sujet légitime, lesdicts sieurs des Estats demeurant
mesme advertis par diverses plainctes qui leur ont esté faictes
de la surcharge extrême de la levée et exaction desdictes
sommes non imposées, à raison de quoy et pour esclaircir
la vérité desdictes levées affin qu'il ne reste aucune atteinte
à l'advenir ni soupçon de fraude ni d'exaction contre personne de ceux qu'on pourroit présumer y avoir apporté
quelque mauvaise intention, il est à propos d'en user avec
un remède opportun et convenable soubz le bon plaisir de
son Altesse.

A esté arresté que le sr receveur des tailles de son Altesse
rendra compte de jour en jour et incessamment de toutes
les sommes ci-devant imposées et levées et par lui receues
pour scavoir s'il y a eu quelque chose de levé ou autrement
exigé au préjudice des impositions légitimes, pour sur laditte
reddition de compte et closture d'icelluy se pourveoir par
lesdicts sieurs des Estats devers son Altesse et aultrement
ainsi qu'il appartiendra, ausquelles fins et pour parvenir à
laditte reddition de compte dans toute l'exactitude qu'elle
doibt estre faicte le greffier desdicts sieurs des Estats sera
tenu d'exiber et représenter aux commissaires, qui sur ce
seront députés pour l'audition desdicts comptes, tous les
cayers d'Estats et despartements par lui faicts mesme des
années où il n'y a pas eu d'Estats, et ce despuis que ledict
sieur Cheze est receveur; comme aussi ledict sieur receveur
sera tenu d'exiber et représenter devant lesdicts sieurs commissaires tous et chacun les registres de ses receptes affin
de voir ce qui peut estre entré dans les coffres de son Altesse
desdicts deniers par lui receus ou délivrés à autres personnes
qui ont eu droict de les prendre et percevoir des mains du
sieur receveur. Et pour commissaires ont esté nommés unanimement messieurs les premiers consulz de Martel et de
Sainct-Céré et premier scindic de Gagnac avec pouvoir en
l'absance de quelqu'un d'iceux de pouvoir vaquer légitime-

ment à laditte audition de compte pourveu qu'il y en ayt
deux, mesme de subroger en cas de besoing telles personnes
de chaque communauté que lesdicts sieurs commissaires
verront bon estre ; laquelle reddition de compte se faira en
la ville de Martel aux despens du païs.

Pareillement sur les diverses plainctes qui ont esté faictes
par les subjetz des parroisses et communautés du présent
visconté qu'ils sont pressés avant le terme à payer escheu
et mal traités par l'envoy des sergens y assistans en plus
grand nombre qu'il n'est nécessaire, pour raison de quoy ils
sont en suitte obligés de payer de notables sommes pour de
prétendus frais et despens qui montent aultant et mesme
plus que les deniers imposés, ce qui est d'une pernicieuse
conséquence contraire aux bonnes intentions de Son Altesse
et soulagement de ses subjets : A esté délibéré et arresté que
le sieur receveur ne pourra constraindre aucun sujet qu'un
moys après chasque terme escheu et qu'il ne pourra faire
aucune exécution que sur ceux qui resteront et qu'il ne
pourra faire qu'une seule quittance pour chasque pacte
escheu et payement d'icellui et pour chasque quittance
prendra la somme de cinq sols seulement soubz peine d'exaction et de punition d'icelle telle que de droict, à l'exclusion
toutesfois des communautés desdicts sieurs des Estats qui
demeurent exempts de tous payemens desdictes quittances
pour chascune desdictes communautés, en considération des
gages attribués audict receveur ; et en ce qui concerne les
exécutions qu'il conviendra faire sur les subjects desdictes
communautés après le susdict dellay escheu et procès-ver-
baux de refus bien et duement faicts, ledit sieur receveur ne
pourra prendre ni exiger desdits subjets de chasque communauté que dix sols seulement pour le sergent, cinq sols pour
chasque assistant en nombre de deux, autres cinq sols pour
le premier exploit de commandement, et par chasque procès-verbal d'exécution légitimement faicte sans aucune vio-
lence, la somme de trente sols seulement.

Et pour ce qui est des reffusans de payer les deniers imposés soubz prétexte de quelque privilège de noblesse ou
autrement, attendu la nature et qualité des deniers desdicts

impositions droict et privilège d'icelles et conformément aux
règlemens ci devant faicts es concernans dans les précédens
cayers desdits Estats tenus soubz l'authorité et en présence
de Son Altesse deffunct Monseigneur de glorieuse mémoire,
que en son absence a esté résolu conformément ausdits
règlemens et notamment à cellui qui est inséré dans les
Estats de ladite année 1642, tenus en la présente ville, que
le receveur desdits Estats sera tenu de recevoir lesdits articles en refusans pour deniers comptans après que les scindics auront donné advis à Monsieur le gouverneur de Turenne
ou autres de ses officiers et faict apparoire d'iceux par un
acte de sommation rapporté par lesdicts scindics aux consuls
des villes ou à ce deffaut aux juges des juridictions ordinaires et signés d'eux, pour les authorisés seulement, avec
inhibitions audict receveur de refuser de prendre les actes
de diligences sur telle peine que de droict.

Et parce que lesdits sieurs des Estats ont besoing d'avoir
pour chascune des communautés un reg.stre de tous les Estats
qui ont esté tenus despuis l'an 1633 comme Me Anthoine
Girbaud a servi en qualité de greffier desdits Estats, comme
estant lesdits registres très utiles et nécessaires pour y avoir
recours en toute sorte d'occurance qui peuvent concerner
l'intérest public, général et particulier desdits sieurs des
Estats, et de leurs communautés, pour communiquer mesme
les articles qui regardent le bien et utilité générale de
toutes les autres communautés dudict viconté sans qu'il soit
besoing d'avoir recours à tout moment audict greffier pour
retirer de ses mains les cayers desdits Estats, attendu mes-
mement qu'il est habitant de la province de Limosin résidant
et domicilié en icelle et par ainsi esloigné du présent païs;
a esté trouvé bon, juste et nécessaire de faire faire par ledict
Girbaud, greffier, trois divers registres en grand et beau
papier, bien escrits et signés dudict greffier pour servir de
mémoire perpétuelle à l'advenir en faveur desdits sieurs des
Estats et estre mis chascun desdits registres en forme de
livre dans les archives des maisons communes et consulaires
de chasque communauté desdictes villes de Martel, de
Sainct-Céré et de Gagnac, composant le corps desdicts

Estats, et que pour les frais, peynes, journées et salaires
dudit greffier pour remettre lesdicts trois registres dans tous
le cours de la présente année entre les mains desdicts sieurs
consuls de Martel, de Sainct-Céré et scindics de Gagnac, il sera
imposé la somme de cent quatre vingtz livres, laquelle sera
joincte aux autres deniers ci dessus accordés pour en estre faict
la levée conjoinctement, et la délivrance de ladicte somme,
accordée audit greffier, lui estre délivrée après qu'il aura
effectivement remis lesdits trois registres entre les mains
desdicts sieurs consuls de Martel, de Sainct-Céré et scindics
de Gagnac, réserve le cayer des Estats qui seront tenus
chasque année à l'advenir, desquel ledict greffier sera tenu
comme il a esté tousjours observé de tous temps et anciennetté d'en délivrer une expédition à chascune desdites trois
communautés desdits sieurs des Estats sans esmolumens ni
salaire, attendu les gages attribués audict greffier.

Et pour les frais de la députation faicte en l'an 1654, tirant
à cinquante cinq, par le s^r Rogier jeune en qualité de premier consul de Martel, conjoinctement avec les sieurs consuls
de la présente ville de Sainct-Céré et scindic de Gagnac,
vers Son Altesse Madame, sur le décedz de Son Altesse deffunct Monseigneur, qui ont esté fournis par ledit sieur
Rogier, et dont ladicte communauté reste seule à rembourser, sera imposé la somme de cinq cens septante livres, y
compris deux voyages faicts par le sieur Basclé, second consul dudict Martel en la présente ville, qu'est pour lesdicts
deux voyages vingt livres inclus dans ladicte somme de cinq
cens septante livres, tant en principal que interest, laquelle
sera imposée et levée comme les autres deniers pour estre
baillée par ledict receveur audict sieur Rogier ou à ladicte
communauté.

Et pour divers voyages frais et despens exposés par le
sieur Salvat, s^r de Rocqueblanque, tant en l'année 1655 qu'il
estoit premier consul de la ville de Martel pour la cause
commune desdicts sieurs des Estats contre le sieur de Terssac prétendu scindic général, à raison de la suppression
demandée de ladicte charge et opposition formée à l'établissement d'icelle, que pour le voyage faict par ledict sieur de

Rocqueblanque la presente année par devers M. d'Autenent, intendant de justice en Guienne, pour le service de Sa Majesté et obtention de l'ordonnance concernant la descharge de certaine prétendue taxe erronément faicte et par surprise au préjudice des droicts, franchises et immunités dudit viconté et des habitans d'icelluy pour le droict de l'anneau de l'heureux mariaige du Roy, sera imposé la somme de deux cens septante livres, sçavoir pour l'année 1655 la somme de cent vingt livres et le surplus pour la présente année.

Et pour les voyages faicts par M. de Meynard, gentilhomme ordinaire de la chambre du Roy devers Monseigneur le duc de Candale, lieutenant général des armées du Roy en l'an 1653, et obtention de l'ordonnance dudict seigneur duc, portant décharge des logements des gens de guerre soubz quelque prétexte que ce fust dans toute l'estendue du présent viconté ou pour autres voyages faicts en la ville de Caors et à Toulouze, pour la décharge des francs fiefs prétendus sur la chastellainie de Saint-Céré, par les commissaires de Sa Majesté, ou pour les consultations nécessaires touchant les recongnoissances de ladicte chastellainie et droicts de mande en conséquance contre les usages et coustumes dudit viconté et la teneur des anciens titres de Son Altesse, à laquelle on est prest de payer et rendre comme on a tousjours offert fort fidelement tous les devoirs seigneuriaux et droicts en dépendans auxquelz la nature des fiefs et tenements possedés par les habitans de ladicte chastellainie se trouveront légitimement asservis et soubsmis, ou bien pour la faction, bastiment et structure de deux divers ponts qu'il convient faire pour la nécessité publique en la présente ville de Sainct-Céré, sera imposée la somme de six cens livres au proffict de ladite ville singulièrement.

Comme aussi pour les grands frais qu'il convient faire en l'année 1654 pour la communauté de Gagnac pour se libérer du logement de trois compagnies d'infanterie du régiment de Vendosme ou pour les autres grands frais qu'il leur a convenu exposer pour le soustien de leurs droicts et franchises du viconté pour certaines causes et considérations, et sans tirer à aucune conséquance pour l'advenir, il sera

8

imposé en faveur de ladite communauté de Gagnac la somme
de quatre cens livres pour estre levée conjoinctement avec
les autres deniers ordinaires, et pourront les scindics et
habitans de ladicte communauté de Gagnac imposer sur eux
mesme la somme de trois cens vingt livres.

A Monsieur d'Ailli, gouverneur du présent viconté pour
les soings très considérables qu'il a pris et prend journellement pour le bien de tous les habitans du viconté, lui a esté
accordé la somme de deux cens livres pour estre imposée conjoinctement avec les deniers ordinaires.

Et sur ce qui a esté proposé par le s' Salvac, s' de Rocqueblanque, premier consul de ladicte ville de Martel, qu'aux
Estats tenus en la présente ville de Sainct-Céré en l'an 1655,
et sans aucune aprobation d'iceux de la part dudict s'
premier consul par les raisons exprimées dans les précédens
actes sur ce faicts, que par erreur, surprise ou autrement
par obmission, les habitans et communauté dudict Martel
auroient esté surpris et surchargés dans le reste de la
somme de deux cens cinquante livres à la décharge de la
parroisse d'Autoire sur les autres parroisses dudict viconté
et ce de la somme de dix livres sur la ville de Martel, ce
qui est du tout contraire à la justice distributive dans
l'imposition des deniers du présent viconté ; a esté arresté
que ladicte ville et communauté de Martel sera et demeurera
ores et pour l'advenir quitte, immune et déchargée de ladicte
somme de dix livres laquelle sera remise sur ladicte parroisse d'Autoire.

Pour les voyages faicts par lesdicts sieurs consuls de
Sainct-Céré et scindics de Gagnac ez années 1659, 1660 et
1661, pour le bien public et soustien des droicts et libertés
desdits sieurs des Estats, la somme de deux cens livres,
scavoir pour M" les consuls de Martel, soixante six livres
six sols huict deniers, aultant pour M" les consuls de Saint-
Céré, et aultant pour M" les scindics de Gagnac.

Sur ce qui a esté remonstré par le S' Chèze, receveur des
Estats, qu'en l'année 1655 il se seroit trouvé manquer de
fonds sur la chastellainie de Saint-Céré de cent quarante
une livres treize sols, à cause de quoy il a refusé de bailler

une quittance finale des sommes imposées sur ladicte ville
et habitans particuliers d'icelle parce qu'il avoit faict divers
frais pour le retrouvement de ladicte somme manquant au
fonds et n'a voulu passer en allouant les sommes qui
devoient revenir bonnes aux habitans de Saint-Céré par
compensation et imputation de celles qu'ils devoient
à son Altesse ladicte année; ledict receveur à requis lesdicts
sieurs des Estats de lui faire justice en ordonnant pour la
présente année l'imposition de ladicte somme de cent
quarante une livres treize sols, comme aussi les despens par
lui exposés pour le recouvrement d'icelle; lesdicts sieurs
Consuls de Saint-Céré ayant pareillement requis leur estre
faict justice contre ledict sieur receveur touchant l'allocation et imposition desdictes sommes a esté résolu que
ladicte somme de cent quarante une livres treize sols sera
imposée pour tenir lieu dudict manquement de fonds de
ladicte année 1655, et sur les parroisses de ladicte chastellainie de Sainct-Céré, autant toutesfois que celle d'Autoire
qui en demurera exempte; et moyennant ce ledict receveur
sera tenu de comprendre et imputer les sommes qui
peuvent estre dues à ladicte ville de Saint-Céré avec celles
qui peuvent estre dues de reste audict receveur, lequel ce
faisant sera tenu comme il lui est enjoinct par lesdicts
sieurs des Estats de bailler quittance ausdicts sieurs
Consuls de Saint-Céré du payement de leur cotte des deniers
sur eux imposés en ladite année 1655; et pour les despens
exposés par ledict receveur sur le recouvrement de
ladicte somme, après l'avoir ouy en serement sur la vérité
d'iceux, a esté ordonné par lesdicts sieurs des Estats qu'il
sera imposé la somme de vingt livres pour lesdicts despens
sur lesdictes parroisses de ladicte chastellainie, et de ladicte
ville de Saint-Céré comme tenue au payement desdicts
despens faicts à leur occasion autant toutesfois que ladicte
parroisse d'Autoire, et au s' Dousset, consul de Saint-Céré,
en laditte année 1655 la somme de vingt livres pour les
despens domages et intérests par lui soufferts à cause
dudict manque de fonds à prendre sur lesdictes parroisses
de Sainct-Céré, autres que ladicte parroisse d'Autoire.

Et sur la requeste présentée par le sieur de Savari touchant l'exécution de l'ordonnance rendue en sa faveur par son Altesse deffunct Monseigneur au bas de la requeste du 16 juillet 1650 a esté ordonné par lesdicts sieurs des Estats que la somme de trois cens livres à laquelle reviennent les frais, peynes et journées par lui exposées suivant la taxe faicte en sa faveur par sa dicte Altesse portée par ladicte requeste, sera imposée sur les parroisses de la chastellainie de la présente ville de Saint-Céré, ensemble sur ladicte ville à la décharge de la recepte faicte par ledict sieur de Savari en ladicte année 1650 en qualité de premier consul de ladicte ville ou autrement ainsi que de raison.

Sera aussi imposée sur les habitans de toutes les parroisses dépendans de ladicte chastellainie de Sainct-Céré autres que ladicte ville la somme de mil deux cens trente sept livres dix sols suivant l'appointement mis au bas de la requeste présentée par les scindics desdictes parroisses signée desdicts sieurs des Estats et du greffier desdits sieurs pour estre employée à l'effect du payement des bastiments et réparations contenues à ladicte requeste.

Aux pères Récolets de la présente ville de Saint-Céré, la somme de trente livres, pour achever le bastiment de leur couvent.

Aux pères Cordeliers de la ville de Martel, pour la réparation de leur couvent, quarante livres.

Et sur la plaincte faicte par requeste ausdicts sieurs des Estats par les scindics des parroisses de la chastellainie de Saint-Céré, touchant le despartement et rolles que le procureur d'office faict annuellement des deniers imposés sur lesdictes parroisses, a esté ordonné par lesdicts sieurs des Estats que l'ordonnance de son Altesse deffunct Monseigneur du 26 septembre 1643, faicte en la ville de Martel, que les Estats furent tenus en icelle en présance de mondict Seigneur, sera exécutée en faveur dudict procureur d'office, auquel est enjoinct de ne rien prendre pour le despartement de ce qui pourra eschoir à chascune desdictes parroisses suivant les despartemens qu'il en faira sçavoir est, pour chascune desdictes parroisses annuellement, que la somme de vingt sols pour chascun desdicts despartemens, et ce à peyne d'exaction, demeurant par ce moyen à la liberté des scindics desdictes parroisses de faire faire leurs rolles aux termes desdicts despartemens ou par ledict procureur d'office ou par autre personne publicque ainsi que bon leur semblera, suivant le réglement porté par les Estats de ladicte année 1643, lesquels rolles seront vériffiés par le sieur juge de la juridiction dudict Sainct-Céré ou son lieutenant sans aucun salaire ni esmolument.

A esté aussi délibéré, arresté et résolu par lesdits sieurs des Estats que le s^r de Rocqueblanque, premier consul de Martel, le sieur de [   ] docteur et advocat en la cour au lieu et place du sieur premier consul de Sainct-Céré, et le sieur de Lavaur au lieu et place du premier scindic de Gagnac, seront comme sont députés devers son Altesse Monseigneur le Duc de Bouillon, son Altesse Monseigneur le prince de Turenne et Messeigneurs les tuteurs de mondict Seigneur le duc de Bouillon, pour leur demander instamment et avec très humble supplication au nom du bien général, public et particulier de tout le viconté au païs de Quercy, la suppression de ladicte charge de scindic général comme contraire aux droicts, franchises et libertés des gens et sieurs desdicts Estats et de toutes les parroisses et communautés dudict viconté, aux fins de laquelle députa-tion le receveur desdits Estats sera tenu pour subvenir aux frais du voyage nécessaire à Paris ou ailleurs où il appartiendra, de fournir à chascun desdicts sieurs députés par forme d'advance la somme de deux cens quarante livres laquelle sera imposée l'année prochaine avec l'intérest de ladicte advance au proffit dudict receveur; et en oultre demeure résolu qu'en cas de besoing ledict receveur sera tenu de parfournir à chascun desdicts députés jusques à la somme de trois cens livres; lesquels députés porteront à leurs dictes Altesses et mesdicts seigneurs tuteurs toutes autres plainctes qu'ilz jugeront nécessaires et contre qui il appartiendra concernant le bien de toutes lesdictes com-munautés et parroisses dont les intérests, soit pour ce qui regarde les droicts extraordinaires touchant les recongnois-

sances et autres, seront communs au regard desdits sieurs
des Estats et de toutes lesdictes communautés.

Assistances et Gages.

	l.	s.	d.
Pour l'assistance de MM. les consuls de Martel............................	40 ll.	» s.	» d
Pour l'assistance de MM. les consuls de St-Céré...........................	36	»	»
Pour l'assistance de MM. les scindics de Gagnac...........................	30	»	»
Pour l'assistance de M. le scindic de Martel.............................	5	»	»
Pour les gages du scindic général..	200	»	»
A M. le Sénéchal...................	12	»	»
A M. Andrieu, procureur du Domaine...........................	12	»	»
Au sieur Chèze, receveur...........	100	»	»
A Girbaud, greffier...............	30	»	»
Au régent de Martel...............	150	»	»
Au régent de Sainct-Céré.........	150	»	»
Au régent de Gagnac..............	40	»	»
Aux sergens des tailles..........	6	»	»
	811	»	»

Despance.

	l.	s.	d.
Pour la despance faicte à Martel lors de la première convocation des Estats en ladicte ville pour les consuls de ladicte ville.....................	40 ll.	» s.	» d.
Pour la despance de MM. les consuls de Saint-Céré.....................	90	»	»
Pour la despance de MM. les scindics de Gagnac........................	70	»	»
Pour la despance de MM. le gouverneur, sénéchal et procureur du Domaine............................	100	»	»

Pour la despance du sieur receveur.	12 ll.	» s.	» d.
Pour la despance du greffier......	12	»	»
Pour la despance de la seconde convocation extraordinaire en la présente ville, et pour lesdicts sieurs gouverneur et séneschal...........	100	»	»
Pour la despance desdicts sieurs consuls de Martel................	90	»	»
Pour celle desdicts sieurs consuls de Saint-Céré.................	30	»	»
Pour celle desdicts scindics de Gagnac...................	70	»	»
Pour ledict sieur Chèze, receveur..	12	»	»
Pour ledict greffier..............	12	»	»
	638	»	»

DESPARTEMENT

S'ensuit le despartement des sommes ci-dessus imposées.

La ville de Martel................	500 ll.	» s.	» d.
Extraordinaire..................	132	11	3
La ville de Saint-Céré.............	1,359	11	4
Extraordinaire..................	356	17	8
Les parroisses de la chastellanie de Saint-Céré.................	2,726	4	5
Et sur Autoire particulièrement, pour servir de pied perpétuel à l'advenir	9	12	»
Extraordinaire pour toutes lesdictes paroisses de la chastellainie.......	713	15	6
Plus pour les despens qui concernent ledit don et conformément à l'article cy dessus..................	20	»	»
Gagnac........................	434	13	»
Extraordinaire..................	14	2	»
Sainct-Félix ....:........	77	18	1
Extraordinaire..................	20	8	»
Sainct-Michel	280	»	»
Extraordinaire..................	73	6	»

	l.	s.	d.
Croixe	454	14	»
Extraordinaire....................	19	1	2
Sainct-Sosi.......................	257	10	»
Extraordinaire....................	7	8	6
Blansaguet	54	10	»
Extraordinaire....................	14	5	4
Sainct-Palavi	203	10	7
Extraordinaire....................	53	5	9
Beyssac...........................	199	1	6
Extraordinaire....................	52	2	8
Reyrevignes.......................	125	7	7
Extraordinaire....................	26	5	3
Bourzolles........................	65	1	5
Extraordinaire....................	13	12	6
Flouirac	237	12	6
Extraordinaire....................	62	4	3
Cavanhac	420	10	»
Extraordinaire....................	111	13	4
Ginhac............................	905	5	»
Extraordinaire....................	237	»	3
Rinhac	490	3	»
Extraordinaire....................	128	6	9
Creissensac.......................	575	2	»
Extraordinaire....................	150	11	5
Cusance...........................	652	2	9
Extraordinaire....................	170	15	»
Sainct-Bonnet.....................	521	16	6
Extraordinaire....................	136	12	4
Valeyrac	127	10	8
Extraordinaire....................	33	7	10
Sarrasac	960	4	10
Extraordinaire....................	251	7	11
Murel.............................	161	19	4
Extraordinaire....................	42	8	5
Meyrac............................	205	1	8
Extraordinaire....................	53	11	»
Alvinhac..........................	225	7	10
Extraordinaire....................	59	»	2

Sainct-Dionis......................	257 ll.	18 s.	2 d.
Extraordinaire...................	67	10	7
Bétaille	695	12	3
Extraordinaire..................	182	2	5
Meyraguet......................	52	7	»
Extraordinaire..................	13	11	»
Cléjouls.......................	52	7	»
Extraordinaire..................	13	14	»
Sainct-Hilaire..................	48	10	6
Extraordinaire..................	12	14	1
Laval..........................	60	5	2
Extraordinaire..................	15	15	6
Montvalant....................	305	4	8
Extraordinaire..................	25	9	3

Finalement a esté arresté que les prochains Estats seront tenus en ladicte ville de Martel.

Faict, clos et arresté en ladicte ville de Sainct-Céré, sans tirer à conséquence, attendu que par les derniers Estats ils devoient estre tenus en ladicte ville de Martel et que l'ordre a esté changé à cause de la maladie, le dernier dudict mois et an.

Et à cause que dans le despartement des sommes imposées par les présens Estats se trouve revenant bon de la sómme de quinze livres huict sols, il est ordonné que ladicte somme sera au proffit et pour la recongnoissance du travail exposé par le sieur de Lauricesque, bourgeois de la présente ville, à la faction dudict despartement, d'où sera pris trois livres pour le sergent des Estatz.

Et après que Anthoine Gumont, sergent des tailles a représenté qu'il y a deux ans passés que Guilhaume Bouldouire, son consort, est décédé et qu'il a despuis faict le service en seul avec Charles Gumont, son fils, sans avoir receu aucune recompance, a supplié MM. des Estats le vouloir recevoir au lieu et place dudict Bouldouire, attendant qu'il obtienne les provisions nécessaires de sadicte Altesse soubz les mesmes gages dudict Bouldouire et à la charge de bien fidèlement servir; les gens desdicts Estats,

ayant esgard à ladicte requeste verbale dudict Gumont,
et trouvé icelle juste, après avoir presté le serment ont
ordonné qu'il se pourvoirrat devers sadicte Altesse pour
l'obtention desdictes provisions et cependant soubs son bon
plaisir exercera ladicte charge aux gages accoustumés.
Lesdicts sieurs des Estats signés à l'original et moy,

GIRBAUD greffier.

XXVI

Etats de Quercy, tenus à Martel le 18 juillet 1663 (1).

L'an mil six cens soixante trois et le dix-huictiesme jour
de juillet, en la ville de Martel en Quercy et dans la maison
de Mᵉ Pierre Chèze, advocat en parlement, premier consul
de ladicte ville, régnant Louis, roy de France et de Navarre,
en l'assemblée indicte aux gens qui composent les Estats du
présent viconté audict païs de Querci, par Gédéon Vassinhac,
escuyer seigneur dudict lieu gouverneur du présent viconté
en vertu et conformément à la Commission à lui envoyée
par très haut et très puissant prince son Altesse Monseigneur Godefroy-Maurice de La Tour-d'Auvergne, par la
grâce de Dieu souverain duc de Bouillon, duc d'Albret et de
Chasteautierri, conte d'Auvergne et d'Evreux, viconte de
Turenne, Pair et grand Chambellan de France et Lieutenant général pour le Roy du hault et bas Auvergne, en
datte du 18 de may 1663, signée de Monseigneur et scellée
de son seau et armes, et plus bas, par Monseigneur,
Batfoy, laquelle a esté lue à haulte voix par moy greffier
en l'assemblée d'iceux, qui sera incérée à suitte et à la fin

(1) Archives Nationales, R² 494.

et sans approuver par lesdits sieurs des Estats la qualité
de Président attribuée par ladicte commission audict sieur
d'Ailli, et aux protestations de se pourveoir devers mondict
seigneur pour cest effect et de lui représenter très humblement que ladicte qualité choque entièrement la liberté desdicts Estats de son dict viconté et va contre ce qui a esté
de tous temps pratiqué et aussi par ledict sieur de
Vassinhac en aucun point de sa Commission qui puisse
préjudicier à son Altesse, pour laquelle il offre ausdicts
sieurs des Estats de se conformer, tant pour ce qui regarde
ladicte qualité de président pour celle qu'a l'honneur de
porter la commission en telles assemblées que pour tous les
reiglemens qui peuvent estre désirés pour les formes en
telles occurences, à ce qui se praticque dans la province du
Languedoc ou en telle autre du royaume qui se régissent
par Estats qu'ils voudront prendre pour modele; ce qu'ils
peuvent d'aultant moins reffuser que dans leurs oppositions
faictes aux mesmes fins à l'ouverture des Estats de l'an 1661,
ils se plaignent que le contenu en ladicte commission va
contre ce qui s'observe dans toutes les provinces du
royaume qui se régissent par Estats, ce qui a donné lieu à
Monseigneur, qui ne désire que de faire observer de bons
ordres, de charger ledict sieur d'Ailli d'entrer en de tels
offices; et lesdicts sieurs des Estats ont percisté en leurs
susdictes oppositions et protestations; en laquelle assemblée
ont assisté ledict sieur Chèze premier consul, Pierre Malaurie, bourgeois, Aymar Laforie, notaire, et Pierre Lacassagne, aussi bourgeois et consul de la présente ville,
assisté de MMe François de la Chèze, conseiller du Roy et son
lieutenant particulier au siège royal de ladicte ville, Me
Jean Salvac, advocat en parlement, sieur de Rocqueblanque,
faisant pour le procureur scindic, et de Me Anthoine Roger
aussi advocat en parlement, et de Me Pierre Bascle, aussi
advocat en parlement et substitut de M. le procureur
du Roy audict siège, Me François Condamine, advocat en
parlement, Philippe de Condamine et Anthoine Pratourci,
consuls de la ville de Sainct-Céré, asssités de Me François
Puimule, Jean de Longueval aussi advocat, Jean Lereginie,

bourgeois et Pierre Vigier, scindic de la chastellainie de Gagnac, assistés de Me Jean Drulhe, notaire royal, composant le corps desdicts Estats; et après avoir percisté comme dessus en leurs protestations et déclarations, iceux sieurs desdicts Estats se seroient retirés, et ladicte commission estant demeurée entre les mains dudict greffier, les propositions et délibérations suivantes auroient esté faictes en l'assemblée du corps desdicts Estats.

S'ensuit la teneur de ladicte commission : Godefroy-Maurice de la Tour d'Auvergne, par la grâce de Dieu souverain duc de Bouillon, d'Albret et de Chateautierri, conte d'Auvergne et d'Evreux, viconte de Turenne, pair et grand chambellan de France, gouverneur et lieutenant général pour le roy du haut et bas Auvergne, au sieur d'Ailli, gouverneur du viconté de Turenne, salut; estant nécessaire de convoquer et faire tenir en la présente année ainsi qu'il est accoustumé les Estats de nostre dict viconté audict païs de Querci, nous vous mandons de convoquer lesdicts Estats audict païs de Querci, à tel jour et lieu qui sera par vous jugé plus commode et expédient et y représenter nostre personne, présider en l'assemblée desdicts Estats et y appeller les consuls et scindics des communautés qui y doivent assister auxquels nous escrivons pour c'est effect, et à l'esgard de l'explication de nos ordres et des réquisitions que nous désirons y estre faictes pour nos intérests, nous vous donnons advis que nous avons commis le soing au sr de Chaufours, suivant la commission que nous lui en avons faict expédier aujourd'hui.

Vous mandons au surplus de recevoir avec lui les plaintes et remonstrances que nous y pourroient estre faictes, sur icelles donner les ordres nécessaires que vous jugerez conjoinctement plus à propos ou selon l'importance d'icelles les réserver à nostre particulière congnoissance, faire dresser cayer et articles de tout ce qui y sera arresté et résolu pour nous estre incontinant rapporté par ledict sr de Chaufours que nous avons chargé de s'informer particulièrement de tout ce qui regarde nostre service en la tenue desdicts Estats audict païs, désirant que vous le congnoissiez et traitiez comme une personne que nous avons choisie pour représenter avec vous la nostre propre ; de ce faire vous donnons pouvoir et mandement spécial, car tel est nostre intention ; en tesmoignage de quoy nous avons signé ces présentes de nostre main et scellé, faict sceller du sceau de nos armes et contre signer par l'un de nos secrétaires ordinaires, en l'absence du secrétaire ordinaire de nos commandemans. Donné à Paris, le XVIIIe jour de may 1663, signé Godefroy-Maurice de la Tour d'Auvergne, et plus bas par Monseigneur, Batfoy ; scellée du sceau et armes de sadicte Altesse.

Et après que ledict sr de Chaufours a par sa bouche expliqué l'intention de sadicte Altesse, a esté accordé :

Premièrement qu'il sera imposé la somme de treize mil livres pour les deniers ordinaires de mondict seigneur soubz les protestations et réservations portées par l'acte des Estats de l'an 1642 et 1643 qui demeurent pour réitérées, payables en deux pactes, scavoir la moitié à la Saint-Jean et l'autre à la Noël.

Plus la somme de deux cens deux livres pour estre employée à la discrétion de son Altesse et ainsi que bon lui semblera pour la présente année.

A M. de Sireul, qui a la principalle direction de la maison et affaires de son Altesse, la somme de trois cens livres, pour les soings qu'il a pris et que les gens desdicts Estats espèrent qu'il prendra pour leurs intérests auprès de sadicte Altesse et pour les affaires concernant les droicts et privilèges dudict viconté.

Et pour trois voyages faicts par Messieurs les consuls de Martel et Sainct-Céré et scindics de Gagnac, à l'Hospital, Betaille et Turenne, suivant les ordres de MM. du Conseil, soixante livres, scavoir vingt livres à chasque communauté.

Sur ce qui a esté représenté par M. de Chaufours que dans l'examen des plainctes portées à Monseigneur contre le cayer des Estats tenus en la ville de Saint-Céré en l'an 1661, Monseigneur de Turenne a trouvé que lesdicts Estats n'ont peu faire aucune inhibition et deffense aux

officiers du Sénéchal de Turenne comme ilz les ont faictes
dans l'article cinquiesme du cayer desdits derniers Estats ;
lesdicts officiers s'estans plainct ledict article estre couché
en des termes en quelque façon injurieuse pour eux et
devoir estre par conséquent réformé, ce que son Altesse
Monseigneur le prince de Turenne a chargé M. de Chaufours
de faire entendre à l'assemblée pour y rapporter une
déclaration et réparation convenable : Les Estats ont déclairé
comme déclarent n'avoir entendu se despartir par ledict
article cinquiesme en façon quelconque du respect deub
à son Altesse lequel ils veulent conserver et s'y maintenir
inviolablement ; que si bien il y a des inhibitions et deffenses
contre lesdicts officiers, leur intention n'a esté que de
demander dans le cayer de ladicte année par un simple
[rappel] ces inhibitions couchées dans le cayer des Estats
de l'année 1612, article sept et unze, tenus en la présence de
son Altesse deffunct Monseigneur de glorieuse mémoire,
l'entretènement et exécution de ladicte ordonnance
portant lesdictes inhibitions faictes par mondict Seigneur.
En quoy les gens desdicts Estats n'ont point eu intention
de rien faire contre l'aucthorité de mondict Seigneur, la
jurisdiction desdicts officiers estant différente de la leur, ce
qui faict que les gens desdicts Estats déclairent ne prétendre
aucune juridiction sur lesdicts officiers, non plus que
lesdicts officiers n'en n'ont point ni n'en peuvent prétendre
sur les gens desdicts Estats.

Et par ce qu'il se trouve que la somme de trois cens livres
ordonnée estre imposée sur la ville et chastellainie de Sainct-
Céré, pour les causes contenues en la requeste présentée
ausdicts sieurs des Estats la dicte année 1661 par le sieur de
Savari a esté comprise dans le despartement général outre
l'imposition particulière qui en fust faicte sur ladicte chastellainie de Sainct-Céré, a esté résolu que le trésorier ou
receveur tiendra en compte aux communautés qui ont payé
leur cotte de ladicte somme de trois cens livres et aux
restans la cotte qui leur est escheue.

Et sur ce que le dict sieur Chèze, receveur, a représenté
qu'ayant pris des scindiez de la paroisse de **Saint-Michel** qui

estoyent en charge l'année 1650 en conséquence des enjonctions à lui faictes par les sieurs des Estats de prendre les articles des sieurs de Grandlac, Latulle et Lartimarie pour argent comptant sur le reffus par eux faict de payer audict s' receveur le contenu ausdicts articles sans qu'il en ayt peu faire le recouvrement quelles diligences qu'il ayt faictes, a esté ordonné que le dict sieur receveur se pourvoirra vers Son Altesse ou M' d'Ailli, gouverneur au présent viconté, pour faire constraindre lesdits [sieurs] reffusans soubz l'aucthorité de Son Altesse au payement de leurs dicts articles pour iceux employés en reprise en la despance de ses comptes sans qu'aucune suramiabliation (?) lui puisse estre opposée tant de la paroisse de Sainct-Michel que autres parroisses.

Pareillement a esté arresté par les gens desdicts Estats que conformément à l'article septiesme des précédens Estats de ladicte année, ledict sieur receveur rendra compte devant les commissaires qui seront nommés par Son Altesse et les gens desdicts Estats de la recepte par lui faicte despuis le temps qu'il est en l'exercice de sa charge, à ces fins qu'il remettra devers lesdicts commissaires compte de sa recepte année par année conformément au despartement desdicts Estats.

Et d'autant que dans la tenue desdicts Estats de l'année 1661, il fust trouvé bon d'imposer de deniers extraordinaires jusques à la somme de trois mil six cens cinq livres un sol cinq deniers, pour les causes et raisons exprimées au cayer desdicts Estats et que la plus grande partie desdictes sommes n'a point esté levée dans les parroisses par oubli ou autrement, a esté arresté que la cotte contenue en la mande de la chastellainie de Sainct-Céré de ladicte année 1661 sera entièrement levée, si faict n'a esté, par les mesmes scindics qui estoyent lors en charge et par eux portée ez mains dudict sieur Chèze receveur, de mesme que par les sieurs consuls et scindics qui estoyent lors en la présente ville et celle de Gagnac, et que sur les autres parroisses dudict visconté il sera sulement faict un despartement desdicts deniers extraordinaires sur le pied de quinze cens huict livres, sans préjudice d'estre le surplus cottizé l'année prochaine sur les mesmes parroisses sans aucun plus grand retardement; sur lesquelles sommes ainsi levées la présente année sera payé au sr Roger la somme de cinq cens septante livres contenue en l'article unze desdicts Estats, pour les frais desdicts Estats six cens trente huict livres, pour Girbaud greffier soixante livres, à Mr de Rocqueblanque deux cens quarante livres.

Sur la réquisition faicte par Mr Anthoine Girbaud, greffier des Estats dudict viconté et notaire garde-note, qu'il auroit pleu à Son Altesse sur la démission faicte entre ses mains de la charge de greffier par ledict Girbaud en faveur de Me Jean Girbaud son fils de lui concéder les provisions de ladicte charge dudict Girbaud père ; les gens desdicts Estats après avoir veu et faict faire lecture desdictes provisions portant ladicte survivance et faict prester le serment en tel cas requis audict Jean Girbaud fils de servir fidèlement et ne révéler les secrets, ont ordonné que lesdictes lettres portant ladicte survivance seront enregistrées et en conséquence ledict Girbaud fils, de l'advis desdicts Estats, mis en possession comme il a esté faict présentement de ladicte charge de greffier desdicts Estats conformément ausdictes provisions, la teneur desquelles s'ensuit :

Godefroy-Maurice de la Tour d'Auvergne, par la grâce de Dieu souverain duc de Bouillon, duc d'Albret et de Chasteautierri, conte d'Auvergne et d'Evreux, viconte de Turenne, pair et grand chambellan de France gouverneur et lieutenant général pour le Roy du haut et bas Auvergne, a tous ceux qui ces présentes lettres verront, salut; sçavoir faisons que duement informé de l'affection et fidélité que Me Anthoine Girbaud, nostre garde nottes, nostre greffier des Estats dudict viconté de Turenne a tesmoignées despuis longtemps pour nostre service et désire continuer à l'advenir, a ces causes et pour le rapport qui nous a esté faict de la personne de Jean Girbaud son fils, en faveur duquel il s'est desmis de sesdits offices par l'acte passé par devant Tournié, notaire royal dudict Turenne, le treisiesme janvier 1650, avons donné et octroyé, donnons et octroyons par ces présentes audict Girbaud fils lesdits estats et offices de nostre garde nottes et greffier desdicts Estats dudict viconté de Turenne pour iceux avoir, tenir et exercer, en jouir et user aux honneurs, prérogatives, gages, droicts, profficts et esmolumens y appartenants, tant qu'il nous plaira, et à la charge que ledict Girbaud père en continuera l'exercice sa vie durant comme il a faict jusqu'à présent sans en pouvoir estre empêché par ledict Girbaud fils, soubz prétexte de la présente provision, car telle est nostre intention; en tesmoignage de quoy nous avons signé ces présentes, icelles faict sceller du sceau de nos armes et contresigner par l'un de nos secrétaires ordinaires. Donné à Paris le vingtiesme may 1663. Ainsi signé, Godefroy-Maurice de la Tour d'Auvergne, et plus bas, par Monseigneur, Sireul de Langlade, et scellé du seau et armes de mondit Seigneur.

Les scindics de la parroisse de Gagnac ont représenté que pour raisons du procès que la communauté a au privé Conseil, contre M. le conte de Clermont, ils ont esté contraincts de députer le sieur Lavaur à Paris et d'emprunter trois cens livres en conséquence d'un acte délibératoire faict par les habitans dudict Gagnac pour employer audict procès ou autres frais qu'il a convenu faire despuis le 18ᵉ juin dernier, ce attendu demandent qu'il leur soit permis d'imposer sur eux mesmes et sur les contribuables de ladicte parroisse, au sol la livre, la somme de six cens livres, et qu'il soit ordonné qu'au payement d'icelle les refusans seront contraincts par les mesmes voyes que pour les autres deniers accordés à Monseigneur. Les gens desdicts Estats faisant droict ausdicts scindics, leur permettent d'imposer et lever sur ladicte parroisse et jurisdiction dudict Gagnac ladicte somme de six cens livres, au payement de laquelle les contribuables seront contraincts comme pour les propres deniers de Son Altesse, laquelle levée sera faicte par les scindics de la présente année à la charge par eux d'en rendre compte à ladicte communauté.

Assistances.

Pour l'assistance de MM. les Consuls de Martel, quarante livres.

Pour l'assistance de MM. les Consuls de Saint-Céré, trente six livres.

Pour l'assistance de MM. les scindics de Gagnac, trente livres.

Pour le scindic de Martel, cinq livres.

Gages.

A M. le Sénéchal, douze livres.

A M. le Procureur du Domaine, douze livres.

Au sieur Chèze, receveur, cent livres.

Au greffier, trente livres.

Au régent de Martel, cent cinquante livres.

Au régent de Sainct-Céré, cent cinquante livres.

Au régent de Gagnac, quarante livres.

Au sergent des tailles, six livres.

Despance.

Pour la despance de M. le Gouverneur, M. de Chaufours, M. Andrieu et leur suite, cent livres.

Pour la despance de MM. les consuls de Martel, cinquante livres.

Pour la despance de MM. les consuls de Sainct-Céré, nonante livres.

Pour la despance de MM. les scindics de Gagnac, soixante-cinq livres.

Pour la despance de M. Chèze, receveur dix livres.

Pour la despance du greffier, dix livres.

Despartement.

La ville de Martel	530 ll.	5 s.	» d.
La ville de Saint-Céré............	1,427	10	7

Les parroisses de ladicte chastellainie

de Saint-Céré	2,862 ll.	10 s.	10 d.
Gagnac	456	7	8
Saint-Félix	81	16	»
Saint-Michel	294	»	»
Croixe	470	8	8
Saint-Sozi	270	7	6
Blansaguet	57	4	6
Saint-Palavi	213	14	1
Beyssac	109	»	1
Reyrevignes	131	12	4
Bourzolles	68	6	6
Flouirac	249	2	1
Cavanhac	447	16	6
Ginhac	950	10	3
Rinhac	514	13	2
Creissensac	603	17	1
Cusance	684	3	»
Saint-Bonnet	547	18	5
Valeyrac	133	18	2
Sarrasac	1,008	5	1
Murel	170	1	4
Meyrac	215·	6	9
Alvinhac	236	12	11
Saint-Dionis	270	16	2
Betaille	730	7	10
Meyraguet	54	19	»
Cléjouls	54	19	»
Saint-Hilaire-de-Goudoulès	50	19	»
Laval	63	5	5
Montvalant	320	9	8
Gluge	102	2	6

Somme tout, quatorze mil quatre cens nonante livres huict sols, sans comprendre la somme de quinze cent huict livres qui sera levée comme dessus est dict.

Finalement a esté arresté que les prochains Estats seront tenus en la ville de Gagnac, suivant la coustume et l'ordre observé, le tout soubz le bon plaisir de son Altesse.

Fait, clos et arresté en ladicte ville de Martel le 19me dudict mois de juillet audict an 1663, ainsi signé d'Ailli Vassinhac, La Chèze, consul de Martel, P. Malaurie, consul, Lafaurie, consul, Lacassagne consul, Condamine, consul, Pratourci, consul de Saint-Céré, Lareginier, Salvat, scindics de Martel, Puimule, Longueval, Bascle, Roger, Drulhe.

Despartement de la somme de quinze cens livres ordonné par Monseigneur le prince de Turenne estre payée par les parroisses et sur le pied de 1663.

Saint-Félix	13 ll.	11 s.	» d.
Saint-Michel	47	3	3
Croixe	705	2	2
Saint-Sozi	44	16	1
Blanzaguet	9	7	1
Saint-Palavi	35	8	»
Beyssac	18	1	2
Reyrevignes	21	14	1
Bourzolles	11	5	2
Flouirac	41	5	2
Cavanhac	74	3	4
Ginhac	157	9	4
Rinhac	85	5	6
Creissensac	99	18	7
Cusance	110	2	2
Saint-Bonnet	90	14	10
Valeyrac	21	18	7
Sarrazac	166	13	11
Murel	28	»	2
Meyrac	37	13	6
Alvinhac	39	3	6
Saint-Dionis	44	17	1
Betaille	120	19	»
Meraguet	9	»	»
Cléjouls	9	»	»

Saint-Hilaire-de-Goudoulès.........	7 ll.	18 s.	8 d.
Laval...........................	9	16	11
Montvalant.....................	53	1	8
Gluge..........................	16	17	3

Signé : GIRBAUD, greffier des Estats.

XXVII

Etats de Quercy, tenus à l'Hôpital-Saint-Jean le 22 mars 1676. (1)

Aujourdhuy vingt deuxiesme mars mil six cens septante six, au lieu de l'Hospital-Sainct-Jean, en l'assemblée des Estatz de la visconté de Turenne au païs de Quercy, faicte de la permission expresse et authorité de Son Altesse Monseigneur Godefroy-Maurice de la Tour d'Auvergne par la grâce de Dieu souverain duc de Bouilhon, duc d'Albret et de Château-Tierri, comte d'Auvergne et d'Evreux, visconte de Turenne, pair et grand Chambellan de France, gouverneur et lieutenant général pour le Roy du hault et bas païs d'Auvergne, suivant la commission par sa dicte Altesse envoyée à Monsieur d'Ailli, gouverneur du présent visconté, par lui présentée et remise devers lesdicts Estatz, en date du seize janvier dernier, signée de Son Altesse, et plus bas, du Pouget, secrétaire, scellée des armes de mondict seigneur, pour demeurer devers le greffier des Estatz et estre expédiée aux intéressés ; à laquelle assemblée a assisté M. Jean-Baptiste Bafoil, advocat en parlement, consulthor, secrétaire et agent général des affaires de Son Altesse, son procureur spécial en conséquence de l'acte de procuration de pouvoir à lui donné par mondit seigneur le septiesme février dernier,

(1) Archives nationales, R² 493, fos 203-210.

receu par Laurent et Desprès, notaires garde-nottes au
Chatellet de Paris, laquelle a esté pareilhement remise devers le greffier desdicts Estatz pour estre anexée au présent
caïer et y avoir recours quand besoin sera.

Après que Noble Pierre de la Serre, escuyer sénéchal de
ladicte visconté de Turenne, en présence de M^rs d'Ailli et
Bafoil de la part de Son Altesse, a représenté que les gens
qui composent les Estatz du présent visconté tant du païs
de Quercy que du Limosin luy ayant présanté requeste pour
luy demander la révoquation de la commission du sieur de
Laplaine et afin qu'il luy pleust décharger les habitans dudict visconté des arrérages des droicts qui lui peuvent estre
deubz par le passé jusques au jour présent avec offre de lui
bailher et paier la somme de soixante dix mille livres aux
conditions portées par la dicte requeste, sur laquelle sa
dicte Altesse auroict remis à faire droict à la prochaine
tenue des Estatz par son appointement du siziesme janvier
dernier, et faict entendre que sa dictte Altesse avoit la bonté
de leur vouloir accorder à leur instante prière la dicte révoquation, avoict envoyé à cest effect et commis le dict sieur
Bafoil expressément, et qu'en considération de cette nouvelle
ils devoient faire tous leurs efforts non seulement pour satisfaire promptement à leurs dictes offres mais encore à donner de nouvelles marques de recognoissance des grans
advantages que les habitans du païs recevront incessamant
des continuelles protections et faveurs de sadicte Altesse,
par une plus ample contribution aux grandes et excessives
dépanses qu'elle est obligée de faire à la Cour, en paix et
guerre pour le maintien des privilèges et immunités du
présent visconté; les dicts sieurs des Estatz audict païs de
Quercy, sur les assurances qui leur sont données de la part
de Son Altesse par lesdicts sieurs d'Ailli et de Bafoil, commissaires par elle députés, qu'elle aura la bonté de faire cesser la commission dudict sieur de Laplaine et les décharger
entièrement de tous les fraictz et arrérages des droictz et
devoirs seigneuriaux à elle deubz et eschcuz jusques au jour
présent, après avoir resseu la commission pour la tenue
desdicts Estatz avec honneur et respect et ouï la lecture

tant de ladite commission que de la procuration dudict sieur
de Bafoil, ensemble de la requeste présentée à Son Altesse
par les sieurs Dausiés et de Valières au nom desdicts Estatz
et gens du païs du présent visconté, lesquelz actes demeureront devers le greffier des Estatz pour en estre expédié
coppies, ont très humblement remercié sadicte Altesse des
faveurs et des grâces quelle leur faicts et pour lui donner
des marques de leur recognoissance des effectz de sa protection dont ilz luy demandent la continuation, et pour l'in-
dempnité desdicts droicts et devoirs à elle deubz par le passé
jusques au jour présent, ils promettent et s'obligent, en
exécution desdictes offres faictes par lesdicts sieurs Dausiés
et Valières, de païer à sadicte Altesse, la somme de soixante
dix mille livres, ainsin qu'il a esté arresté par les Estatz de
Limosin, payable la moitié sur les redevables de la tailhe et
l'autre moitié sur les redevables de la rente, ainsi qu'il sera
cy-après dict : Scavoir la somme de treize mille huict cens
unze livres que le païs de Quercy doibt supporter pour sa
quotte à précision de la somme de trente cinq mille
livres faisant la moitié de celle de soixante dix mille livres
sur le pied de pareilhe somme de treize mille huict cens
unze livres qui est imposée annuellement audict païs de
Quercy pour la tailhe ordinaire, payable ladicte somme de
treize mille huict cens unze livres dans deux ans prochains
venans, en quatre pactes esgaux de six en six mois, le premier commençant à la Saint-Jean prochain, auquel effect laditte somme de treize mille huict cens unze livres sera imposée et cottizée sur tous les contribuables à la tailhe dudict
païs de Quercy, par un mesme rolle dans chacune paroisse
avec la tailhe ordinaire, par articles néantmoins séparés qui
seront dissernés de la tailhe ordinaire et l'extraordinaire,
auquel effect les mandes seront envoiées comme à l'accoutumée; et le restant de ladite somme de soixante dix mille
livres, distraict celle de trente cinq mille qui se doict paier
par les contribuables à la tailhe, et la cotte part que les redevables des rentes et censsives du païs de Limosin doivent
supporter, le parsus pour parfaire laditte entière somme de
soixante dix mille livres sera payé et prins sur les redeva-

bles des censsives, rentes et autres droicts seigneuriaux du
païs de Quercy par deux doublements de rente et une plus
grande quottité s'il y échoict pour parfaire l'entière dicte
somme de soixante dix mille livres et jusques à concurrence,
le tout dans deux années et en deux pactes dont le premier
echera aux festes de Toussains prochain venant et l'autre à
pareil jour dans un an après, en sorte que ladilte somme
soict entièrement payée dans les dictz ans.

Et en cas ou lesdictes communaultés, leurs consulz ou
scindicz trouveroient plus de facillité à faire le payement
par le moien de l'afferme desdictes censsives et redevances
il leur sera loizible de le bailher à afferme pour lesdictes
deux années pour tel prix et a telles personnes qu'ilz advi-
seront de la solvabilité desquelz ilz seront responssables, à
la charge que les fermiers ne pourront mettre les grains de
ceux qui voudront paier en deniers à plus hault pris que de
cinq solz au-dessus de ce qu'il se vandront au marché, et
qu'ilz ne pourront constraindre les redevables de paier lesdictz grains en deniers ; et ou le dédoublement de deux années ne suffiroit pas pour faire l'entier payement, lesdictz
consulz et scindicz pourront lever le tiers ou quart desdictes redevances, jusques à concurrence des sommes qu'il conviendra pour faire l'entier payement de leurs cottités, les
grains appréciés sur le pied des évaluations, laquelle augmentation en cas de besoin se faira par lesdictz consulz et
scindicz en vertu et soubz l'authorité des présens Estats, et
la levée faicte par ceux qui seront préposés par les gens
desdicts Estatz, lesquelz seront tenus de la porter ez mains
du receveur de Son Altesse, duquel ilz retireront quittance ;
au payement desquelles sommes, lesdicts redevables seront
constrainctz tant nobles que roturiers, mesme ceux qui par
la faveur des Estatz s'en trouvent exans, de laquelle examption dès à présent ilz demeurent décheuz faulte de payement
de leur cotte à laquelle ilz seront mis sur le pied des rolles
faicte avant leur examption.

Pour la levée desquelles sommes, en cas de refus ou contestation de la part d'aucuns des contribuables, pour raison
desdicts droicts et devoirs seigneuriaux, ilz y seront con-

trainctz par les voies ordinaires de la justice, aux dilligences des sieurs des Estatz, par devant le juge qu'il appartiendra jusques à jugement deffinitif, soubz le nom
néanmoins de Son Altesse laquelle demeurera en obligation
de prendre le faict et cause pour les gens desdictz Estats en
toutes cours toutes fois et quentes qu'elle en sera requise
soubz la répétition de ses frais sur les condamnations qui
interviendront ou sur les arrérages des susdicts droicts et
devoirs seigneuriaux; bien entendu aussi que les instances,
esquelles sadicte Altesse sera requize de prendre le faict et
cauze, seront poursuivies incessamant en telle sorte qu'elles
soient vuidées dans deux ans.

Pour cest effaict le dict sieur Bafoil, au moïen de la susdicte obligation et payemant qui sera faicte à sadicte
Altesse des sommes susdictes, a remis et cédé par vertu de
sa procuration, en présance et du consentement dudict
sieur d'Ailli, irrévoquablement aux gens desdictz Estatz
géneralement tous les arrérages des cens, rentes, lots, ventes des biens tant nobles que roturiers, restitutions des
fruicts des chozes usurpées au préjudice de Son Altesse, s'il y
en a, des droicts obmis à paier, des terres, prés et vignes,
vagues et [   ] des droictz d'aubene, désérance, batar-
dise, des devoirs non faictz, comme aussi des amandes et
tailhes aux quatre cas et géneralement tous les autres fruictz
des droictz ordinaires et casuelz qui sont deubz à Son Altesse
et eschus jusques à aujourd'huy dans ledict visconté audict
païs de Quercy, ors que la choze désirat un dénombrement
plus spécifique, à l'exception seulement des droictz des frans
fiefz, nouveaux acquetz des écléziastiques et amortissemens,
qui demeurent réservés à sadicte Altesse, comme n'estant
comprins dans ladicte remise, sans que le doublement de
ladicte rente, pour faire le payement de la somme accordée
à Son Altesse, puisse faire conséquance pour le règlement
des accaptes et de la tailhe aux quatre cas.

Comme aussy ledict sieur Bafoil fera décharger et tenir
quittes entièrement les gens dudict païs des recherches et
compdamnations obtenues par ledict sieur de Laplaine,
devant les officiers de son Altesse, en conséquance de sa

procuration et qu'il pourroit faire et obtenir contre les redevables desdicts cens et rentes et autres droictz, faulte de
payement desdictz droictz et devoirs non faicts, réunion de
fiefz et restitution de prix qui pouroient estre demandés aux
particuliers en conséquance des sentences portant réunion
de fiefz et autres, mesme fera cesser les poursuites qui
pourroient estre faictes par les sequestres establis par ledict
sʳ de Laplaine en vertu desdictes sentences et lesdicts se-
questrés envers ledict Laplaine, sans préjudice néanmoins
des droictz et devoirs seigneuriaux deubz et non escheus à
sadicte Altesse.

Lesquelz sieurs des Estatz au dessus la cotte qui leur
peust eschoir de ladicte somme de soixante dix mille livres,
seront tenus de faire et parfaire le papier terrier de son
Altesse dans ledict visconté et païs de Quercy dans trois
ans du jour de la ratiffication que son Altesse faira du
présent traitté, stipuler les hommages de tous les fiefs
nobles et les accepter, par son Altesse fournissant procuration
expresse à ceux qui seront préposés pour cest effaict par
lesdits sieurs des Estats et de son agréement ensemble les
tiltres qu'elle peust avoir en son pouvoir pour l'accellération
dudict papier terrier, et jusques à ce il ne pourra estre im-
puté aucun retardement aux gens desdicts Estats pour raizon
desquelz hommages et recognoissances; conformément au
traitté faict à Paris avec son Altesse et rattiffié par lesdits
Estatz et scindicz des communaultés le 24ᵐᵉ juillet 1670,
le tarif des droictz de notaire qui réserva les actes sera
observé et tous les susdicts actes tant en original que expédition faictz en papier seulement, mesmes les nommés
receus par le greffier du domaine du présent visconté ou
autre qu'il pourra substituer dans chaque chastellenie d'icelle
à l'agréement des consulz et scindicz des lieux sans aug-
mantation néanmoins des susdictz droictz, lequel contract
pour raison dudit tarif sera anexé au présent caier.

Dans la liquidation desquelz droictz et devoirs seigneuriaux sera faict remise de la moitié des arrérages légitimement deubz à ceux qui rendront volontairement et sans frais
les recognoissances de leurs redevances et en fairont le

payement aux termes cy-dessus accordés, auquel effeict,
dans chaque chastellenie, à la diligence du préposé par
lesdictz sieurs des Estatz à ladicte liquidation, sera faicte
une affiche publicque aux lieux accoutumés portant désigna-
tion du temps et du lieu auquel on commandera à vaquer
à ladicte liquidation et faction du livre terrier, pour venir
dans la huictaine après chacun pour ce qui le concerne faire
devoir d'emphiteote à peine de déchéance de ladicte remise et
sans que la clause puisse estre réputée comminatoire; après
ledict dellay passé lesquelz emphitéotes demeureront valablement libérés des droictz et arrérages par eux deubz sur
les quittances qui seront fournies par les préposés qui en
remettront les sommes audict sieur receveur et en fairont
compte après lesdictz trois ans auxditz scindicz des Estatz
sur le rolle qu'ilz en fairont assermenté. Et lors lesdictz sieurs
des Estatz règleront les salaires des journées et vaquations
desdictz préposés et frais par eux advancés à prendre sur
leur recepte; pour l'examen et cloture duquel compte lesditz
sieurs des Estats pourront s'assembler quand ilz le jugeront
à propos sans autre commission que la présente aux frais
desdictz Estatz et pour l'exécution du présent traitté seulement en présence ou après en avoir communicqué à
M. d'Ailli.

Et seront Messieurs les gentilhommes de ce visconté
exortés par M^{rs} des Estatz chacun en droict soy de vouloir
contribuer de leur part au payement de ladicte somme,
suivant la modération de laquelle on conviendra avec eux
pour jouir de l'effaict de la remize et cession faicte par son
Altesse, autrement et faulte de ce les refuzans seront décheus
de tous les profictz de la remize et cession que ledict sieur
Bafoil en ladicte qualité faict auxdictz sieurs des Estatz; et
les poursuittes qu'ilz conviendra faire pour leur faire rendre
les hommages et ballier leurs nommés seront faictes soubz
le nom de sadicte Altesse jusques à sentence deffinitive
devant le s^r juge sénéchal, après quoy, en cas d'appel,
sadicte Altesse prendra la cauze et répétera ses despans
sur les condampnés, de mesme qu'il est cy-dessus dict
touchant les refusans et les recognoissances. Les habitans

de ladicte visconté non nobles et néanmoins hommagés de sadicte Altesse audict païs de Quercy, ne sont tenus d'aucuns frais pour raison de leurs nommés attendu leur contribution aux autres droicts.

De mesme demeure aussi accordé par ledict sieur Bafoil, que son Altesse prendra ledict sieur de Laplaine, faisant de toutes les prétantions de sa commission envers lesdictz Estatz et païs, pour toutes choses à juger mesme des despans adjugés par l'arrest rendu au parlement de Bourdeaux contre son Altesse et Estatz du présent païs au profict dudict sieur de Laplaine, du segond de may 1671, en la personne du s^r Dalon.

Et tout ce dessus a esté ainsin résolu sans dérogation aux articles des derniers Estatz et soubz la protestation que lesdictz sieurs des Estatz font soubz le bon plaisir de sadicte Altesse de faire préjudice par le présent acte aux libertés, privilèges, examptions et immunités desdictz Estatz et par expres aux Estatz de l'an 1612, et privilèges particuliers des tailles et communaultés dudict païs de Quercy suivant le contract et tranzaction passée avec nosseigneurs viscontes, mesme lesdicts sieurs de Martel pour raison de la juridiction prétendant ne pouvoir estre attirés que devant le juge ordinaire de Martel, juge de son Altesse, lesquelles réservations ledict sieur Bafoil n'entend approuver, réservant par expres les exeptions contraires de son Altesse.

Toutes lesquelles offres, rézolutions, cessions et conventions cy-dessus exprimées, ledict s^r de Bafoil, en vertu de sadicte procuration, en présence et du consentement dudict sieur d'Ailli, gouverneur de la visconté et lesdicts sieurs composans ledict corps des Estatz, en vertu du pouvoir à eux donné par leurs communaultés, ont respectueusement accepté. Et les dellibérations portant leur pouvoir remizes es mains dudict greffier, avec promesse faicte par ledict sieur Bafoil de les faire rattiffier par sadicte Altesse dans trois mois et pour l'exécution de tout le contenu cy-dessus ont obligé sçavoir, ledict sieur Bafoil, tous les biens de sadicte Altesse et lesdicts sieurs des Estats ceux dudict païs de Quercy.

Et par ce qu'il est deub à M. Dufort, commissaire, trésorier général de son Altesse, la somme de huict cens trente trois livres six solz huict deniers, restant de la somme de deux mil cinq cens livres que tant le païs de Quercy que cellui de Limosin en avoit emprunté, ou quoy que soict du sieur Tournier, procureur général, comprins le revenu qu'il en a advancé audict sieur Dufort despuis l'année 1671 jusques à présent qu'est cinq ans, a esté arresté qu'attendu les grandes impositions dont le païs se trouve présentement chargé, il sera prié d'attendre son payement encore pour quelques années en lui payant le revenu de ladicte somme de huict cens treate trois livres six solz huict deniers à raison d'un sol pour livre, lequel ledict sieur Tournier luy payera annuellement dans l'asseurance que lesdictz sieurs des Estatz lui donnent de l'en rembourser; et lors du payement qui sera faict audict sieur Dufort ou autre pour luy de ladicte somme principalle, lesdictz sieurs des Estatz demeureront subrogés à ses hypothèques aux fins de leur répétition contre les autres coobligez, ainsin qu'ilz veront bon estre sans néanmoins pouvoir prétendre aucune garantie ni restitution de deniers contre ledit sieur Dufort.

Lesdictz sieurs des Estatz, estant plenement informés des bontés que son Altesse Madame a pour les habitans de sa visconté et des advantages de sa protection, désirant lui donner des marques de leur recognoissance pour en mériter la continuation, ils supplient très humblement sadicte Altesse d'agréer la somme de deux mille livres qu'ilz luy offrent, payable la moitié à la Saint-Jean et l'autre moitié à la Noël par le receveur des tailhes, ayant Lien de la confusion de ne se trouver pas en estat d'entrer auprès d'Elle d'une plus grande recognoissance.

Et par ce que M. d'Ailli a prins plusieurs soins pour le bien et intérest publicq, a esté arresté qu'il lui sera faict présent de la somme de deux cens livres, payables aussi en deux pactz les deux cens livres.

Et pour donner des marques de recognoissance à M. Bafoil, des soins et de la tâche avec laquelle il a rendu ses bons offices auprès de leurs Altesses pour le bien et repos de ceste communauité, a esté résolu qu'il lui sera faict présent de la somme de six cens livres payable par ledict receveur en deux pacts esgaux.

Sera priée Mademoiselle de Bafoil, d'agréer les assurances que MM. des Estatz de Quercy luy font de leur respect et d'agréer aussi le présant qu'ilz lui font de la somme de trois cens livres et souhaitent estre en estat de lui en offrir davantage.

A M. de Lasserre, sénéchal, pour ses soins luy sera faict présant de la somme de cent vingt livres.

A M. Coureze, lieutenant criminel, pour les frais de son voyage à Clermont, quatre vingtz dix livres.

A MM. Dauziés et de Valières leur sera payé la somme de six cens livres, sçavoir quatre cens livres pour M. de Valières et deux cens livres pour M. Dauziés.

A M. Puimulle, pour reste de son voiage de Paris des frais, quatrevingt livres.

Au sieur Tournier, receveur, oultre ses appointemans ordinaires, la somme de trois cens livres.

A MM. de Martel, pour les voiages par eux faictz vers M. le gouverneur de Guienne à Bourdeaux, cens cinquante livres scavoir soixante six livres pour le sieur Blaviniac et le restant pour ledict sieur Coureze.

A MM. de Sainct-Céré, pour le mesme subject, cent cinquante livres.

A MM. de Gaignac, pour mesme cause, cinquante livres.

A M. Dalon, advocat, pour les soins emploiés au procès de Bourdeaux, soixante livres.

Plus à MM. les consulz de Martel, Saint-Céré et Gaignac esgallement cinq cens trente quatre livres, et ce pour divers voiages par eux faicts ensemble pour le bien publicq.

Plus ausdictz sieurs consulz de Martel, pour divers voiages particuliers, vingt neuf livres.

Ausdictz sieurs consulz de Saint-Céré, pour autres particuliers voiages par eux faicts, trente trois livres.

Et ausdictz sieurs scindicz de Gaignac, pour des voiages aussy particuliers, quinze livres.

Plus ausdictz sieurs consulz de Martel, le tiers des despans par eux advancés au subject du procès qui estoict pendant au parlement de Bourdeaux, contre le sieur de Laplaine, deux cens vingt huict livres dix solz, sans préjudice de répéter les autres deux tiers sur le païs de Limosin.

Plus ausdicts sieurs consulz de Saint-Céré, unze cens cinquante sept livres pour le tiers des frais qu'ilz ont faicts contre ledict sieur de Laplaine, tant au privé Conseil que au parlement de Toulouze, sans préjudice comme dessus.

A Guari, lieutenant du sénéchal de Turenne, sera payé par forme de don soixante livres en recognoissance des attachements qu'il a aux intérestz du païs.

Au sʳ Girbaud, greffier des Estatz, trente livres, oultre ses gages ordinaires.

Aux Révérans Pères Récoletz de Saint-Céré, quarante livres.

Aux Révérans Pères Capucins de Turenne, vingt livres.

Et finallement auxdicts sieurs scindicz de Gaignac, la somme de soixante livres six sols huict deniers, pour le tiers de cent livres dont ilz sont en advance pour les mesmes frais au Conseil ou au parlement de Toulouze et soubz les mêmes restrictions.

A MM. de Monvalant, pour le tiers des frais du procès qu'ilz ont eu contre Laplaine au parlement de Toulouze, deux cens livres, sauf à eux à agir pour le restant contre MM. du Limosin.

Au sieur Tournier, receveur, soixante traize livres, tant pour le droict d'examption que pour l'intérest de la somme de mille livres de trois mois que les gens desdictz Estatz l'ont requis d'avancer pour eux pour le premier pact de la somme de deux mille livres donnée à son Altesse Madame.

Au sieur Crozac, concierge, douze livres.

A Guimond, sergent des tailhes des Estatz, trois livres.

Gages.

A M. de Terssac, scindic général, deux cens livres.

A MM. les consulz de Martel, quarante livres.

A MM. les consulz de Sainct-Céré, trente six livres.

A MM. les scindics de Gaignac, trente livres.

A M. le sénéchal, douze livres.

Audict sieur Tournier, procureur principal faisant la charge de procureur du domaine, douze livres.

Audict sieur Tournier, receveur, cent livres.

A Girbaud, greffier, trente livres.

Au régent de Martel, cent cinqüante livres.

Au scindic de Martel, cinq livres.

Au régent de Sainct-Céré, cent cinquante livres.

Au régent de Gaignac, quarante livres.

Au sergent des Estatz, six livres.

Despance.

Pour M. de Terssac, soixante livres.

Pour MM. les consulz de Martel, trois cens livres.

Pour MM. les consulz de Sainct-Céré, deux cens soixante livres.

Pour MM. les scindicz de Gaignac, deux cens livres.

Pour la dépanse du receveur, dix livres.

Pour la dépanse du greffier, dix livres.

Pour le droict de calcul du présent département, sera bailhé à cellui qui y a procédé trente six livres qui seront délivrées à M. Coureze, premier consul.

Département des susdictes sommes.

Martel	518 ll.	15 s.	» d.
Extraordinaire	795	15	6
Saint-Céré	1,362	13	8
Extraordinaire	2,154	9	3
La chastellanie dudict Saint-Céré	2,725	13	4
Extraordinaire	4,368	18	6
Gaignac	431	18	4
Extraordinaire	685	»	»
Saint-Félix	77	18	1
Extraordinaire	122	9	»

Saint-Michel...................	280	4	»
Extraordinaire...............	411	6	4
Croixe......................	455	2	2
Extraordinaire...............	716	16	»
Saint-Sozi..................	257	13	2
Extraordinaire...............	405	16	»
Blanzaguet..................	54	10	8
Extraordinaire...............	85	17	»
Saint-Palavy.................	203	13	9
Extraordinaire...............	310	16	»
Beyssac....................	199	6	1
Extraordinaire...............	313	»	»
Reyrevignes.................	125	9	8
Extraordinaire...............	197	»	»
Bourzoles..................	65	2	7
Extraordinaire...............	102	»	»
Flouyrac................../.....	237	16	6
Extraordinaire...............	672	»	»
Cavanhac...................	426	13	6
Extraordinaire...............	672	»	»
Ginhac.....................	905	10	10
Extraordinaire...............	1,426	17	»
Rigniac....................	490	10	5
Extraordinaire...............	772	11	»
Creyssensac.................	575	11	10
Extraordinaire...............	906	11	»
Cuzance....................	652	12	1
Extraordinaire...............	1,027	17	»
Saint-Bonnet	508	15	»
Extraordinaire...............	822	»	»
Valeyrac	127	12	5
Extraordinaire	201	»	»
Sarrazac	960	17	3
Extraordinaire...............	1,511	8	»
Murel......................	162	1	5
Extraordinaire...............	255	5	»
Cahus.....................	30	10	»

conformément à leur requeste.

Meyrac	205 ll.	4 s.	8 d.
Extraordinaire	323	4	9
Alvinhac	225	10	1
Extraordinaire	355	3	»
Saint-Dionis	258	1	5
Extraordinaire	406	9	»
Betailhe	695	19	3
Extraordinaire	1,096	»	»
Meyraguet	52	7	3
Extraordinaire	82	9	6
Cléjoulz	52	7	3
Extraordinaire	82	9	6
Saint-Hilaire	48	6	8
Extraordinaire	76	8	9
Laval	69	5	5
Extraordinaire	91	18	6
Monvalent	305	8	11
Extraordinaire	481	2	»
Gluge	97	6	7
Extraordinaire	153	5	2

A esté arresté que les prochains Estatz seront tenus en la ville de Gaignac.

Et d'autant que M. Dufort, trésorier de Son Altesse, a soustenu les intérests du païs avec beaucoup d'attachement et faict congnoistre qu'il n'en désiroict aucune recognoissance utile, les sieurs desdicts Estatz le prient d'agréer leur très humbles remerciemens et qu'il lui plaise leur continuer ses bons offices.

Comme aussy les gens desdicts Estatz, soubz le bon plaisir de Son Altesse, ont arresté que, conformément au traitté faict au proffict dudict sieur de Laplaine, les fermiers de Son Altesse au présent visconté ne pourront prendre que la moitié du droict du timbre du papier nécessaire à la réception des susdicts hommages et recognoissances, tant pour les originaux que pour le papier terrier de Son Altesse et première expédition des redevables, ensemble des procédures qu'il conviendra faire pour la liquidation des mesmes droicts envers tous, lesquelz actes seront pareilhement en cas de

besoin contrerollés moïenant la moitié du contrerolle en
néanmoins fournissant par lesdicts commis le corps dudict
papier à leurs dépans.

De mesme sadicte Altesse est suppliée d'agréer que les
gens des Estats fassent leur déclaration comme ils ont faict
par leur dicte requeste comme quoy ilz n'entendent approuver au moïen des présentes aucun acte ni jugement à eux
préjudiciables donnés à requeste dudict sieur de Laplaine.

Les hommages déjà rendus et recognus estipulés par
ledict de Laplaine et quittances par lui données des droicts et
devoirs seigneuriaux, en vertu de sa procuration soit par
actes privés ou publicqz demeureront approuvés à la libération de ceux qui en ont faict le payement à condition que
les détenteurs desdictes quittances les représenteront par
devers les consulz et scindicz desdictz Estatz, pour en estre
faict par eux verbail, et ceux qui ont rendu l'hommage
viendront le déclarer et les sommes qu'ils ont baillées pour
en estre aussi par eux faict verbail et les représenteront
dans la huictaine après la publication faicte aux portes des
églizes, autrement à faulte de ce faire on n'y aura pas
d'égard.

Deplus sadicte Altesse faira fournir au greffier des Estatz
le papier nécessaire pour les mandes.

Finalement a esté convenu que s'il intervient des constesta-
tions dans la faction du papier terrier, pour la liquidation
des droicts deubz à son Altesse, sa dicte Altesse agréera
que les contestations soient réglées par advis de Conseil, et
par des arbitres accordés et prins dans le parlement de Bordeaux pour ce qui est du ressort dudict Parlement et dans
le Parlement de Toulouze pour ce qui est du ressort dudict
Parlement de Toulouze.

Faict, clos et arresté audict lieu de l'Hospital-Sainct-Jean
parroisse de Sarrazac en Quercy ledict jour vingt deuxiesme
mars mil six cens septante six; lesdicts sieurs des Estatz
signés à l'original des présantes et moy,

GIRBAUD, greffier des Estatz.

XXVIII

Etats de Quercy, tenus à l'Hôpital-Saint-Jean, les 11, 12 et 13 octobre 1694 (1)

L'an mil six cent quatre-vingt quatorze et les onze, douze et treze jours d'octobre, en l'assemblée des gens tenans les Etats du présent vicomté au pays de Quercy, convoquée à l'Hôpital-Saint-Jean par messire Jean de Barrat, écuyer seigneur de la Condamine, gentilhomme ordinaire de la chambre du Roy, gouverneur du présent vicomté, suivant la commission de son Altesse monseigneur Godefroy Maurice de la Tour d'Auvergne par la grâce de Dieu souverain duc de Bouillon, vicomte de Turenne, duc d'Albret, de Château-tierry, comte d'Auvergne et d'Evreux, de Negrepelisse, vicomte de Castillon, baron de la Tour de Mongascon, pair et grand chambellan de France, gouverneur et lieutenant général pour le Roy de la province d'Auvergne, à laquelle assemblée ont assisté M. le sindic général, MM. les consuls, sindics et députés des villes de Martel, Saint-Céré et sindics députés du lieu de Gaignac, a esté représenté par M. le Sénéchal que sadicte Altesse continue toujours de nous honorer de sa protection et avoit eu la bonté, à la libération du pays, d'avoir obtenu divers arrests concernant les immunités de la vicomté, ce qui auroit causé beaucoup de frais, et nous continuant toujours des marques de sa bonté paternelle, qu'elle nous offre de bailler à perpétuité le bail afferme de tous les revenus ordinaires et casuels du domaine de la présente vicomté et ses dépendances, mesme du fief de la terre de la Milière, en quoy qu'ils puissent consister, sans y comprendre la taille ordinaire accordée par les Estats de 1642, sous la réservation

---

(1) Document communiqué par M. J.-B. Champeval.

du droict de justice, et ayant les gens desdits estats écouté
lesdites propositions et offres de sadite Altesse avec tout le
respect et soubmission possibles, l'ont très humblement
remerciée de l'honneur de ses bontés et de la continuation
de sa protection, l'asseurant toujours de leurs respectueuses
soubmissions et en acceptant les susdites offres et propositions, les gens desdits Estats ont promis que chaque communauté du pays desdits Estats prendra en droit soy à perpétuité l'afferme de tous les revenus, droits et émolumens ordinaires et casuels appartenans à sadite Altesse dans chaque
communauté en quoy qu'ils puissent consister sauf le droit
de justice réservé à ladite Altesse, au prix pour chaque communauté qu'il luy écherra de supporter à proportion de ce
qu'elle tient pour ayder à composer l'entier prix de l'afferme
du domaine faite par sadite Altesse au sieur Tevenin, qu'est
vingt quatre mille livres, les gens desdits Estats devant être
subrogés pour ce qui concerne chaque communauté aux
mesmes droits et conventions de l'afferme dudit sieur Tevenin et jouir de tous les advantages et émoluments dont il
jouit en vertu de son contrat.

Que les deniers du prix dudit bail seront remis es mains
du receveur de son Altesse en la ville de Turenne et sans
frais par les communautés redevables, supplians son Altesse
d'observer qu'il est très seur qu'au prix commun des denrées le prix général dudit bail est sur un pied assez fort sur
lequel lesdites communautés auront peine de remplir les deniers dudit bail, quand bien mesme elle pourroient lever les
entiers revenus, ce qui paroit moralement impossible, en
quoy son Altesse faira réflexion qu'elle fait un établissement de ses revenus le plus advantageux qu'elle pourroit
souhaiter d'autant mieux qu'elle voit que dans le prix dudit
bail elle s'asseure à perpétuité la valeur de plusieurs droits
et revenus que le temps pourra éteindre dans tout le
royaume, comme il est arrivé autrefois, outre que par là
elle évite encore l'embarras et les risques de fermiers, sur
quoy néantmoins les gens desdits Estats au cas que le prix de
l'afferme pareut à son Altesse n'être pas assez haut telle
que le sieur Tevenin le paye, offrent de le prendre sur le

pied du calcul qui seroit fait desdites ventes sur une lieve juste et au prix ordinaire, distraction faite des non-valeurs.

Que sadite Altesse aura la bonté de faire garder les papiers terriers de ses droits, cens et rentes dans son trésor au château de Turenne pour être fourni à toutes réquisitions par les gardiens les expéditions nécessaires aux communautés sans frais pour agir contre les redevables de la rente dans les cas nécessaires et que les poursuites se fairont au nom de sadite Altesse contre les refusans par chaque communauté intéressée à laquelle sadite Altesse aura la bonté de faire fournir les titres nécessaires pour deffandre et garantir la rente qui sera contestée.

Comme aussi que son Altesse aura la bonté de remettre audit pays de Quercy tous les arrérages de rentes, censives tailles, manque de fonds et autres droits et devoirs seigneuriaux qui pourroient être deus à sadite Altesse non compris toutefois aux baux afferme de son domaine par luy faits tant audit sieur Tevenin que autres précédens fermiers.

Plus que sadite Altesse aura aussi la bonté de vouloir continuer aux gens desd. Estats un délai convenable pour la perfection de son papier terrier dans sa vicomté sans que personne y puisse prendre part ni y être admis que par le choix et ordre desdits Estats suivant le réglement des Etats précédans à quoy son Altesse est très humblement suppliée de vouloir donner son approbation comme par le passé.

Plus que les homages et dénommées seront faits et receus sans frais conformément aux Estats de 1676.

Et de plus que son Altesse est encore très respectueusement suppliée de vouloir nous continuer ses grâces et sa protection pour la conservation des privilèges et exemptions du pays conformément aux Estats de 1642, et moyennant ce les déclarer exempts de tous droits de timbre du papier, contrerolles d'exploits et d'actes et de toutes semblables et nouvelles charges qui pourroient survenir dans le royaume.

Et en reconnoissance de tout ce que dessus, les gens desdits Estats ne pouvant faire mieux promettent respectueu-

sement à son Altesse la somme de trante trois mille trois
cens trante trois livres, six sols, huict deniers, payables
dans cinq années, en deux pactes égaux annuelement, savoir à la Saint-Jean-Baptiste et à la Noel, après la conclusion et ratification du présent projet, pour raison de quoy
sadite Altesse est suppliée de vouloir envoyer une procuration expresse à Monsieur de Barrat gouverneur de ce vicomté, la conjurant très humblement d'être persuadée que
nos forces ne secondent pas nos inclinations à luy témoigner avec quel zèle nous luy sommes absolument soumis et
dévoués. Ainsi signé à l'original : Merendol, député de la
noblesse et sindic général, Lachambaudie, Lacheze, adjoint
Dalon, Soubolz (?) consul, Blancq, Lascaux, Belhoume, de la
Bariere, Taysse, consul, Darnal.

XXVIII bis

Etats de Quercy, tenus à l'Hôpital-Saint-Jean, les 21, 22 et 23 février 1695 (1).

Du vingt-uniesme, vingt-deux et vingt-trois jours de février mil six cent quatre-vingt quinze, dans l'assemblée des
Estats du pays de Quercy, viconté de Turenne, tenus à
l'Hôpital-Saint-Jean, convoqués par M. de Barrat, gouverneur du présent vicomté, suivant la commission de
Son Altesse Monseigneur le duc de Bouillon, par la grâce de
Dieu souverain duc de Bouillon, vicomte de Turenne, pair
et grand chambellan de France, etc., en date du septiesme
décembre dernier et en exécution des Estats tenus audit pays
de Quercy les onze, douze et treze jours d'octobre derniers,
signés le susdit jour treziesme ;
Ont esté présans : M. le sindic général de la noblesse,

(1) Document communiqué par M. J.-B. Champeval.

MM. les consuls, sindics et députés des villes de Martel, Saint-Céré et Gaignac, lesquels après avoir veu la susdite
commission et continuans toujours dans les mesmes sentimens de respect et de soubmission pour Son Altesse ont esté
unanimement d'advis d'exécuter entièrement le résultat desdits
Estats du susdit mois d'octobre dernier dès qu'il plaira à
Son Altesse de l'agréer; et parce qu'on a eu le malheur que
l'on ait vouleu donner à Son Altesse des impressions contraires aux bonnes et respectueuses intentions, que les gens
desdits Estats ont eu dans ledit résultat, ils ont résolu à la
pluralité des voix d'envoyer incessament auprès de Son
Altesse pour luy exposer la sincérité de leur zèle et de leurs
bonnes intentions pour la satisfaction de Son Altesse et luy
offrir avec la mesme soubmission l'exécution dud. résultat
desdits derniers Estats et prendre icelle pour cella tous les
ordres qu'elle jugera nécessaire.

Et pour cet effet les gens desdits Estats ayant résolu de
députer deux personnes, MM. de Martel, ont nommé de leur
ville M. de Tournier, s^r de la Chambaudie, advocat en la
cour, premier consul d'icelle, lequel choix a esté agréé par
les autres gens desdits Estats, et MM. de Saint-Céré et de
Gaignac ont nommé M. de Maynard, escuyer, dont le choix
a esté aussi agréé par les autres gens desdits Estats, auxquels
lesdits sieurs desdits Estats donnent pouvoir de conclure avec
sadite Altesse conformément audit résultat desdits Estats
dudit mois d'octobre dernier et de faire à sadite Altesse sur ce
sujet les très humbles remonstrances des gens desdits Estats.
Signé à l'original des parties.

Fait, clos et arresté le vingt-troizieme du susdit mois audit
lieu de l'Hopital-St-Jean.

A esté arresté que la prochaine assemblée desdits Estats se
tiendra dans la ville de Saint-Céré. Signé à l'original : Mé-
rendol, député de la noblesse et sindic général, la Chambaudie, premier consul, Mourelet, second consul, Veyssière,
consul de Martel, Dalon, Lacheze, adjoint, Basile, adjoint,
Soubolz, premier consul de Saint-Céré, Blancq, Belhoume,
Lascaus, de la Barrière, Taysse, adjoint, Darnal, Lafranco-

nie, de Lavaur, premier consul, Vigier, consul, Lavaur, adjoint, Lavegénie, adjoint et moy, Girbaud, greffier des Etats du visconté de Turenne.

XXIX

Etats de Limousin, tenus à Turenne, le 24 février 1695 (1).

Aujourd'huy vingt quatriesme jour du mois de février mil six cens quatre-vingt quinze, dans le chasteau de Turenne en Limosin, en l'assemblée des Estats de la présente visconté à l'égard dudict païs de Limosin, convoqués nouvellement de l'authorité de Son Altesse Monseigneur Godefroi-Maurice de la Tour d'Auvergne, par la grâce de Dieu souverain duc de Bouilhon, duc d'Albret et de Chateau-Tierri, comte d'Auvergne et d'Evreux, visconte de Turenne et pair et grand chambellan de France, gouverneur et lieutenant général pour le Roy du hault et bas païs d'Auvergne, en conséquence d'un acte du septiesme décembre dernier envoyé de la part de Son Altesse à Messire Jean de Barrat, seigneur de la Condamyne, gentilhomme ordinaire de la chambre du Roy, gouverneur du présent païs, ledict acte passé devant Bouvie et Laurent, notaires au Châtelet de Paris, qui a esté remis entre les mains du greffier soubsigné, à laquelle assemblée ont assisté Messire Barthélémy de Meynard, escuyer, seigneur de Chauzenejoulz, scindic général dudict présent païs, Pierre Martinie, s^r Dabrie, M. Reymond Decosta, s^r Duga, advocat en parlement, Joseph Laumond, aussi bourgeois et Reymond Cabrol, bourgeois et marchand, consulz de la ville de Beaulieu, M. Anthoine Lavialle, s^r Delandre, aussy advocat en parlement, Reymond Clare, s^r de Negrevernie, Baltazar Materre, bourgeois et Jean Bosse, aussi bourgeois,

adjoints desdites sieurs consulz, noble Jean-Batiste du Bac,
escuyer, sieur du Couderc, scindic général de la terre de
Servierre, Jean Grafeuilhe, s⁰ del Fraisse, aussi advocat en
parlement, adjoint dudit s⁰ de Couderc, M⁰ Léonard de Coureze, docteur en médecine et M⁰ Pierre Régial, consulz de
la présente ville de Turenne, M⁰ Jean Sclafer et M⁰ Pierre
Valen, adjoincts desdicts sieurs consulz de la présente ville,
M⁰ Estienne Labrousse et Jacques Marilhac, bourgeois, consulz de la ville d'Argentac, Jean de Jermain, escuyer, s⁰ du
Pradeaux, Jean Plaze, bourgeois et marchand et Batiste de
Chantegril, s⁰ de la Brerle, adjoinctz desdicts sieurs consulz
d'Argentac. Après lecture faicte tant du susdict acte passé
devant lesdicts Bouvie et Laurent, notaires, que du caier
dressé en l'assemblée desdictz Estatz du quatorsiesme octobre dernier envoyés dès lors à Son Altesse, portant entre
autres choses que les gens desdictz Estatz soubz l'espérance
d'obtenir de sadite Altesse les choses exprimées par ledit
caier, partie desquelles ils croyeroient avoir lieu d'attendre
de sa justice et les autres de sa bonté ordinaire pour ce païs,
auroient offert à sadite Altesse, à tiltre de don et sans tirer à
conséquence, la somme de soixante trois mille livres payables en la forme désignée par le mesme caier. Il a esté par
lesdicts sieurs qui composent ladicte présente assemblée
résolu après meures délibérations sur ce prinzes en diverses
séances que quoy que dans le bon ordre et dans les termes
dans lesquels se trouve conceu le susdict caier du quator-
siezme octobre dernier les gens desdicts Estatz deussent
attendre que Son Altesse leur eust faict scavoir son intention
sur tout le contenu en leur dict précédent caier avant que
de faire procéder à l'imposition de la susdicte somme de
soixante trois mille livres qu'ilz ont offert par ledict caier à
sadicte Altesse par forme de don comme il a esté déjà dict
et néanmoins soubz l'espérance qu'elle faira jouir ce païs
de tous les privilèges et autres advantages amplement exprimés par les mesmes caiers sus dactés, néanmoins purement
pour faire congnoistre le désir extrème et inviolable qu'a
ce païs de plaire à Son Altesse que surtout combien les
gens desdicts Estatz comptent sur la cognoissance qu'ilz ont

de la bonté et de la probité de sadicte Altesse, ladicte somme de soixante· trois mille livres sera payée dans cinq ans prochains venant et délivrée entre les mains du receveur de Son Altesse, sçavoir en dix payements esgaux à commencer le premier payement à la prochaine feste de Saint-Jean-Baptiste et qu'à cest effaict il sera incessament procédé à l'imposition et despartement de ladicte somme sur tous les contribuables à la tailhe deue à Son Altesse par le présent païs par doublement de ladicte tailhe et autres quottités à concurrence de ladicte somme de soixante trois mille livres; qu'en conséquence les mandes seront envoyées en la forme ordinaire pendant ledict temps de cinq ans à toutes les parroisses dudict présent païs qui sont contribuables à ladicte tailhe et qu'enfin les sommes qui seront exprimées par lesdictes mandes seront levées en la mesme forme que se lève ladicte tailhe ordinaire, seront payées annuellement pendant lesdicts cinq ans audict sieur receveur de Son Altesse en la susdicte présente ville en deux pacqz esgaux, sçavoir audict jour de Saint-Jean et à la Noël, demeurant expliqué que ledict sieur receveur pour les droicts de la recepte de la susdicte somme de soixante trois mille livres recevra annuellement pendant ledict temps de cinq ans la somme de trois cens trente livres, y comprins l'article de l'advance des deniers cy-après exprimé qui sera pareillement imposé et levé sur lesdicts contribuables à la tailhe sans que ledict sieur receveur puisse prétendre sur ledict présent païs aucuns autres émolumens à cest esgard pour les frais, ports et écritures de ladicte somme de soixante trois mille livres.

Fa·ct, clos et arresté en ladicte assemblée des présents Estatz les jours, mois et ans cy-dessus, après le règlement faict par les gens desdicts Estatz de dons particuliers qui vont estre esprimés cy-après.

S'ensuivent les gages.

A M. le scindic général, deux cens soixante livres.
A MM. les consulz de Beaulieu, quarante huict livres.

A M. le scindic général de Servierre, douze livres.

A MM. les consulz de Turenne, douze livres.

A MM. les consulz d'Argentac, douze livres.

A M. le Sénéchal, dix-huict livres.

A M. de Rilhac, procureur général du domaine du viscomte, dix-huict livres.

A M. de Rococave, prévost du présent visconté, cent vingt livres.

A M. le receveur des Estatz, trois cens livres.

Au greffier des Estatz, cent livres.

Plus seroict payé audit Girbaud, greffier des Estatz, pour le papier timbré des mandes, trois livres.

Au sergent des tailhes, dix livres.

Au sergent des consulz de Beaulieu, trois livres.

Au sergent des consulz de Turenne, trente solz.

Au sergent des consulz d'Argentac, trente solz.

Au sʳ d'Esperat, grand voyeur du visconté, trois livres.

Somme : les susdictes neuf cens vingt deux livres.

S'ensuit les dons particuliers que les gens desdicts Estatz ont trouvé à propos devoir estre faictz :

Premièrement à son Altesse Madame, la somme de trois mille livres.

Plus à son Altesse Monseigneur le duc d'Albrest, la somme de dix huict cens livres.

Plus à son Altesse mademoizelle de Bouilhon, la somme de saize cens livres.

Les gens desdicts Estatz recongnoissent que ces dons sont très modiques eu esgard à l'élévation et au mérite éminent de leurs Altesses et sy les forces de ce païs pouvoient permettre qu'on portat ces dons plus loin, ce seroict avec beaucoup de joie que les gens desdictz Estatz auroient offert à leurs dites Altesses de plus grandes sommes.

A M. le gouverneur, la somme de quinze cens livres.

A M. le scindic général, cent cinquante livres.

A M. de Bafoil, cinq cens livres.

Lesdicts sieurs des Estatz signés à l'original des présentes et moy, GIRBAUD, greffier des Estatz.

S'ensuivent les autres dons particuliers faictz par les gens desdicts Estatz :

Premièrement à M. de Rococave, cinquante livres.

Aux Révérens pères Capucins de la présente ville, unze livres dix sols.

Aux domestiques de M. le gouverneur et aux guardes, par égalle portion, vingt et quatre livres.

Sensuict la despance desdicts Estatz :

A M. le gouverneur, quatre-vingt dix livres.

A M. le sindic général, soixante douze livres.

A MM. les consulz de Beaulieu et adjoincts, deux cens quatre vingt huict livres.

A MM. les consulz de Turenne et leur adjoinct, cent quarante quatre livres.

A MM. le scindic général de Servière et son adjoinct, septante deux livres.

A MM. les consulz d'Argentac et leur adjoinct, cent quatre vingt livres.

Au s^r receveur, vingt deux livres dix solz.

Plus pour les advances qu'il a faictes des deniers du présent article de despance ou pour le droict de recepte des deniers extraordinaires, saize cens cinquante livres.

A celluy qui a dressé le caier, dix huict livres.

A celluy qui a dressé le despartement, douze livres.

Au greffier des Estats, le papier comprins, trente livres.

Au sergent de MM. les consulz de Beaulieu, douze livres.

Au sergent de MM. les consulz de Turenne, pareille somme douze livres.

Au sergent de MM. les consulz d'Argentat, six livres.

Au sieur Cruzac, concierge, vingt livres.

Sensuit le département :

Turenne	745 ll.	18 s.	4 d.
Extraordinaire...................	2603	12	2
Jugealz	175	17	3
Extraordinaire	621	7	2
Saint-Hilaire....................	425	4	10
Extraordinaire..................	1509	11	10

	l.	s.	d.
Chameyrac......................	334	11	»
Extraordinaire...................	1187	12	6
Venarsal......................	93	14	7
Extraordinaire...................	332	14	1
Ussac	718	7	4
Extraordinaire...................	2550	3	8
Damniac......................	385	1	3
Extraordinaire...................	1363	19	5
Lanteuil....	298	7	»
Extraordinaire...................	1058	»	1
Malemort......................	244	10	9
Extraordinaire...................	867	1	8
Noualhac......................	575	3	1
Extraordinaire...................	2041	15	10
Linieyrac	666	10	9
Extraordinaire...................	2339	1	2
Colonges......................	876	10	2
Extraordinaire...................	3109	18	11
Sailhac	211	3	»
Extraordinaire...................	749	11	6
Beynat......................	846	16	2
Extraordinaire...................	3006	3	7
Chaufours......................	143	14	»
Extraordinaire...................	510	2	»
Meyssac......................	1091	8	8
Extraordinaire...................	3885	4	4
Saint-Bauzille..................	310	7	4
Extraordinaire...................	1101	15	8
Marcilhac......................	524	3	1
Extraordinaire...................	1860	14	10
Saint-Julien..................	225	7	5
Extraordinaire...................	790	1	»
Serrilhac......................	908	10	5
Extraordinaire...................	3225	4	10
Lostanges......................	423	12	7
Extraordinaire...................	1503	17	1
Curemonte	731	19	4
Extraordinaire...................	2590	8	8

La Chapelle......................	441 ll.	4 s.	9 d.
Extraordinaire..................	1565	6	8
Vegène	400	19	4
Extraordinaire..................	1423	7	8
Queyssac......................	285	11	3
Extraordinaire..................	1003	14	5
Puydarnac	701	13	2
Extraordinaire..................	1501	10	1
Nonars........................	365	12	2
Extraordinaire..................	1296	9	3
Tudeil........................	314	10	4
Extraordinaire..................	1116	10	2
Saint-Genies...................	282	8	2
Extraordinaire..................	1002	10	7
Beilhac.......................	513	2	2
Extraordinaire..................	1828	10	7
Beaulieu	915	13	2
Extraordinaire..................	3214	12	2
Altilhac.......................	844	3	4
Extraordinaire..................	2991	14	8
Merques.......................	268	16	9
Extraordinaire..................	969	9	2
Branceilhes....................	72	18	8
Extraordinaire..................	258	17	4
Sioniac	162	8	2
Extraordinaire..................	573	16	7
Liourdre.......................	41	4	6
Extraordinaire..................	147	6	9
Astaillac	16	»	3
Extraordinaire..................	60	9	1
Laguarde	62	5	3
Extraordinaire..................	221	10	5
Chasteaux	520	4	6
Extraordinaire..................	1979	14	3
Lissac	461	8	10
Extraordinaire..................	1638	1	11
Chartriers.....................	220	14	4
Extraordinaire..................	783	10	2

Saint-Cerny	292 ll.	10 s.	4 d.
Extraordinaire	1038	8	2
Estival	186	10	7
Extraordinaire	662	3	1
Nespoulz	204	2	8
Extraordinaire	691	16	4
Nouailhes	200	»	»
Extraordinaire	110	»	»
Argental	253	14	7
Extraordinaire	909	16	7
Servierre	2941	8	11
Extraordinaire	10409	5	8

Et parce que après un juste calcul faict des sommes contenues audict présent despartement, il s'est trouvé mille livres de reste, les susdicts dons, dépences et autres emplois cy-dessus précomptés, il a esté résoleu par les gens desdicts Estatz, en veue de la nécessité qu'il y a de pourvoir en partie à la subsistance de quatre régens pour l'instruction de la jeunesse du présent païs et lieux qui vont estre indiqués, que ladicte somme sera emploiée au payement du salaire desdicts régens, l'un pour la présente ville, l'autre pour la ville d'Argentat, le troisiesme pour la chastellenie de Servierre, et le quatriesme pour la ville de Beaulieu, et ce par esgalle portion pour chascun desdicts régens, laquelle portion d'un chacun revient à cinquante livres par an pendant les susdictes cinq années, lequel temps fini, les Estatz du présent païs délibéreront ce qu'ilz trouveront à propos soubz le bon plaisir de Son Altesse pour la continuation ou discontinuation de ceste contribution à la subsistance desdicts régens, et sera ladicte somme de cinquante livres payée ausdicts régens annuellement en deux pacqz esgaux à l'égard d'un chascun d'eux soubz la simple quittance desdicts régens ; et ont les chefs des susdictes communaultés signé le présent département, les susdicts jour, mois et an.

Signé : GIRBAUD, greffier des Estatz.

De par Monseigneur et Mme des Estatz du viconté de Turenne en Limosin.

A vous, scindicz, manans et habitans de la parroisse de
.... salut. Comme en l'assemblée des Estatz tenus
en la ville de Turenne, le 24 febvrier dernier, ayt esté arresté de mettre et imposer sur les habitans du présent visconté audict païs de Limosin la somme de 21,808 ll. pour
les deniers ordinaires ou gages accordés à Son Altesse
Monseigneur et pour l'extraordinaire du don faict à leurs
Altesses ou despance faicte en la tenue desdictz Estatz, revenant en tout à la somme de 77,838 ll. 11 s. payables lesdictes sommes ordinaires en la forme accoustumée et lesdicts
extraordinaires en cinq ans et en dix pactes esgaux à commencer le premier payement, comme ladicte taille ordinaire,
au jour et feste de Saint-Jean et Noël prochain, desquelles
susdictes sommes ordinaires vous est escheu pour vostre
quotte la somme de.............., et pour ladicte cinquiesme partie dudict extraordinaire dudict don, la somme
de.............., lesquelles dictes sommes ordinaires et
extraordinaires vous cottiserez en Dieu et conscience sur
tous les contribuables de vostre dicte parroisse, le tout dans
un rolle et par article séparé duquel fairez faire deux coppies, l'une pour faire la levée et l'autre pour laisser au
greffe des Estats pour servir de contrerolle, et lesdictes
sommes levées, porterez icelles esdicts pacqs de Saint-Jean
et Noël suivant à chacun la moitié ez mains du s^r Arlignies
receveur, au payement desquelles sommes tous les contribuables seront contraincts par toutes voyes et rigueurs de
justice, et lesdicts sindics par ledict receveur par les mêmes
voyes et rigueurs comme pour les propres deniers de sadicte
Altesse. De plus il est enjoinct aux scindicts et habitans de
ladicte parroisse qu'en procédant à la nouvelle nomination
desdicts Estats ayent à faire choix des personnes les plus
capables et solvables à paine d'estre procédé solidairement
contre les principaux habitans de vostre dicte parroisse,
conformément à l'ordonnance du 24 mars dernier. Signé :
de La Serre sénéchal et de Tournier procureur provincial.

11

Par commandement de mondict seigneur et gens desdicts Estats.

Signé : GIRBAUD, greffier desdicts Estats.

XXX

Etats de Limousin et de Quercy, tenus à Argentat le 20 juillet 1703 (1).

Dans l'assemblée des Estats du vicomté de Turenne des pays de Limosin et Quercy tenus dans la ville d'Argentat en Limosin, le vingtiesme juillet mille sept cens trois, par l'ordre et sous l'authorité de son Altesse Mgr Godefroy Maurice de la Tour d'Auvergne.......... à laquelle ont assisté M. Faure, intendant des maisons et affaires de Son Altesse et son commissaire député......, noble Barthélémy de Meynard, escuyer, seigneur de Chauzencjoulz, sindic général au pays de Limousin, MM. les consuls, sindics et députés de la ville et communauté de Beaulieu, M. le sindic général de la ville et chastellenie de Servières, assisté de son adjoint et député de Servières et chastellenie, MM. les consuls et députés de la ville et communauté de Turenne, MM. les consuls et députés de la ville d'Argentat, MM. les consuls et de la ville et communauté de Martel, MM. les consuls et députés de la ville et communauté de Saint-Céré et MM. les consuls et députés de la ville et communauté de Gagnac.

L'ouverture ayant esté faicte par mondit sieur Faure, ... les intentions de Son Altesse ont esté expliquées par le sr de la Serre (sénéchal de Turenne), qui a représenté comme Son Altesse avoit la bonté d'accorder au pays cette tenue d'Estats pour régler et terminer les difficultés et différents qui se rencontroient au sujet de la confection de son papier terrier

(1) Archives nationales R² 494.

et des reconnoissances, hommages et dénommées qui luy
sont deus par ses sujets, emphitéotes et vassaux de la
présente vicomté et pour asseurer ses sujets de la continuation
de ses bontés et de sa protection dont elle leur a fait res-
sentir continuellement de puissans effects, voulant bien, pour
arrêter et prévenir tout ce qui pouroit troubler la correspondance qui doit toujours estre entre elle et eux, consentir et
régler tout ce qui regarde son papier terrier, en sorte qu'il
n'y puisse plus avoir ny contestation ny raison de plaintes
sur ce sujet.

En premier lieu, il a esté résolu soubz le bon plaisir de Son
Altesse et du consantement de mondit sᵣ Faure, commissaire, conformément à ce qui avoit esté agréé par Son Altesse dans les Estats du païs de Quercy de l'année 1682 et à
la lettre quelle a eu la bonté d'en escrire à mondit sᵣ le séneschal, du 29 juin dernier aussy attachée au présent caier,
que les Estats de la vicomté desdits païs de Limosin et de
Quercy se tiendront à l'avenir et à perpétuité conjoinctement et ne fairont qu'un corps, et que la prescéance entre
eux estant eschue cette fois par le sort au païs de Limosin
appartiendra dans la première assemblée d'Estats qui se
tiendra au païs de Quercy et ainsin par tour à l'avenir et
l'un et l'autre, et pour le lieu et assemblée comme ceux cy sont
à present dans cette ville d'Argentat qui estoit de tour pour
le Limosin, les premiers Estats à venir seront assemblés
dans la ville de Saint-Céré qui estoit aussi de tour pour le
Quercy et ainsin de suite dans les autres lieux.

Et conformément à l'article des Estats du Quercy du
trente may 1696, qui règle qu'à l'avenir les communautés
des Estats y envoyeront le plus petit nombre des députés
qu'il se pourra et le regleront, ce qui est d'autant plus à
propos que les Estats des deux provinces de Limosin et de
Quercy doivent à l'avenir se tenir conjointement et ne faire
qu'une assemblée, lesdits Estats soubz l'authorité de
Son Altesse pour le bien et soulagement du païs ont
réglé qu'à l'avenir MM. de la ville et communauté de
Beaulieu ne pourront envoyer aux Estats que quatre
députés scavoir les deux premiers consuls et deux adjoincts

tels que la ville choisira ; MM. de la ville et chastelanie de
Servières ne pourront en avoir que deux, scavoir leur
scindic général et un adjoinct ; MM. de la chastelanie de
Turenne deux, scavoir le premier consul et un adjoint.

La première veue de l'assemblée estant de tesmoigner
à Son Altesse la soumission sincère et la très-humble
recognoissance du païs pour la continuation de ses
bontés et de sa protection et pour la grâce qu'elle veut bien
faire au païs non seulement de terminer tout ce qui
pourroit donner quelque sujet de contestation mais encore
de les descharger de l'obligation dont il s'estoit chargé
par les Estats de l'année 1676 de faire le papier terrier de
Son Altesse, le païs la suppliant très humblement de vouloir
bien recevoir les assurances qu'il luy donne de sa soumission et recognoissance éternelle et de son zèle parfaict
pour tout ce qui regarde le service et la satisfaction de
Son Altesse et la prospérité de sa personne et de son
illustre maison, et ne pouvant donner à Son Altesse les tesmoignages de ses sentiments, ils la prient d'avoir la bonté
d'agréer un don que le païs luy faict dans le présent caier
de la somme de trante deux mil livres n'estant pas en
estat d'en faire davantage.

Le païs supplie aussi Son Altesse Madame la Duchesse
de Bouillon d'agréer le don de trois mil livres qu'on luy
faict comme un très petit hommage de respect et de la
recognoissance qu'il a pour les bontés qu'elle a particulièrement tesmoignées pour luy dans cette occasion.

Et comme le devoir du païs l'engage depuis longtems
de donner à Son Altesse Monseigneur le duc d'Albret
quelques tesmoignages de son respect et de sa recognoissance pour les bontés que le païs en a éprouvé et pour
celles qu'il a eu de disposer Son Altesse Monseigneur son père à finir tous les desseins avec le païs, en
veue de ces bontés il le prie d'agréer un don de quinze
mil livres que l'estat du païs ne permet pas de luy faire
plus grand.

Le païs donne à Son Altesse Madame la duchesse d'Albret
la somme de deux mil livres pour un tesmoignage tel qu'il

est en estat de luy donner de son respect et de sa
soumission, et une pareille somme de deux mille livres à
Son Altesse Madame de Bouillon pour luy marquer aussi ses
sentimens de respect et de soumission.

Toutes lesquelles sommes de dons cy-dessus mentionnées
faisant ensemble celle de cinquante quatre mil livres
seront payées et imposées sur le païs en trois années et
six termes égaux l'un à la Saint-Jean-Baptiste et l'autre
à la Noël de chacune desdites trois années qui commence-
ront à la feste de Saint-Jean de l'année prochaine 1704 et
finiront à la Noël de l'année 1706 et seront levées en la manière ordinaire estant marquées dans les mandes et sur les
rolles par un article extraordinaire distinct de l'ordinaire.

Ensuite mondit sieur Favre en vertu de sadite procuration et encores à la charge de la ratification de la part de
Son Altesse et lesdits sieurs des Estats ont réglé et
convenu :

En premier lieu que le prétendu acte général pour les
hommages, dénombrement et recognoissances seront rendus
par les redevables uniquement suivant les titres et actes
d'un chacun, que la clause de la conformité audict acte
général insérée dans quelques hommages déjà rendus sera
de nul effect et valeur, que les recognoissances, hommages
et dénombremens seront conceus dans la forme usitée par
tout le royaume à l'égard du stile, pourveu qu'il ne soit
faict aucun changement ny préjudice aux droicts de Son
Altesse et de ceux qui les rendront, pour lesquels droits on
se conformera auxdits titres tant pour les recognoissances
que pour les hommages rendus ou à rendre.

En deuxième lieu que le païs demeure déchargé de
l'obligation qu'il avoit contractée par le caier des Estats de
l'année 1676 de parfaire le papier terrier de Son Altesse
laquelle a la bonté de se charger à l'avenir du soin de la
perfection dudit papier terrier pour lequel elle proposera
des personnes qu'elle choisira dans la viconté sans que le
païs puisse à l'avenir estre recherché pour le défaut de
ladite perfection, et Son Altesse pourra commettre telle

personne que bon luy semblera pour avoir l'inspection du
travail desdits préposés et pour les vériffier.

En troisième lieu que les hommages, dénombremens,
recognoissances et autres actes qui ont esté faicts et passés
depuis l'année 1676 jusques à présent dans lesquels il se
trouvera que les droits de Son Altesse ont esté négligés ou
mal conservés ou les redevables surchargés, ne pourront
nuire ny préjudicier ny à Son Altesse ny auxdits redevables,
à l'effect de quoy Son Altesse pourra faire procéder non
seulement à la continuation et perfection de son terrier
mais aussi de la révision et examen du travail qui a esté
faict pour estre lesdits actes réformés s'il y a lieu, et afin
d'y parvenir ceux qui ont esté cy-devant proposés pour
procéder audit terrier seront tenus de remettre incessament
dans le trésor de Son Altesse leur travail, poursuittes et
diligences, sauf à Son Altesse d'agir contre eux ainsin qu'elle
advisera pour raison des deffectuosités qui pourront s'y
trouver sans néantmoins aucune garantie ny retour contre
le païs.

Que Son Altesse remet au païs les arrérages de rante et
de tous droits et devoirs seigneuriaux deus et eschus
depuis ladite année 1676 jusques à présent et pareillement la
portion d'arrérages cédée aux communautés par lesdits
Estats de 1676 à l'exception de ceux qui ne luy appartiennent
pas et qui peuvent estre prétendus par les fermiers
en vertu de leurs baux, même de ceux que Son Altesse fut
obligée de reprandre du sr Lavoy de Gombeuille son fermier
et à l'exception aussy des droits d'amortissement, nouveaux
acquets et indemnités deus par les communautés et gens
de main morte qui ont leur establissement hors de la
viconté lesquels ne pourront jouir de la remise faicte par le
présent traité quoiqu'ils ayent des bénéfices unis dans l'es-
tandue de ladite viconte.

Que les redevables ne seront tenus à aucuns frais ny
droits pour raison des recognoissances, hommages et dénombremens, réception et remise dans le trésor de Son Altesse
des actes qui doivent estre passés ny soubz quelque prétexte
que ce soit à l'égard des officiers, greffiers et notaires y

employés sauf néantmoins l'expédition pour le vassal et censitaire qui sera par eux payée au greffier ou notaire s'ils veulent la retirer.

Plus que toutes les saisies féodales faites pour raison desdits hommages et dénombremens sont pour non advenus et les vassaux tenus quittes de toute restitution de fruits jusques au jour présent.

Que les possesseurs des biens alodiaux seront maintenus dans leur possession du tems suffisant sauf si Son Altesse justifie par titres que lesdits biens luy doivent rante à la charge par lesdits possesseurs d'un simple hommage portant lods, rantes et droits de prélation et ce nonobstant tout jugement contraire qui pourroit avoir esté obtenu même par ledit sr de Laplaigne.

Que sur les prétantions des habitans de la châtellenie de Saint-Céré de n'estre tenus de randre leurs hommages et dénombremens hors de ladite chatellenie ensemble sur telles et pareilles prettentions que pourroient avoir d'autres communautés, Son Altesse et lesdits habitans et communautés s'en rapporteront à la décision du conseil.

Que les assignations et instances pour raison des recognoissances qui doivent estre randues au terrier de Son Altesse pour les biens et héritages estant dans la directe et pour raison des hommages deus par les non nobles seront portées devant les juges ordinaires de Son Altesse dans la juridiction desquels lesdits biens sont situés et ce sans tirer à conséquence.

Que les nobles qui ne contribuent pas aux sommes accordées à Son Altesse ne pourront profiter des exemptions et remises qui seront faictes dans ce caier.

Son Altesse est suppliée de randre au païs de Quercy, la justice quelle a eu la bonté de luy promettre par son ordonnance du 24 décembre 1666 pour la suppression de la charge de scindicq général dans ledit païs et d'agréer que ledit païs fasse ses protestations et oppositions sur ce sujet en cas de besoin avec tout le respect et la soumission qu'il doit à Son Altesse.

Il sera permis aux communautés qui composent les Estats

de faire sur elle-même l'imposition des sommes qu'il conviendra d'imposer pour les nécessités de leurs communautés en vertu d'une délibération, laquelle sera authorisée par M. le Séneschal de Turenne, sans fraix, conformément aux Estats des années 1655 et 1666.

Tous acquéreurs et détenteurs des biens dans le destroict de la présente vicomté seront obligés de se charger des impositions deues sur lesdits biens dans les parroisses et taillable ou ils sont situés quelque temps qu'il y ait de leur acquisition quoyqu'ils n'en eussent jamais esté chargés auparavant nonobstant la clause des Estats de 1666 et autres s'il y en avoit de contraires au présent règlement.

Et sur le droit que les consuls et habitans de Martel prettendent avoir de rendre leurs hommages par le ministère de leur scindicq suivant l'hommage du sixiesme décembre 1493 et autres subséquens et sur ce qu'ils prettendent aussi ne devoir aucuns lods ny redevances pour raison des acquisitions que les habitans peuvent faire de dix cestiers de bled de rante et de soixante sols, en cas que Son Altesse puisse retenir sur eux, et prandre aucuns droits qu'un gros denier d'argent lors de l'acquisition, et sur ce qu'ils prettendent aussi avoir les mesmes droits que les biens nobles non excédant le prix desdits sestiers de bled de rante, et encore sur ce qu'ils prettandent devoir estre investus par Son Altesse de toutes acquisitions de rantes ou bien noble à quel prix quelles puissent monter en payant à sadite Altesse les droits de lods et sans qu'elle puisse user du droit de retention, il demeure réglé que toutes lesdites contestations seront terminées par advocat du parlement de la ville de Bordeaux dont il sera convenu.

Et pour témoigner à M. Faure la recognoissance de ses soins et le service que le païs a cognu de sa conduicte et de sa capacité pour le service de Son Altesse et pour le bien du païs et le prier de continuer sa protection auprès de leurs Altesses, quoiqu'il ait déclaré ne vouloir aucun présent du païs, lesdits sieurs des Estats le prient d'agréer neuf cens livres avec l'assurance qu'ils souhaiteroient pouvoir mieux luy marquer leur sentiment.

Et tous les susdits réglements seront approuvés et ratifiés par son Altesse avant l'exécution d'aucun article du présent caier qui a faute de ce demurera pour non avenu. — Signé : FAURE, remerciant très humblement MM. des Estats de leur libéralité et les priant que les neuf cens livres qu'ils m'ont présenté demeurent joinct au présent qu'ils font à Son Altesse; Chauzenejoux, scindicq général, député de la noblesse au pays de Limozin; Le Bessol du Faure, premier consul de Beaulieu; Laguarenne de Meynard, premier consul; Lacoste, consul; Dupuy, consul; Martine Dalvie, adjoint; De Boyer Lagrange, adjoint de Beaulieu; Teilher, adjoint de Baulieu; Martine, adjoint de Beaulieu; Du Couderc du Bac, scindicq général de Servières; Vachon, consul de Turenne; Molinier, consul de Turenne; Coureze, adjoint de Turenne; Deschamps, adjoint de Turenne; Lacheau, premier consul d'Argentat; Lajarige, consul d'Argentat; Dufaure, adjoint d'Argentat; Dupuy, adjoint d'Argentat; Lachambaudie, premier consul de Martel; Morlès, consul de Martel; Dechassaing, consul troisième de Martel; Rogier, scindiq de Martel; Labrunie, adjoint de Martel; [   ], premier consul de la ville de Saint-Céré; Gaillard, consul de Saint-Céré; Laveautz, adjoint des consuls de Saint-Céré; Blanc, adjoint des consuls de Saint-Céré; Belhomme, adjoint des consuls de Saint-Céré; Laumond, premier consul de Guaniac; De Certain, second consul de Guaniac; Laveaux, adjoint de Guaniac; Lavignie, adjoint de Guaniac, et moy Girbaud, greffier.

(Une des copies du même cahier contient l'addition suivante :)

« Et parceque lesdits sieurs des Estats de Limosin ont fait réflexion qu'ils ont obmis de pourvoir au moyen d'avoir des régens dans les villes de Beaulieu, Servière, Turenne et Argentat pour l'instruction et l'éducation de la jeunesse, non seulement desdites villes, mais encore de tout le pays, et que rien n'est plus important, particuliérement dans la circonstance de quantité de familles de nouveaux convertis.

et qui sont dans lesdites villes et au voisinage, et qu'il est nécessaire de les faire instruire, lesdits sieurs des Estats ont accordé aux susdites quatre villes et communautés la somme de mille livres qui sera imposée sur le pays de Limosin et délivrée également à chacune desdictes comununautés pour être par elles employées au payement des régens de leurs écoles, laquelle somme sera imposée et leur sera payée dans les trois années et les six termes marqués cy-dessus. »

(*Suivent d'autres articles de dépense, l'allocation des gages et la répartition des sommes votées.*)

XXXI

Nomination d'un adjoint par la ville d'Argentat, pour l'assemblée des Etats de Turenne de 1707 (1)

En la ville d'Argentat, Bas-Limousin, et au devant la maison commune de ladite ville, le vingt-quatriesme jour du mois de janvier mil sept cens sept après midy, par devant moy, notaire royal et greffier de ville soubsigné, la plus saine et majeure partie des habitans d'icelle ville assemblés au son de la cloche en la manière accoutumée, se sont présentés sr Guilhaume Bourlhioux, sr de Lavaur et Me Pierre Darche, procureur en l'ordinaire de la présent ville, consuls la présente année de ladite ville, qui ont dit que suivant la lettre à eux adressée par M. le séneschal de Turenne du treiziesme du courant par ordre de Son Altesse Monseigneur le duc de Bouillon au subjet de la ratification des Estats de l'an mil sept cens trois de l'augmentation de la somme de dix mille livres, pour icelle ratiffication, il est important de se randre en la ville de Turenne le vingt-cin-

---

(1) Document communiqué par M. Eusèbe Bombal.

quiesme du courant pour délibérer de nouveau sur la conclusion desdits derniers Estats et augmentation du don de
ladite somme de dix mille livres pour la ratiffication d'iceux
avec un pouvoir valable de la présante communauté, à
cause de quoy ils ont requis la présante assemblée aux fins
qu'ils ayent à délibérer sur ledit pouvoir et à la nomination
d'un adjoint pour le soubstient de l'intérêt de ladite communauté, et le tout conformément à ce qui est contenu dans
le dernier cayer des derniers Estats, à ces causes ladite
majeure partie desdits habitans icy assemblés assistés des
conseillers consulaires de ladite ville, après avoir entendu la
lecture de ladite lettre dudit jour treiziesme du courant qui
a esté faite par le notaire et greffier de ville soubsigné, après
avoir meurement délibéré sur le contenu en icelle, ont
nommé et nomment par le présent acte de délibératoire
ledit Mᵉ Pierre Darche pour se transporter avec ledit sʳ de
Lavaur, premier consul, en ladite ville de Turenne pour
assister à l'assemblée qui se doibt faire pour la ratiffication
desdits Estats de l'an mil sept cens trois et donner leur
consentement sy besoin est pour l'augmentation de ladite
somme de dix mille livres, conclure, arrester et engager
avec les gens de ladite assemblée tout ce qu'ils trouveront
à propos chacun pour sa communauté, promestant avoir
pour agréable tout ce que par lesdits sieurs premier consul
et adjoint sera fait et géré et généralement tout ce qu'il
conviendra faire pour raison de ce, dont et de tout quoy a
esté requis et concédé acte en présence des soubsignés.

Suivent les signatures : Lavaur, Darche, Lachau, Graf-
feuille, Dufaure, etc., et Bourlhioux, notaire royal et greffier de la ville et communauté d'Argentat.

XXXII

Acte d'union de MM. des Etats contre MM. de Meyssac, 22 novembre 1707 (1)

L'an mil sept cens sept et le vingt deuxiesme novembre, en la ville de Saint-Céré en Quercy, vicomté de Turenne, par devant moy notaire garde note et greffier des Estats du vicomté, avant midy, régnant Louis, etc., ont été présans, MM. les scindics généraux et députés de la noblesse du Quercy et Limosin, les députés de toutes les villes et communautés qui composent les Estats de la vicomté de Turenne aux pais de Quercy et de Limosin, lesquels ont dict que leurs communautés ont apris chacune avec étonnement et déplaisir que quelques paroisses de ladite vicomté en Limosin par les mauvaises sugestions de quelques particuliers se sont soulevées contre ce quelles doivent à Son Altesse Monseigneur le duc de Bouillon, contre les traités que ce païs a faitz avec lui et avec ses prédécesseurs et contre l'authorité légitime aussi ancienne qu'incontestable des Estats de la vicomté approuvée et confirmée par nos rois et par quantité d'arrests du conseil d'Estat et des cours où les contestations sur l'exécution des règlemens de ses Estats ont été portées et que ces scindiqués se déclarent particulièrement contre les Estats de l'année mil six cens quarante deux et contre les derniers tenus en mil sept cens trois et conclus dans le mois de janvier dernier, et parce que les divers prétextes employés pour attaquer ces traités ne sont fondés sur aucune bonne raison comme il a pareu après les avoir examinés; qu'ils pouvoient prandre s'ils l'avoient voulu des voyes d'éclercissement pour chercher et faire réparer des erreurs ou des fautes s'il y en avoit eu à leur préjudice, et qu'il ne paroit en eux d'autre intention que de secouer la subordi-

(1) Document communiqué par M. J. B. Champeval.

nation établie et inviolable; que cependant pour se fortifier
ils pourroient vouloir donner à entendre que leurs prétandus griefs sont souteneus par toute la vicomté ou par une
partie considérable; ces raisons ont obligé toutes les villes
et communautés qui composent de tout temps les Estats
de l'entière vicomté de donner charge à leurs députés par leurs délibérations qu'ils ont en main de déclarer
que suivant toutes les veues de la justice, de leur devoir et
de l'intérêt commun, elles désaprouvent de tout leur cœur
la conduite de ces paroisses scindiquées et de la déclarer
contraire à l'usage establi de tous temps à tous les droits de
la vicomté confirmés par nos rois et par les arrests et hono-
rés dans toutes les occasions de la protection particulière
du roy glorieusement régnant, que cette conduite ne tend
qu'à détruire la subordination et à saper les fondemens du
repos et du bien publiq que les Estats de mil six cens quarante deux et le contrat qu'ils contiennent ont toujours été
regardés avec vénération et exécutés réciproquement comme
le lien de la puissante protection du seigneur sur ce païs,
et un engagement du coté du seigneur très réel et onéreux
de veiller et de travailler comme il la fait efficacement dans
toutes les occasions auprès du roy et dans les tribunaux
compétans pour la deffence des droits et privilèges du païs;
que comme le seigneur a de son coté rempli cet engagement avec fruit et avec de grosses dépances, le pays s'est
aussi toujours acquitté avec plaisir de la juste obligation
qu'il avoit contractée dans ce traité et seroit disposé à le
passer aux mêmes conditions pour les portions qui peuvent
regarder chaque communauté en son particulier s'il ne
l'avoit fait et cella suivant les départements et mandes faites de tout temps et jusques à présant, que les dons qui ont
été faits depuis en divers tems par le païs à Son Altesse ont
été des justes reconnoissances de la continuation de ses
soins et fraix redoublés dans des occasions particulières
pour la deffence des susdits droits et privilèges ou des justes compositions pour des relaxemens de plusieurs droits
féodaux que le seigneur a remis au païs, qu'en particulier
les derniers Estats avoient eu les mêmes justes motifs puis-

qu'on venoit de ressantir des effaits importans des bontés et
de la protection de Son Altesse et que ces Estats sont en
même tems une transaction qui termine des grandes pré-
tantion du seigneur sur le pays, dans laquelle il se départ
des droits justes et considérables pour lesquels il y avoit
desja depuis longtemps des poursuites commencées au sujet
de la confection de son papier terrier pour tous ses droits
féodaux, hommages dénommés et cens qui luy étoient dûbs,
si bien qu'il n'y a qu'à les lire pour voir combien le pays
s'y libère envers Son Altesse, et l'on ne peut pas prétexter
que ces droits ne feussent pas sur tous les habitans de la
vicomté, car outre que dans tous les pays d'Estats on regarde comme une maxime inviolable et salutaire de répan-
dre sur tout le corps la charge et intérêt de la plus considérable partie, que cet usage est notoire par tout et le seul
qui conserve la justice et le bien de ces pays et que ces
Estats sont composés de tout temps de certaines villes et
communautés les plus considérables choisies dans tout le
cartier de la vicomté outre cela il a été reconu et ne peut
être contesté raisonablement que ceux même qui ne payent
pas de rente au seigneur s'ils ont quelque bien allodial ou
quelque fief et quelque redevance ou cens que ce puisse être,
comme il y en a très grand nombre dans les paroisses scindiquées, ne feussent sujets à des droits et à des fraix qui
auroient excédé leur portion de ce qui a été donné par
ces Estats, que ceux même qui n'ont aucun de ces droits ne
feussent exposés à des demandes et à des contestations et
suites inévitables, qu'enfin ceux qui ne pouvoient craindre
aucun de ces inconvénians ne sont presque chargés de rien
pour leur portion des sommes données par ce traité et
qu'ainsin personne n'a sujet de s'en plaindre quand même
il ne devroit pas se soumetre à l'authorité reconnue de tout
temps pour le règlement des affaires de ce pays sans compter
les autres justes motifs de reconoissance qui ont animé ce
don comme les précédens, à quoy l'on a ajouté la considération de la juste exactitude avec laquelle on a exécuté ces
traités pour le département des sommes qui y sont réglées,
qu'il n'y a point parcu d'erreur ni d'inégalité et qu'on a

toujours été comme l'on est pret de les réparer s'il y en avoit et si ceux qui prétendroient avoir sujet de se plaindre de quelque imposition ou autre infraction veulent avoir recours à l'authorité légitime d'une assemblée d'Estat qui leur est toujours libre et dans laquelle l'on offre d'examiner leurs griefs et de leur faire toute sorte de raison et de justice aussi l'on a tout lieu d'être persuadé par des bonnes raisons que les véritables motifs des auteurs de ces mouvemens ne sont après la passion de quelque particulier qui croit trouver son compte dans le trouble que de secouer le joug de la subordination légitime si nécessaire si confirmée et inébranlable au dépens du repos et du bien publiq, mais il y a lieu d'espérer qu'après avoir fait des mures reflexions et avoir veu les résolutions justes et constantes de toutes les communautés des Estats du pays marquées dans le présant acte, ces scindiqués se reconoitront et se remetront dans l'ordre comme ils y sont exhortés et comme firent en l'année mil six cens les communautés de Curemonte, Colonges et Meissac, lesquelles s'étant soulevées et pourveues par appel contre ce qui avoit été réglé par les Estats de la vicomté tenus dans la ville de Beaulieu le vingt septième may mil cinq cens quatre vingt seize se réduisirent à les exécuter comme les autres par un désistement en forme de leur appel qu'ils firent en la Cour des Aides de Monferrant qui feut suivit de l'arret du septième septambre mil six cens qui ordonne l'exécution desdits Estats et de l'imposition faitte en conséquence, ainsi les susdits députés suivant leurs charges et procurations font et réitèrent leurs susdictes déclarations qu'ils désaprouvent le soulèvement contre l'autorité et l'éxécution des règlemens des Estats de la vicomté en la forme établie et observée de tout tems et en particulier contre les stats de mil six cens quarante deux et contre les derniers et que leurs communautés veulent soutenir cette authorité et cette exécution en la manière cy-dessus expliquée et procurer effet; ils veulent que cet acte soit présanté par tout ou besoin sera par le premier requis et porteur d'icelluy sans que ledit porteur puisse néantmoins faire autre chose ni aucune poursuite en conséquance sans un pouvoir nouveau et plus espécial desdits constituans, dont et du tout m'ont requis acte en présence de M. M⁰ François Hélie de Lagrange de Roufiliac docteur en théologie habitant du lieu de Carennac et M⁰ Jean Louis Dausies, s' de Pomier, advocat en parlement habitant de la présente ville, témoins signés à l'original avec lesdits députés ainsi signés, Lapierouse scindic général du Quercy et député de la noblesse, d'Albugue premier consul de la ville de Martel, Darcambal scindic, Laseguerie premier consul de la ville de Saint-Céré, Grasser second consul de Saint-Céré, Lavaur assistant, Verdier consul de Gaignac, Chauzenejou scindic général du Limosin et député de la noblesse, Martinie premier consul de Beaulieu, Métinier adjoint, du Couderc du Bac scindic général de la châtelenie de Servières, Bordele du Sirieix adjoint et député, de Zejac premier consul et député de la communauté de Turenne, Lavaur premier consul d'Argentat, Darche consul d'Argentat et député de la communauté, Roufiliac, Dausies, présents.

Signé : GIRBAUD, greffier des Estats et notaire garde-notes du viscomté de Turenne.

XXXIII

Nomination de deux syndics, 4 février 1708 (1)

Nomination de deux sindics par les Estats de la vicomté de Turenne dans la ville de Beaulieu, du 4 février 1708, contre les habitans de Meyssac et autres, avec la permission de s'assembler.

Aujourdhuy, quatrième du mois de febvrier mille sept cens huict, dans la ville de Beaulieu, Bas-Limozin, vicomté de Turenne, se sont assemblés MM. les consuls et dé-

(1) Document communiqué par M. J.-B. Champeval.

putés de toutes les villes et communautés qui composent les
Estats de ladite vicomté au pays de Limozin et de Quercy,
la présséance estant escheue cette fois par tour audit pays
de Quercy, comme le présant acte n'estant qu'une suitte
et exécution de celluy qui fut passé en la ville de Saint-
Céré le vingt-deux novembre dernier, suivant la permission
à eux donnée par Son Altesse Monseigneur le duc de
Bouilhon, vicomte de Turenne, dattée de Paris du quatorze
janvier dernier signée le duc de Bouilhon, qui a esté remise
devers le notaire royal soubsigné, contresignée d'un de
Messieurs de chaque ville et communauté desdits Estats,
lesquels informés que les scindiqes de quelques paroisses
particulières qui se sont soulevées audit pays de Limosin
contre l'authorité desdits Estats et les règlemants faits et
arrêtés dans les cahiers de mille sept cens trois et mille
sept cens sept continuent leur entreprise et qu'il se jactent
d'avoir surpris par deffaut ou sur requette quelque jugement devant Messieurs des requêtes du palais à Paris qui
sursoit l'exécution desdits Estats, lesdits sieurs Estats
exécutant les résolutions prises dans l'acte fait à Saint-Céré
ledit jour vingt-deuxième novembre dernier qui a esté veu
et leu en plaine assemblée, après avoir meurement délibéré
sur l'estat présant des affaires, ont d'un commun accord
résolu de se pourvoir partout où besoin sera pour soustenir
et faire exécuter les règlemens faits par les cahiers desdits
Estats et pour faire casser ledit jugement sur requête ou
par défaut surpris par lesdits sieurs scindiqes des parroisses
particulières et autres, et pour cest effet après que lesdits
sieurs des Estats ont très-humblement supplié Son Altesse
de trouver bon qu'ils fassent leur protestation contre la
restriction portée par l'acte de sa permission dudit jour
quatorze janvier dernier, laquelle restriction ils croient contraire à l'authorité et liberté desdits Estats, lesdits sieurs
ont délibéré d'une commune voix de nommer incessament
deux scindiqes, et d'effet il a esté fait choix pour la province
du Limosin de la personne de Jean-Baptiste Dubac, escuyer
seigneur du Coudere, scindicq général de la chastellenie de
Servières, pour soutenir leur intérest en la Cour des Aydes

de Clermont-Ferrant seule compétante pour la cognoissance de cette affaire et y demander la cassation dudit jugement des requêtes du palais, la confirmation des cahiers des
Estats de mille sept cens trois et mille sept cens sept et
en cas qu'il conviendroit poursuivre ceste affaire en autres
tribunaux, le s^r Procureur scindicq constitué par le présant
acte pourra faire et continuer toutes poursuittes et procédures nécessaires, mesme où le conflit seroit desja formé
au Conseil d'Estat privé du roy, ledit sieur scindicq pourra
y intervenir pour y demander la cassation desdits jugements et procédures des requêtes du palais et arrests du
parlement de Paris qui pourroient estre donnés pour l'exécution et le renvoi de la cause et parties en ladite Cour
des Aides, pourra aussi ledit sieur scindicq faire et affirmer
tous voiages qu'il conviendra faire et substituer tous procureurs judiciaires tout autant seulement que la présante
nomination et procuration ne sera point révoquée par
lesdits sieurs Estats auquel cas de révocation le pouvoir
dudit procureur scindicq cessera sans qu'il soit besoin
d'autre acte; à laquelle nomination ainsi faite les députés
du pays de Quercy ont volontiers adhéré comme aussi lesdits
députés du pays de Limosin ont pareillement adhéré à la
nomination qui a esté faite par lesdits députés du pays de
Quercy de la personne de Me Gabriel Baselé, advocat en la
cour premier consul de la ville de Martel si tant est qu'il se
trouve en charge, le cas arrivant qu'aucune des paroisses,
villes et communautés dudit pays de Quercy se portat à
refuser d'exécuter lesdits cahiers des Estats de mille sept
cens trois et mille sept cens sept, et s'il étoit hors de charge
le premier consul de ladite ville qui se trouvera en exercice
demurera comme demure par ces présentes nommé pour
audit cas se pourvoir en la Cour des Aides de Montauban et
ailleurs où besoin sera pour faire authoriser et exécuter
lesdits cahiers des Estats et faire débouter de leurs préten-
tions ceux qui pourroient les attaquer et se scindiquer, le
tout aux frais et dilligences, risques et fortunes d'une chacune des provinces en ce qui peut les concerner comme une
des provinces ne devant contribuer aux frais et charges de

l'autre ni s'obliger que chacune pour leur scindicq, le pouvoir duquel scindicq de la province de Quercy cessera aussi dès lors qu'il ne conviendra plus ausdits sieurs Estats et que de leur part il y aura un simple acte de révocation, soubs lesquelles supplications, réservations, conditions et prétantions lesdits Estats m'ont requis acte que leur ai concédé en présance d'Anthoine Lacoste, bourgeois et Anthoine Bertrand, procureur en l'ordinaire de la présant ville tesmoins requis qui ont signé à l'original avec lesdits Estats; ainsi signés : Baselé, premier consul de Martel, Darcambal, scindicq de la ville de Martel, Judicis, adjoint, Dalbugue, adjoint de Martel, Laseguerie, premier consul de Saint-Céré, Belhommé, député de Saint-Céré, Lacombe de Puymule, député de Saint-Céré, Verdier, premier consul de Gaignac, Lom, second consul de Gaignac, Chauzenejoux, scindicq général, Flouret, premier consul de Beaulieu, Porcher, premier consul de Beaulieu, Chazal, second consul de Beaulieu, adjoint de Beaulieu, de Mondet, second consul et adjoint de Beaulieu, de Turenne, scindicq de la ville de Beaulieu, du Couderc du Bacq, scindicq général de Servières, Coureze de la Colombière, premier consul de Turenne, Valan, second consul de Turenne, Demondes, premier consul d'Argentat, Vaurrette, député d'Argentat, Lacoste et Bertrand et moy.

Nous, souverain duc de Bouilhon, vicomte de Turenne, permettons à Messieurs les Estats de nostre vicomté de Turenne, de s'assembler toutes fois et quantes qu'ils le jugeront à propos soit pour nommer et députer un sindic pour agir en leur nom en conséquence et exécution de l'acte qu'ils ont passé dans la ville de Saint-Céré le vingt-deux de novembre dernier, soit pour prandre de nouvelles résolutions au subjet des oppositions formées par quelques particuliers et quelques parroisses dudit vicomté à l'exécution du cahier dèsdits Estats de l'année mil sept cens trois et du procès intanté pour raison de ce, sans que la presante permission puisse estre tirée à conséquence pour d'autres affaires. Fait à Paris, le quatorze janvier mille sept cens huit, signé : le duc de Bouilhon.

Extraict de leurs originaux. Signé : Solelhet, notaire royal héréditaire loco du greffier des Estats.

———

XXXIV

Etats tenus à Turenne, 14 juillet 1722 (1).
(Cahier du pays de Quercy).

Aujourdhuy quatorze juillet mil sept cent vingt-deux, dans le chasteau de Turenne et dans la salle des Estats, où se sont assemblés Messire Pierre de Pesteils, chevalier, seigneur de la Chapelle aux Plas, Bordes, Chadirac et autres places, sindiq général et député de la noblesse au païs de Limousin, noble Jean Daudubert, escuyer, seigneur de Puymartin, premier consul de la ville de Beaulieu, noble Raimond Jacques de la Serre, escuyer, seigneur de Conques et de la Lande, aussy premier consul de la ville de Beaulieu, Messire Raymond de Costa, sieur Duguet, advocat en parlement, Pierre Turenne, sieur de Falgeyroux, adjoints et députés de ladite ville de [Beaulieu], noble Jean-Baptiste Dubac, escuyer, sieur du [   ], sindic général de la chastelainie de Servières, assisté de noble Bordelle [   ] sieur de Sirieyx, adjoint et député de ladite chastelainie de Servières, sieur Jean Noiret, bourgeois et premier consul de la ville de Turenne assisté de Mᵉ Anthoine Valent, procureur au séneschal de cette ville, adjoint et député de la ville et communauté de Turenne, Messire Jean de Chantegris, seigneur de la Vigeyrie, premier consul de la ville d'Argentac, assisté de Mᵉ David Lachaud, bourgeois de ladite ville d'Argentac, et Messire Jean du Batut, seigneur de la Peyrouse, sindic général, député de la noblesse du viscomté de Turenne au païs de Quercy, MM. Anthoine de Leymarie, conseiller du Roy, lieutenant particulier, assesseur criminel au séneschal de Martel, premier et ancien consul de ladite ville, Guillaume

———

(1) Document communiqué par M. J.-B. Champeval.

Scudié, seigneur de Blussac, premier consul moderne de ladite ville, messire Raimond Roger, seigneur de Leyrac et de Teulières, sindic de laditte ville, Hélies Darcambal, conseiller du Roy et son advocat au séneschal de ladite ville de Martel, adjoint et député, noble Jacques de Puymule, sieur de Lacombe, premier consul de Saint-Céré, Jean Gaillard, bourgeois et marchand, second consul, noble Gui de Savary, et Pierre de la Garde, sieur de la Claverie, adjoins et députés de Saint-Céré, Jean Nuc, bourgeois et premier consul de Gaignac, Marc Daumarès, seigneur dudit lieu et du Bruguet, adjoint et député dudit Gagnac, tous députés et convoqués par et soubs l'authorité de Son Altesse Monseigneur Emanuel-Théodose de La Tour d'Auvergne, par la grâce de Dieu souverain duc de Bouillon, viscomte de Turenne, duc d'Albret et de Château-Thierry, comte d'Evreux et d'Auvergne, du Bas-Armagnac et de Beaumont, pair et grand chamb·l-lan de France, gouverneur et lieutenant général pour Sa Majesté en la province d'Auvergne; lesdits sieurs sindics et députés des provinces ayant pris séance en présence de sadicte Altesse, le Limousin à la droite et le Quercy à la gauche; Son Altesse Monseigneur le duc de Bouilhon ayant fait l'ouverture desdits Estats exhorte les uns et les autres de concourir par leur délibération au désir qu'elle a d'établir et conformer le bon ordre, la police et les règlemens qui sont convenables pour la justice, réformer les abus qui peuvent s'être glissés et perpétuer le repos et tranquilité du païs et des habitans du viscomté. Après que M. de la Serre, séneschal, a plus au long fait entendre les intentions de Son Altesse Monseigneur, le tout bien expliqué et entendu par lesdites provinces de Limosin et de Quercy et que tous lesdits sieurs sindics et députés ont tous unanimement remercié Son Altesse, les sieurs sindics et consuls députés, suivant le désir des gens desdits Estats de l'une et l'autre province et du consentement de sadite Altesse, se sont séparés pour délibérer par province et prendre les résolutions convenables pour le bien et advantage de leur païs et former leur cayer ainsy et comme de tout temps il avoit été acoutumé de faire avant le cayer desdits Estats de l'année 1703, voulant et désirant garder et suivre et se conformer aux anciens usages à l'advenir, ce qui a été ainsy fait et accepté réciproquement par lesdites provinces de Limosin et de Quercy.

Et ce fait, sadite Altesse s'étant retirée, les gens des Estats au païs de Quercy ayant pris leur séance séparément considérant et reconnoissant les puissans effects qu'ils ont receu et reçoivent journellement de la protection de Son Altesse, ayant en vue dans la présente assemblée de luy donner des preuves sincères et des témoignages de leurs parfaite soumission, en reconnoissance des bontés qu'elle a toujours eu pour le païs et espérant qu'elle voudra les luy continuer à l'advenir et les maintenir dans leurs droits, priviléges, franchises, libertés, exemptions et immunités, comme ses illustres prédécesseurs ont fait par le passé, la supplient très humblement de vouloir agréer le don qu'ils luy font par le présent cayer de la somme de trente mille livres, n'estant pas en état de faire de plus grands efforts dans la situation présente, ny d'exécuter ce que leur cœur leur inspire, comme un hommage de la juste reconnoissance et d'un profond respect dont le païs de Quercy est redevable à sadite Altesse pour la protection qu'il en reçoit.

Les gens des Estats du païs de Quercy désirant de témoigner à Son Altesse Madame la Duchesse de Bouillon le très profond respect dont ils sont pénétrés pour elle et mériter l'honneur de sa protection, la supplient très humblement d'accepter un présent de deux mille cinq cent livres, faschés quant à présent de ne pouvoir luy en faire un plus considérable.

Et parceque le présent païs se trouve privé du bonheur et du plaisir auquel il s'étoit attendu et après lequel il souspiroit depuis longtemps, d'être honoré de la présence de Monseigneur le prince de Turenne dans ce vicomté, comme il l'avoit fait espérer, les gens desdits Estats le supplient de vouloir agréer le don qu'ils luy font de la somme de deux mille livres comme un commencement d'hommage et de fidélité et de leur attachement et du profond respect dont ils sont pénétrés.

Monseigneur le comte d'Auvergne est supplié d'agréer le don que le païs luy fait de la somme de mille livres en reconnoissance des marques de l'honneur de sa bienveillance.

Toutes lesquelles sommes et dons que le païs fait cy-dessus, ainsy qu'il est expliqué, revenant à celle de trente cinq mille cinq cens livres, seront imposées, sous le bon plaisir de sadite Altesse et payées au bureau de sa recepte, en cinq années et dix pactes égaux dont le premier sera imposé avec le terme de l'imposition ordinaire eschette à la Saint Jean dernier et le second à la Noël prochain et ainsy consécutivement aux mesmes termes jusques à fin de payement, le dernier terme eschéant à la Noël de l'année mil sept cent vingt-six.

Sur la requête présentée par le sieur Certain, comme sindic des habitans du village de Laval, Nespoulet, Cosin, Casseilles, Longuoyrou et Laymont, par laquelle il a esté demandé que lesdits habitans fussent remis et réunis corps du présent viscomté au païs de Quercy, comme dépendans de la chastellenie de Gaignac, sous l'offre de payer la somme de trente livres dix sols, conformément aux anciennes mandes, a esté arresté de l'aprobation de Son Altesse Monseigneur par les gens tenans les Estats, que les habitans desdits villages demeureront comme ils avoient esté cy-devant réunis et incorporés au présent viscomté, comme faisant partie de la chastelenie de Gaignac, auquel effect ils seront cottisés pour la susdite somme de trente livres dix sols, suivant la mande qui leur sera envoyée par le greffier desdits Estats à la descharge de ladite chastelenie de Gaignac et ce par provision et jusques à ce qu'il y sera autrement pourveu.

Et sur autre réquisition et requeste présentée par les sieurs Toulzac et Valette comme scindics des habitans de la parroisse de Saint-Palavy, Cavaniac, Les Genestes, Beyssac et autres, tendans à ce qu'il soit pourveu aux réparations du ruisseau de Tournente dans toute l'étendue de son coulant, qui se trouve si fort retrécy qu'il ne peut contenir les eaux

qui s'y déchargent, ce qui cause un dommage notable dans
toute la prairye et des innondations fréquentes auxquelles
il est nécessaire de pourvoir en faisant élargir le canal
dudit ruisseau et construire des ponts aux endroits nécessaires, et sur plusieurs représentations faites par d'autres
particuliers tendans aux mesmes fins; Son Altessse, de l'avis
desdits Estats a ordonné qu'il sera incessamment pourveu
auxdites réparations aux frais et dépens des aboutissans au
susdit ruisseau et de tous autres intéressés, et à cet effect a
nommé pour commissaires pour lesdites réparations qu'il
convient faire audit ruisseau, depuis le village de la Sudric
jusques à celuy de Lastremoulasses, le sieur Toulzac, et
pour celles qu'il convient faire audit ruisseau, depuis le
pont neuf jusques à l'embouschure de Dourdogne, a nommé
le sieur de La Chièze, juge de Martel, ausquels on a donné
pouvoir d'imposer sur tous les aboutissans et autres intéressés telle somme qu'il conviendra pour lesdites réparations
et de cottiser, un chacun au prorata de sa contenance, donner les prix faits, prendre tels greffiers qu'il conviendra; et
pour faire l'examen de la contenance d'un chacun prendront
telles personnes qu'ils voudront, et pour les départemens
et cotisations d'un chacun, qui seront payées sur les sommes
qui se lèveront, donner telles ordonnances qu'ils aviseront
qui seront exécutoriables nonobstant opposition ou appel-
lations et sans préjudice d'icelles, et décerner toutes con-
contraintes contre les refusans et généralement faire tout ce
qu'ils trouveront à propos pour parvenir auxdites réparations;
et donné pouvoir ausdit sieur La Chièze de retirer les
sommes qui ont été imposées par le cayer des précédens
Estats, pour estre employées ausdites réparations, des
mains de ceux qui les ont; et pour la construction d'un pont
à l'endroit appelé la Croix-Marty, lesdits Estats ont accordé
la somme de quatre vingt livres qui sera incessamment
remise par le receveur entre les mains de Jean Valette pour
la construction dudit pont.

A esté aussy convenu de l'aprobation do sadite Altesse par
lesdits Estats qu'il sera imposé la somme de cent trente
livres qui sera remise par le receveur aux consuls modernes

de la ville de Saint-Céré, scavoir celle de quatre vingt livres qui sera employée à construire un pont sur le ruisseau qui coule de Saint-Vincent à la rivière de la Bave et sur le chemin de Saint-Céré à la ville de Figeac, et celle de cinquante livres pour la réparation du chemin de Saint-Céré à la Ronquières, et celle de cent livres qui sera employée à la réparation des côtes appellées de Besse, du Mathieu et du Pontront, qui sera remise entre les mains dudit sieur de La Chièze.

Et sur ce qu'il a esté raporté à l'assemblée desdits Estats que le grand chemin de la poste, qui conduit du lieu de Creissensac jusque à la Chapelle-Auzac, visconté de Turenne au païs de Quercy, n'a besoin que d'estre nettoyé ou épierré pour le rendre praticable, a été de mesme arresté de l'aprobation de sadite Altesse que les tenanciers aboutissans audit chemin seront chacun en droit faire les réparations convenables incessamment, à quoy celuy qui sera nommé pour la parroisse de Creyssensac tiendra la main.

Son Altesse est très humblement suppliée de pourvoir par ses ordres à ce que les ordonnances et réglemens soient observés à l'advenir pour ce qui concerne la police à la diligence des officiers à ce préposés dans l'étendue du visconté au païs de Quercy.

Et d'autant que plusieurs étrangers qui n'ont aucune profession ny bien viennent s'établir dans le visconté et y faire résidance, dont le païs souffre de grandes incommodités, ne pouvant y apporter aucun bien ny advantage, sadite Altesse est pareillement supliée d'interposer son autorité et d'y faire tel règlement qu'il luy plaira, comme aussy de réduire le nombre des notaires sur l'ancien pied, que les rolles des tailles des communautés du païs de Quercy seront vérifiés par le sénéchal de Turenne et qu'il en sera remis copie au greffe des Etats sans frais.

Les gens desdits Estats ont prié M. Regnaudin, conseiller secrétaire des commandemens de Son Altesse, de vouloir accepter la somme de deux cent quarante livres pour marque de leur estime et de leur reconnoissance, laquelle somme sera incessament payée par le receveur.

M. de Saint-Gervais, un des secrétaires de Son Altesse est aussi prié de vouloir accepter, pour marque de leur estime et considération, la somme de soixante livres qui sera de mesme payée par ledit receveur incessament, le priant d'être bien persuadé qu'ils sont faschés de ne pouvoir faire dadvantage.

Aux révérends pères Capucins, la somme de cinquante livres qui leur sera payée incessamment par le receveur.

Plus la somme de cent cinquante livres pour être distribuée aux autres officiers de sadite Altesse, estant très humblement supliée d'en vouloir faire la distribution.

Toutes lesquelles sommes montent à celle de cinq cent livres qui seront imposées conformément aux règlemens desdits Estats.

Les gens desdits Estats ayant vacqué sans interruption en plusieurs et diverses séances tenues journellement depuis le jour quatorze du courant ensemble au département qui sera cy après inséré jusques à cejourd'huy vingt trois juillet mil sept cent vint-deux, le présent cayer a esté clos et arresté, accepté et approuvé par Son Altesse dans la salle desdits Estats avant midy dudit jour vingt trois juillet mil sept cent vingt et deux.

Gages accordés par Messieurs des Estats du présent visconté au païs de Quercy.

A Monsieur le sindic général de la noblesse du Quercy, la somme de deux cents livres, cy . . . .   200 l .

A Messieurs les consuls de Martel, quarante livres, cy   40

A Messieurs les consuls de Saint-Céré, trente-six livres, cy   36

A Messieurs les consuls de Gagnac, trente livres, cy   30

A Monsieur le sénéchal, douze livres, cy . . .   12

A Monsieur de la Queyrillie procureur du domaine, douze livres, cy   12

Au receveur des Estats, cent livres, cy   100

Au greffier des Estats, y compris le papier des mandes, trente deux livres, cy   32

A Monsieur Crozat prévôt, soixante livres,
cy.. 60

Au sindiq de Martel, cinq livres, cy....... 5

Pour le régent des écoles de Martel, cent
cinquante livres, cy........................ 150

Pour le régent des écoles de Saint-Céré, cent
cinquante livres, cy........................ 150

Pour le régent des écoles de Gaignac, quarante livres, cy............................ 40

Montent les susdites sommes à celle de huit
cent soixante sept livres, cy................ 867

Estat de la dépense qui doit estre imposée sur le païs
de Quercy depuis 1707 jusques en 1722.

A Monsieur de la Peyrouze sindic général de la noblesse
pour sa dépense d'un voyage à Saint-Céré et de la présente
assemblée, cent quarante quatre livres, cy ... 144

A Messieurs les consuls et députés de Martel,
pour diverses assemblées de Saint-Céré, Beaulieu, Betaille, et à raison de la présente assemblée, cinq cent soixante sept livres, cy...... 567

A Messieurs les consuls et députés de Saint-
Céré pour l'assemblée de Saint-Céré, deux voyages à Betaille, et l'assemblée de Beaulieu, et
la présente assemblée, quatre cent trente deux
livres, cy.................................... 432

A Messieurs les consuls et députés de Gaignac,
trois cent vingt quatre livres, cy............ 324

A Monsieur le sénéchal pour voyages faits à
Saint-Céré, Beaulieu, et Betaille, cent livres,
cy.. 100

Au greffier des Estats, dix livres, cy....... 10

A un clerc pour copie, trois livres, cy..... 3

A celluy qui a dressé le cayer, six livres, cy. 6

A celluy qui a fait le département, dix livres,
cy.. 10

Aux sergens de Messieurs les consuls de
Martel, cinq livres, cy...................... 5

Au sergent de Messieurs les consuls de Saint-

Céré, cinq livres, cy...................... 5

Au receveur pour l'indemnité du retardement de la le-vée de 1709, remboursement des avances qu'il est obligé de faire à la présente tenue des Estats ou droit de levée de l'extraordinaire, quatre cent livres, cy...   400 ll.

Toutes lesquelles susdites sommes données à sadite Altesse, et autres imposées reviennent à la somme de trente huit mille trois cens seize livres, réglées par le présent cayer et seront payées au bureau de la recepte de sadite Altesse en cinq années, en dix pactes égaux dont le premier sera imposé avec le terme de l'imposition ordinaire eschue à la Saint-Jean dernier et le second à la Noël prochain, et ainsy consécutivement aux mesmes termes jusques à la fin de payement, le dernier terme eschu à Noël en l'année 1726.

Département de la somme de treize mille livres accordée en ordinaire annuellement à Son Altesse Monseigneur le Duc de Bouillon sur le païs de Quercy, et de huit cent soixante sept livres de gages accordée aussy en ordinaire par le même païs, et de la somme de trente huit mille trois cent seize livres en extraordinaire payable en cinq années en dix pactes égaux revenant par chacune desdites années à celle de sept mille six cent soixante trois livres quatre sols et payable en deux pactes chaque année.

Martel, ordinaire, cinq cent cinq livres huit sol·, y compris quatre livres onze sols pour l'article des héritiers de M. de Mirandol qui a esté remis dans le roolle de Martel, cy............................... 505 ll. 8 s. » d.

Extraordinaire..	280	1	6
Saint-Céré, ordinaire...........	1368	13	»
— extraordinaire........	758	9	2
Authoire, ordinaire.............	306	19	8
— extraordinaire	170	2	6
Saint-Médard, ordinaire.........	572	3	4
— extraordinaire......	317	1	»
Saint-Jean, ordinaire...........	403	12	6
— extraordinaire........	223	13	6
Belmon, ordinaire..............	153	6	2
— extraordinaire..........	80	10	1

Saint-Laurens, ordinaire........	273	»	»
— extraordinaire	151	5	9
Saint-Vincent, ordinaire.........	480	2	»
— extraordinaire.....	266	1	1
Freissinhes, ordinaire...........	220	13	2
— extraordinaire........	122	5	7
Lentilliac, ordinaire...........	327	4	8
— extraordinaire........	181	7	1
Gaignac, ordinaire, déduction faite sur la paroisse de Cahus de la somme de trente livres dix sols.	406	4	6
— extraordinaire........	225	2	4
Cahus, ordinaire, à la décharge de Gaignac....................	30	10	»
— extraordinaire..........	16	18	»
Saint-Félix, ordinaire...........	78	3	6
— extraordinaire........	43	6	7
Saint-Michel, ordinaire.........	281	8	3
— extraordinaire......	155	19	3
Creixe, ordinaire...............	457	19	»
— extraordinaire..........	253	15	»
Saint-Sozy, ordinaire...........	258 ll. 15 s.		2 d.
— extraordinaire	143	7	11
Blanzaguet, ordinaire...........	51	15	2
— extraordinaire.......	30	6	10
Saint-Palavy, ordinaire..........	204	10	»
— extraordinaire........	113	6	6
Beyssac, ordinaire......	200	»	6
— extraordinaire.......	110	16	8
Reyrevigne, ordinaire...........	126	7	8
— extraordinaire........	70	10	»
Bourzolles, ordinaire...........	65	7	6
— extraodinaire........	36	4	6
Floirac, ordinaire..............	238	16	10
— extraordinaire...........	132	7	1
Cavaniac, ordinaire.............	428	9	2
— extraordinaire.........	237	8	6
Gigniac, ordinaire.............	909	13	10

— extraordinaire..........	504	2	5
Rigniac, ordinaire...............	492	17	6
— extraordinaire........	273	3	3
Creyssensac, ordinaire...........	578	2	»
— extraordinaire........	320	8	»
Saint-Bonnet, ordinaire..........	525	»	6
— extraordinaire	290	19	»
Cuzance, ordinaire...............	655	5	»
— extraordinaire..........	363	2	4
Valeyrac, ordinaire	128	3	2
— extraordinaire	71	»	7
Sarazac, ordinaire...............	964	18	6
— extraordinaire	534	14	6
Murel, ordinaire	162	14	»
— extraordinaire............	90	3	2
Meyrac, ordinaire...............	206	2	6
— extraordinaire	114	4	6
Alvigniac, ordinaire	226	8	8
— extraordinaire	125	9	7
Saint-Dionis, ordinaire	259	3	2
— extraordinaire	143	12	4
Betaille, ordinaire	695	17	4
— extraordinaire..........	385	12	5
Meyraguet, ordinaire	52	11	8
— extraordinaire	29	2	10

Cleyjoux, Blangour, Bulissent et autres tenemens du viscomté de Turenne, en la paroisse de la Chapelle Auzac, et le
le tenement de Mallefage paroisse de Bourzolles compris

sous le nom de Cleyjoux, ordinaire....	52	9	8
— extraordinaire..	29	1	8
Saint-Hilaire du Bastit, ordinaire...	48	11	4
— extraordinaire....	26	19	11
Laval, ordinaire	60	9	8
— extraordinaire	33	10	4
Monvalens, ordinaire	305	15	6
— extraordinaire	169	19	11

Gluges. (déduit quatre livres onze sols pour l'article des
héritiers de Monsieur de Mirandol remis dans le roolle de

Martel), ordinaire   99   2   6

—   extraordinaire   51   17   11

Total de l'ordinaire treize mille huit cent soixante sept livres ;

Total de l'extraordinaire sept mille six cent quatre vint quatre livres neuf sols un denier.

Sur lequel extraodinaire il y a par an de surimposé vingt une livre cinq sols un denier revenant pour lesdites cinq années à cent six livres cinq sols cinq deniers ; sur laquelle somme le sieur receveur remestra a Monsieur de la Peyrouze la somme de douze livres, et six livres a chaque député des dites communautés, comme ayant un jour de séjour de plus qu'il n'a esté compté dans l'article de la dépense, et trois livres au clerc, et le surplus cedera au proffit dudit sieur receveur pour les dépenses et avances par luy faites en la présente assemblée.

Sur la réquisition faite par Symphorien Girbaud qu'il avoit pleu à feüe son Altesse Monseigneur le Duc de Bouillon d'illustre mémoire, selon la démission faite entre ses mains de la charge de greffier des Estats par Jean Girbaud son père en sa faveur, de luy conceder les provisions de ladite charge, lesquelles provisions son altesse aurait eu la bonté de les confirmer, les gens desdits Estats, après avoir reçu et fait faire lecture des dites provisions et fait l'enquête et prester le serment en tel cas requis audit Girbaud de servir fidellement et ne révéler les secrets, ont ordonné de l'approbation de sadite altesse que les lettres et provisions dudit Girbaud seront enregistrées et mises tout au long dans le présent cayer, et par conséquent a ésté mis en possession de la dite charge de greffier desdits Estats conformément à ses provisions, dont la teneur s'ensuit.

Gaudefroy Maurice de La Tour d'Auvergne.. etc. à tous ceux qui ces présentes lettres verront, salut ; scavoir faisons que sur le bon et louable rapport qui nous a esté fait de la personne de Mre Simphorien Girbaud et de ses soins, suffisance prudhommie, capacité et expérience d'icelluy, pour ces causes et autres à ce nous mouvantes, avons donné et octroyé par les présentes l'office de greffier des Estats et

notaire et gardenotte de nostre visconté de Turenne, va-
cant par la démission de feu Jean Girbaud son père
dernier possesseur, pour ledit office avoir, tenir et doréna-
vant exercer, et jouir par ledit Girbaud fils aux
honneurs, autorités, prérogatives, prééminences, pouvoirs,
fonctions, droits, fruits, proffits, revenus et émolumens
audit office appartenans, tels et semblables dont a bien et
dhuement jouy ou deut jouir ledit Girbaud père et autres
ses précédens possesseurs, et ce pour tant qu'il nous plaira
si ordonnons et commandons à notre séneschal de Turenne
et d'autres nos officiers qu'il appartiendra, qu'après qu'il
leur sera apparu de bonne vie, mœurs, conversation,
religion catholique apostolique et romaine, aage et capacité dudit symphorien Girbaud et de luy pris et receu le
serment en tel cas requis et accoustumé, ils le mettent et
instituent de par nous en possession et jouissance dudit
office, l'en faisant jouir pleinement et paisiblement comme
dessus, car telle est notre intention; en témoignage de quoy
nous avons signé ces présentes, icelles fait scéler du seing
et séel de nos armes, et contresigner par notre conseiller
et secrétaire ordinaire de nos commandements. Donné à
Versailles, le premier mars mil sept cent dix; signé
Godefroy-Maurice de La Tour d'Auvergne, et au-dessous,
de par Monseigneur, de Louveau.

Et plus bas, nous Emanuel Théodore de La Tour d'Auvergne ... soussigné, avons confirmé et confirmons ledit
Me Symphorien Girbaud dans l'office de greffier des Estats et
notaire et gardenotte de nostre visconté , en foy de quoy
nous avons signé ces présentes et icelles fait contresigner
par notre conseiller et secrétaire ordinaire de nos commandemens. Donné à Turenne, le quatorzième Juillet mil sept
cent vingt deux. Signé : le Duc de Bouillon, et sur le reply
par son Altesse, Regnaudin.

Et les consuls et députés de Martel suplient son Altesse de
vouloir faire décider les questions soumises au conseil des
advocats du parlement de Bordeaux par le cayer de l'année
1703, ce qui a esté accepté par sadite Altesse ; demeuré aus-
y convenu, sous le bon plaisir de son Altesse, que les pre-

miers Estats du Quercy se tiendront dans la ville de Saint-Céré, supposé néantmoins que sadite Altesse n'y assiste pas, et au cas où elle y assiste ils se tiendront où elle trouvera à propos .

Signé : Girbaud, greffier des Estats du visconté de Turenne.

XXXV

Mande aux consuls de Saint-Céré, du 30 mai 1734 (1).

De par Son Altesse Monseigneur le duc de Bouillon et Messieurs des Estats du viscomté de Turenne.

A vous, messieurs les consuls de la ville et parroisse de Saint-Céré, salut; comme en l'assemblée des Estats de la viscomté de Turenne pour le païs du Quercy tenus à Turenne le quatorzième de juillet 1732 il fust arresté de metre et imposer sur les habitans au présent viscomté et païs de Quercy la somme de treize mille huit cens soixante sept livres pour les deniers accordés par lesdits Estats payables lesdits deniers en la manière accoustumée de Saint-Jean et Noël de la présente année 1734, de laquelle dite somme et ordinaire vous est escheu pour vostre cotte la somme de mille trois cens soixante huit livres treize sols, laquelle dite somme et ordinaire sera par vous imposée et cotisée sur les habitans et contribuables au rolle de vostre dite parroisse par un seul et mesme rolle en Dieu et conscience, lequel rolle préalablement vérifié et rendu exécutoriable par M. le sénéchal du viscomté de Turenne, vous en remetrez un double au greffe des Estats, et sur lecture vous en fairez la levée des cottes et contribuables pour porter et payer par vous, messieurs les consuls, ladite somme entre les mains de M. le receveur de Sadite Altesse en son bureau

(1) Document communiqué par M. J.-B. Champeval.

de Turenne, au payement de laquelle somme sont cottisés et contribuables contrains par les voyes de justice à vos dilligences et vous MM. les consuls aussi contraints par les mesmes voyes en tel cas requises et accoustumées comme pour les propres deniers de Son Altesse. Fait à Turenne dans le greffe des Estats, le trentième de may 1734.

Par le commandement de Mondit Seigneur et gens des Estats, signé: Sclafer, greffier des Estats. Veu, de la Serre séneschal.

XXXVI

Lettres écrites de Beaulieu aux membres des États (1).

24 février 1738.

Messieurs,

Vous verrez par une lettre dattée de Beaulieu et signée par tous les députés qui s'étoient rendus à l'assemblée indiquée dans cette ville que le sentiment, que vous croirez unanime, a été de vous prier de presser Mgr le duc de Bouillon de s'expliquer sur les offres que ses affaires exigent du pais. Cette délibération n'a pas été passée sans quelques altércations dont nous voulons avoir l'honneur de vous faire part.

On avoit indiqué l'assemblée générale à Beaulieu pour hier 23, pour délibérer sur l'envoy d'un adjoint au député de la noblesse. Les lettres circulaires furent parties avant qu'on eut reçu celles que vous écrivites, Messieurs, le 8 du courant, dans les quelles vous rendiez compte aux communautés de la contenance que vous aviez eue avec son Altesse quelques jours auparavant. MM. de Beaulieu, qui avoient fait partir leurs lettres circulaires au sujet du

---

(1) Pièce communiquée par M. J.-B. Champeval.

choix du député de la noblesse, ne jugèrent pas à propos
d'en écrire de nouvelles touchant votre dernière, ce qui
a fait que la majeure partie des communautés particulières
ne s'est pas rendue à l'assemblée, croyant qu'il ne s'agis-
soit que de délibérer sur le choix du député.

A l'égard de ceux qui s'y étoient rendus, la majeure partie
a été, comme nous avons eu l'honneur de vous le marquer,
Messieurs, de l'avis de prier M. le duc de Bouillon de
s'expliquer sur les offres qu'il attend du païs. Mrs de
la noblesse qui y étoient ne se sont pas expliqués ouvertement. Mrs de Beaulieu n'avoient d'autre pouvoir que
de rapporter à leur assemblée particulière ce qui se seroit
passé à la générale. Mrs de Martel en avoient un d'égal.
Mrs d'Argentat, de Saint-Céré et de Gagnac en avoient
de plus amples; ils étoient chargés de vous envoyer le
plein pouvoir que vous avés marqué être seul en état de
détourner l'orage dont nous sommes menacés depuis si
longtemps et si vous croyez, Messieurs que notre procuration particulière puisse vous être de quelque secours
nous aurons l'honneur de vous l'envoyer incessament.
Notre unique attention est de pouvoir persuader M. le duc
de Bouillon que nous sommes disposés à faire tout au
monde pour recouvrer l'honneur de sa protection.

Vous serez sans doute surpris qu'étant munis de si
amples pouvoirs, nous nous soyons réduits à signer une
lettre dont nous n'avons jamais aprouvé le projet. L'unique
vue du bien public nous y a engagés. Nous avons cru porter plus de préjudice à nos affaires en nous séparant du
sentiment du reste de l'assemblée que de signer, d'autant
mieux que nous croyons y remédier du moins de notre côté
en vous priant d'agréer notre procuration si vous la jugez
nécesssaire. Nous avons l'honneur d'être etc.

Signé : Depras de Lavaur, député d'Argentat, Gaillard,
consul de St-Céré et député de sept parroisses de la Châtelenie de St-Céré, Labarrière député de St-Céré, Bouygues
député de St-Céré, Lavaur député de St-Médard, Laroque
député d'Autoyre, Lacaze consul de Gagnac, Laveginhie
député de Gagnac, Drulhe député de Gagnac.

XXXVII

Harangue d'un bon Vicomtin à toute la Vicomté de Turenne.

sans date ; vers 1730 (1)

Et divites dimisit inanes

Il serait temps que cette vicomté assortie d'un respectable clergé, de tant d'illustre noblesse, de grands magistrats, d'habiles advocats, de tant de têtes bien sensées et raisonnables, avec un peuple si nombreux, prit enfin unanimement les justes résolutions que son présent besoin demande ; que sensible aux traités qu'on lui a [préparés et qu'on] lui prépare encore, et jaloux de rape[ler et de] se maintenir dans les plus beaux pr[ivilèges du] royaume, on abandonna cette divers[ité de] sentimens qui sera toujours [la force] de nos ennemis ; que les laches et les timorés [prissent] courage contre les faux et impertinents [épouvan]tails qu'ils ont l'imprudence de répendre ; q[u'ils sachent que] notre faiblesse et mésintelligence ont [été jusqu'à] présent la cause de leurs victoires, et que ...... les avares, les contrarieurs, les présompteux, et que les parties opposées par des haines mortelles, aussi bien que ceux qui sont assez malheureux que par quelque douceur ou par quelque art qu'on leur fait du mollepole se perdent eux mesmes ou du moins leur postérité ; enfin que tous d'un commun accord se laissassent guider avec toutes les judicieuses précautions nécessaires dans les voyes qui seules nous peuvent remettre et deffendre

(1) Document communiqué par M. J.-B. Champeval.

Cette pièce, sans date ni signature, écrite sur papier au timbre de la vicomté de Turenne, est rongée par les rats. Il ne nous a pas été possible de reconstituer tous les passages enlevés. Le texte en est très défectueux ; quelques phrases sont incompréhensibles. Malgré ces défauts nous n'hésitons pas à l'insérer ici, les documents de cette nature étant peu communs.

contre tout ce qu'on a fait et qu'on est au point de faire à notre honneur et à notre intérêt.

L'usurpation ne demande que le désordre et le trouble et c'est par là qu'elle fait son établissement en profitant de tout pour supléer au déffaut du droit. On voit que nos ennemis n'ont point manqué de se prévaloir de ce qu'ils ont entendu dans quelque parroisse qu'on battoit un tambour ce que faisait sans doute pour quelque nopce ou pour quelque fête dont ils ont fait des verbeaux d'esmeute et de séditon, ils ont envoyé en cour pour la prévenir contre nous, nous en attirer autant qu'il leur sera possible une sévère punition et par là nous éloigner d'en pouvoir obtenir justice que nous avons tant lieu de demander contre eux.

[Il y] eut une si cruelle politique aprés les prétendus Estats de mille sept cens trois; quelques parroisses avec raison refusaient de payer les impositions ordonnées par le prétendu Estat, mais elles ne le firent que par un murmure désordonné qu'on [présenta] pour une étroite correspondance avec les ......, et par un exposé si fault elles furent si ouvertement dragonnées ; ainsi contre de si grands ennemis nous ne scaurions assez nous précautionner et nous unir pour qu'en suivant seulement les plus habiles et sages conseils, avoir lieu d'espérer de parvenir à notre conservation. Tant que les parroisses dragonnées ne prirent pas cette conduitte, elles donnèrent toujours prise contre elles, mais lorsqu'elles l'ont suivie, ces impositions des prétendus Estats ont été condamnées par des arrets solennels qui les leur ont surcises.

Il est à propos de parler un peu des illustres qualités de nos privilèges : par les lettres patentes du Roy Philippe le Hardy de mille deux cens huitante, du Roy Jean de mille trois cens cinquante, de Louis duc d'Anjou Lieutenant Général de Charles cinquièsme de mille trois cens huitante, du Roy Charles sept, toutes quatre conformes et ensemble enregistrées, expédiées et collationnées, on reconnait la vicompté et le vicompte en possession pour le temps passé et pour l'avenir dont voici les propres termes : *Vicecomitem Turennæ et loca et incolas Vicecomitatus sui liberos et immunes ab omni impositione, contributione et solutione, quorum cumque munerum et subsidiorum realium personalium sive mixtorum adquæ ipsis ducibus Aquitaniæ solvere non tenentur, étiamsi per ipsos in aliis membris Ducatus imponerentur et ab incolis levarentur, prœtextu guerræ, seu alia quavis de causa.* (1). [Ils furent] expressement et regulièrement confirmés par autres lettres patentes de Louis onze de mille quatre cens soixante un, de Charles duc de Guienne de mille quatre cens soixante neuf, de Charles huit de mille quatre cent huitante quatre, de Louis douze où il [est dit] que c'est en reconnaissance des services à lui randus et à ses prédécesseurs par la .... par les nobles et par les autres habitants du Vicomté, de François premier de 1522, de Henry second de 1547, de Henri second de 1556, de Charles neuf de 1564, de Henry trois de 1574, de Henry quatre de 1593, du même Henry quatre de 1601 qui porte par express que lesdits privilèges ont été accordés par les Roys ses prédécesseurs aux habitants de la vicomté, de Louis traize de 1633 qui énoncent un arrest du conseil d'Etat de 1630, et autres lettres patentés du mesme Roy du 15me X^{bre} 1635 qui maintient en conséquence de toutes les patentes précédentes les habitants du vicomté en l'exemption de toutes taille, subsides et charges réelles, personnelles ou mixtes, déclaration et arrest du conseil privé du Roy Louis quatorze du quinzième Juin 1657, confirmant tous les susd privilèges et en ordonnant l'éxécution ; il auroit esté question de ne pas négliger d'obtenir une pareille confirmation de sa Majesté où il n'y avoit aucune difficulté après de faire parcequ'elle statua dans un conseil tenu expres de confirmer tout ce que Louis quatorze avoit donné ou confirmé; tous les endroits privilegiés pour si justes qu'ayant été leurs privilèges, ont été d'abord après empressés avoir leur confirmation et l'ont obtenue; [ils n'ont] pas voulu obtenir la notre ni seulement [four]nir aucuns monuments; qu'un chascun en pense par ce qu'il en est naturellement.

L'abandon de cette confirmation est totalement inexcusa-

---

(1) Le texte, mal copié sur le document, a été rétabli ici d'après les *Franchises et libertés de Turenne.* p. 12.

ble et ne doit pas être pardonnée ; sans elle toutes nos pré-
tentions ne font que voliger et faire à tout hazard, au lieu
que munies de lettres patentes de confirmation de sa Majesté
il n'y aurait rien à craindre et on pourrait hardiment dans
toutes sortes de cas en soutenir l'effet au Conseil et devant
toutes les cours du royaume qui ne pourraient s'empêcher
de nous l'adjuger selon leurs propres expressions jusques à
ce qu'il y aurait une expresse révocation de sa Majesté.

Outre cette piquante raison il y a celle que les successeurs
du Roy qui verront qu'il a confirmé tous les autres privilèges du Royaume, en seront infaliblement prévenus qu'il aura méprisé et rejetté les notres, ce qui ne pourroit que nous
mener à notre entière perte ; ainsi nous devons mettre tout
en usage pour parvenir à pouvoir obtenir cette confirmation
qui nous est si essentielle et si nécessaire, singulièrement même pour nous mettre dans une espèce de certitude d'obtenir
la révocation des arrests dont on se sert pour nous tiranniser
depuis si long temps, ce qui ne fait qu'augmenter de mal en
pire ; ce n'est pas qu'en attendant de pouvoir obtenir ces
importantes lettres de confirmation qu'il ne puisse être à
propos de former opposition aux arrests qui nous [défen-
dent] la plantation du tabac en suivant régulièrement [l'avis]
des meilleurs conseils et en se mettant au dessus de la
[crainte] que plusieurs peuvent avoir des grandes facultés des
traictants [et de] ceux qui les protègent qui ont à cet egard
avec [eux un] commun intérest et attendent tout au contraire .... du conseil, d'autant que le succès de cette opposition est des plus immanquables, l'arrest du Conseil....
d'aoust dernier en faveur de M⸍ le...... décharger du
centiesme dernier que l'on aprend.......... pas compris dans les fermes du Roy ; voilla une [raison qui] est
donnée par le Conseil même qui ne peut être plus assurée
et qui nous devroit être suffisante ; néanmoins on adjoute
que le Roy fit la ferme du tabac en 1718 pour neuf années,
ils n'espiroient qu'à la fin de l'année 1727 et dans le cours de
cette ferme ces fermiers produisent des arrests de 1724 qui
sont hardiment exécutés qui nous deffendent en premier lieu
la plantation du tabac et en second lieu par un coup entière-

ment contraire à l'usage des esdits et déclaration du Roy et des arrests du conseil ils contraignent tout le vicomté à leur remettre tout le tabac qu'on avoit de plusieurs années précédentes, duquel tabac ils en firent une taxe à leur guise qu'ils payèrent diversement aux uns plus et autres moins, mais à tous à raison du bas prix, cette exécution retroactive sur le passé étoit si nouvelle qu'elle se trouvera unique ; elle nous est un grand subjet de nous mesfier de ces arrets.

Ils nous sont encore très suspects en ce qu'il ne parroit pas que ces arrests ayent été précédés d'aucun traité fait avec le Roy ; la ferme du tabac fut faitte en 1718 temps auquel le vicomté n'était point compris dans l'étendue de cette ferme qui devoit durer neuf ans ; après quoi peut on seulement écouter sans manquer au profond respect que nous devons à sa Majesté qu'elle leur ait accordé des arrests de son Conseil sans aucun produit pour elle pour enrichir uniquement ces fermiers et déroger sans autre raison à la possession légitime que nous avions en vertu des titres les plus autentiques et confirmés qui portent expressement que nous n'y serons pas troublés sous prétexte de guerre ni sous quel autre prétexte que ce puisse être, et encore que les édits et déclarations du Roy portent étant et non étant privilégié et notre privilège, ce qui ne sera jamais entendu du vicomté ; nous avons tout subjet d'attendre que si le Roy est clairement informé dans son conseil de la témérité qu'ils ont eu de se servir de son authorité pour nous baisser au point qu'ils ont fait et qu'ils continuent de le faire dans nos légitimes [droits] et libertés que sa Majeste tournera toute sa juste [indigna]tion contre ces malheureux.

Lorsque le Roy se soumet un païs il en fait une ferme particulière et ce païs nouveau n'est en rien compris dans les fermes précédentes tant généralles qu'elles puissent être ; de mesme s'il avoit voulu s'attribuer la pocession où nous étions qui lui était parfaitement cognuë, d'autant que l'arrest du huitième d'aoust dernier donné en faveur de monsieur le Comte n'a eu d'autres motifs que celluy que le vicomté n'estoit pas compris dans ces fermes, il auroit fait du vicomté une ferme particulière comme il fit l'année dernière

de la Lorraine; or sa Majesté n'ayant pas fait du vicomté une
ferme particulière il est évident qu'elle entend nous laisser
continuer de jouir de nos libertés et par conséquent nous ne
saurions asses nous animer à faire contre eux une vigoureuse
poursuitte, supposé même que notre intéret ne le demande
pas mais seulement la vive jalousie que notre honneur demande pour nous consever dans nos privilèges et pour nous
y remetre en entier ; et de plus, quand bien même contre
toute raison il pourroit arriver que les traitants auroient un
succès contre nous, il nous en resteroit toujours la glorieuse
sastifaction de n'avoir pas soufert en imbécilles et en laches
de si cruelles attaques sans avoir fait tout notre possible
pour les repousser.

L'attaque qu'on nous avoit fait pour nous assujectir au
controrolle a heureusement tourné contre leurs desseins
qu'on avoit fourny au conseil un grand mémoire rempli....
..... choquante à l'hautoritté royalle contre lesquels .....
grande considération particulière on auroit donné ....
prononciation mortifiante de sorte que pour y [mettre de
l'adoucissement on retira ce grand mémoire et on y [substi-
tua] une requette dans laquelle ayant recours dans lad ....
on la donne pour et au nom des habitants du vicomté de ...
on conclu seulement que les actes de notaire [seront] con-
trollés lorsqu'ils seront portés par appel [de Mg[r] le] vicomte
aux cours royalles et la prononciation [sera en] conformité
et conclusion de la requette ; [pour] suivre le sens naturel de
cet arrest, tous [les actes] portés directement aux senechaux
et au parlement [seroient] subjets, au contrerole, ce qui ne
seroit pas arrivé si dans la conclusion de la requette on
avoit mis « lorsqu'ils seroient portés par appel ou autrement directement », ce qui est une faute qui ne peut avoir
enfantée que par le venin et non pas par inadvertance ce
qui est pourtant de grande importance pour le clergé qui
a ses causes comises au sénechal pour les gentilshommes et
même pour tout le monde par ce que quoyque le procès soit
instruit devant le premier Juge on a des actes qu'on n'a pas
voulu produire au commencement ou demandés sans y être
attandu ou que souvent on n'a découverts qu'à la fin du pro-

cès; par toutes ces raisons et une infinité d'autres il est
très nécessaire de tenter de faire réparer cette grande faute.

Nos prétandus Estats l'ont bien remarqué et voudroient
même étendre nos privilèges sur le taliable sur quoy il faut
sans doute se borner, mais pour le faire réparer ils s'adressent bénignement à ceux qui l'ont fait comme s'ils pou-
vaient avoir fait une telle faute sans un dessein médité ; en
verité c'est s'amuser grossièrement que de s'adresser à ceux
qui nous ont donné des preuves si convainquantes, qui
n'ont but que de sacrifier tous nos privilèges à leurs propres
intérets, ce qui n'est que trop évident pour plus balancer de
prandre au plustôt les mesures les plus justes et les plus
vigoureuses pour nous conserver malgré ces adversaires de
qui nous n'éprouvons que trop dure pratique pour ne nous
mettre pas au plus vite dans le train le plus ardent pour
faire rougir leur pudeur, suposé qu'ils en aye, et pour faire
tout ce qui nous sera possible pour obtenir justice.

[On peut] icy rapeler ce qui fut fait lors du monopole de
[la capitation] ; tout le monde pour lors s'anima, les villes
ne [songèrent p]as à leur prétandue primatie, et tout étoit de
concert [communauté] et parroisse, et tous unanimement firent deux [gentilsh]ommes et deux advocats procureurs
sindics, lesquels sindics commencèrent leur maneuvre pour
faire arrester le paiement de la prétandue taille, cepandant
par le conseil de Bourdeaux qu'ils prirent lettres de la chan-
celerie du parlement par tant que de besoin contre le prétandu titre qui est le fondement de cette prétendue taille.
L'effet qu'eut cette bonne conduitte fut prompt; on s'em-
pressa d'en venir arrester le cours jusques à passer au dessus
de la honte de convenir d'une si grande turpitude et par des
corruptions et par des violences elle ne fut pas poussée au
point qu'elle devoit être.

Le monopole de la capitation, tout grand qu'il étoit, n'étoit
que peu de chose auprès de ceux qui doivent aprésent nous
exciter. Il s'agit *primo* de perdre tout par l'obstination
qu'on a eue de ne pas demander la confirmation de nos
[privilèges] qui nous met dans une espèce de certitude ou
du moins dans une juste allarme de leur entière perte;

secondo, de ne pas perdre, sans montrer que nous sommes sensibles, une liberté qu'on nous enlève avec la dernière cruauté ce qui fait gémir tout le vicomté ; *tertio*, de ne pas paroistre indifférens de ce que dans l'arrest qui vient d'être donné pour authoriser notre exemption du controlle on a donné occasion que cest arrest laisse une queue qui nous met en prise à la voracité des traitants. Il y a encore une infinité d'autres motifs piquants qu'il serait trop long [d'énumérer] comme celluy de l'enlèvement des cèdes des titres ...... du dépot public qui est si violamment contre le droit .... qui devroit avoir été plus que suffisant pour .... porter d'en avoir fait plus qu'on ne fit contre la .... et il y a encore les menées qu'on pratique pour de ...... qui commence a eclore.

Tout bien considéré qu'il pourra être .... raisonnable qui pourra n'être pas empressé............. l'union qui nous est si nécessaire attandu .... l'audace de nos ennemis n'est fondée que .... ce qui doit nous aigrir d'autant plus à leur .... qu'à la fin ils se mécomptent et qu'après avoir assez souffert nous avons assez d'honneur pour en venir à une légitime et vigoureuse résistance.

Les émissaires ne manqueront pas d'employer aux uns les foudres de l'abandon qui leur est nécessaire et aux autres les douces paroles et les airs insinuants pour descourager ceux qui seront assez faibles de s'amuser ni à leurs menaces ni à leur fausse espérance, les intéressés et les pentionnés gens cruels, ennemis d'eux mêmes, se porteront à toute sorte d'imposture selon le caractère des ames basses ; il y en a même qui se sont déja portés jusques à prophaner les prophètes et les exemples des livres sacrés pour authoriser les plus criantes turpitudes. Mais il faut se munir d'un vigoureux préservatif contre ces pestes de la société civile et les plaindre en bon chrétien de leur malheur qui les rend les anathèmes du ciel aussi bien que de tout le vicomté.

Pour faire l'union lors de la capitation, il se fit plusieurs assemblées ; mais soit que tout fut dans une disposition différente de celle qui pourroit être aprésent, il est à craindre que si nous voulons nous assembler, nos ennemis ne nous y traversent et nous y donnent des embaras ; pour l'éviter et faire l'union plus commodément, nous avons l'exemple des paroisses unies : se concilier les uns les autres de parroisse à parroisse et commencer par trouver ceux qui seront assez bons compatriotes pour vouloir quitter toutes leurs affaires particulières pour se livrer entièrement pour les affaires communes, qui en soyent capables par leur fermeté, par leurs connaissances et par leurs intrigues, qui ne craignent pas la critique publique ni de quitter chez eux pour donner leur peine en rien ni disposer leur santé dans les voyages qu'il faudra faire pour se rendre par [tout où pourr]ont les conduire ces affaires, qui seront de [longue] haleine et qui auront toutes les suites que [les ennemis] pourront faire multiplier, et qu'ils soient [au dessus] de tous les événements que leur rage et leur malice pourront pratiquer contre eux, enfin qu'ils veuillent risquer tout pour l'honneur et l'intérest communs, et lorsqu'on les aura trouvés, il n'y aura qu'à faire faire à chaque parroisse sa procuration, monsieur le Curé, messieurs les seigneurs et gentilshommes avec les consuls et autres parroissiens, parceque c'est ainsi qu'on veut au conseil les procurations par une formule qui servira de modelle à toutes les parroisses, assembler de l'argent pour donner à ses procureurs pour qu'ils commencent après s'être bien consultés à faire toutes les poursuites nécessaires jusques à ce qu'on pourra se servir du sursens appelé taille pour continuer de poursuivre toutes les diverses affaires qu'il y aura soit tant par placet que par procédure jusqu'à leurs [finale] décision.

Il seroit inutile de fonder icy qu'elle est l'espèce du titre de l'an mil six cens quarante deux qui authorise et donne lieu à la levée qu'on fait du sursens appelé taille qui mérite encore une qualification plus frappante, laquelle levée se fait d'une manière à devoir irriter infiniment plu l'authorité royalle que ne devoient faire les propositions du grand mémoire qui l'ont choquée.

Un chacun doit connoistre le vice de ce titre et de cette levée qui sera démonstré d'une clarté sensible par les consultes

que les procureurs en auront. Néanmoins, si contre toute
apparence ce prétendu titre venoit à être toléré, l'entière
chûte de la prétontendue ..... ne seroit pas moins inévita-
ble par ce que ce titre .... les prétendus Estats qui
n'ont aucune apparence [de droit] de disposer du bien de
tout le vicomté, que celluy [qu'ils] tirent de l'authorité des
celui auquel ils donnent le .... des autres, l'obligèrent
en luy établissant cette .... sur tout le vicomté par
un traité formel .... leur entier tous les privilèges
et .... ainsy selon ce traité la prétendue taille ...
...... depuis long temps d'autant qu'il ne peut ....
qu'en nous faisant voir qu'il nous fait .... a fait
confirmer nos privilèges et nos libertés ce qu'il ne peut pas
entreprendre pendant qu'il ne nous rapporte pas la confirs
mation, ni qu'il ait seulement rien fait pour l'obtenir. Il
n'a point formé aucune opposition aux arrests du tabac ni
fait contre leur exécution aucune poursuite, mais au contraire l'a favorisé de tout son pouvoir; il a, par ses entre-
prises, rendu nécessaire l'arrest donné à l'égard du controlle qui par sa faute nous rend subjets aux traitants pendant
que nous ne devrions pas l'être et que nous ne l'avons jamais
été, et qu'au lieu de nous protéger, il nous a fait enlever du
dépot public les cèdes des anciens titres où un chacun avait
l'assurance de son bien, ce qui crie au plus haut des cieux
en telle sorte que ce prétendu titre de 1642 se trouve sans
essence et se détruit par luy même.

On ne peut pas dire que c'est icy l'affaire du clergé seulement ou de la noblesse ou uniquement du tiers état; elle
est celle des puissances, du clergé tant séculier que régulier,
de la noblesse, des riches et des pauvres, c'est l'affaire de
tous ceux qui ont part aux privilèges qui leur porte en soy
une très forte recommandation pour nous exiter tous à recourir promptement à tout ce qui peut nous secourir et à
nous reprocher notre honteuse négligence d'avoir tant tardé
à nous voir trahis, vendus et abandonnés à tous risques
sans avoir pris jusques icy aucune précaution, pour prendre
au plus vite unanimement avec une inébranlable résolution
toutes celles qui pourront nous être les plus éfficaces et les

plus salutaires.

Nous devons prévoir à quelle extrémité nous réduiroit ce qu'on nous prépare et ce à quoy on nous expose, qui est de perdre tout par les maux que nous souffrons depuis long-temps. *Divites dimisit inanes.*

XXXVIII

Confirmation des privilèges de la vicomté de Turenne par Louis XIII (1633) (1).

Louis, par la grâce de Dieu roy de France et de Navarre, à tous présents et advenir, Salut. Nostre très cher et bien aismé cousin Frédéric-Maurice de La Tour, duc de Bouillon Vicomte de Turenne, nous a faict remontrer qu'il a plusieurs grands droictz et autres privilèges audict viscomté de Turenne dont ses prédécesseurs ont de toute anciennetté faict hommage aux Roys nos prédécesseurs lesquels les ont confirmés de règne en règne successivement despuis le roy Philippe le Hardi jusques à nous, ainsin qu'il appert par les lestres patentes contenant lesdicts privilèges dont les coppies collationnées aux originaux sont ci-attachées soubz le contre sel de nostre chancellerie, nous requerant luy vouloir sur ce octroier nos lestres de confirmation desdictz privilèges, et désirant traiter nostre dict cousin aussi favorablement que nos dicts prédécesseurs roys ont fait lesdicts viscontes de Turenne pour les grandz et signalés services qu'ilz ont rendus à la couronne de France et que nous espérons qu'a leur exemple il nous continuera ; à ces causes, nous avons par ces présentes signé de nostre main, de nostre grâce spécialle,

----

(1) Arch. Nat^{los} R ª 493, f 250.- A la page 35 du tome I, en note, nous avons signalé par erreur cette confirmation comme émanant de Louis XI et portant la date de 1467.

plaine puissance et authorité royalle, confirmé et confirmons à nostre cher cousin tous lesdictz droictz, privilèges, franchises, libertés, exemptions, immunités, tout ainsi et en la mesme sorte qu'ilz ont esté confirmés et authorisés par nos dictz prédécesseurs roys, mesme par le feu roy nostre très honnoré Seigneur père, pour en user et jouir dors en avant toujours tout ainsi qu'il ont cy devant bien et duement joui et usé et que nostre dict cousin en jouit encore à présent ; si donnons en mandemant par ces présentes à nos amés et féaulx conseillers les gens tenans nos cours de Parlement de Paris, Toulouze et Bourdeaux, grand Conseil, gens de nos comptes généraux, de nos cours des Aides à Monpelier, Monferan, et à gens trésorier de France à Limoges, Séneschaux de Limosin, Quercy et Périgord et leurs lieutenants, Esleus esdictes Seneschaussées, et à tous autres nos justiciers et officiers, à chacun dans ses appartenances, que nos presentes lestres de confirmation ensemble lesdicts privilèges ils fassent lire publier et enregistrer en leur cour de juridiction et du contenu en iceux faisant jouir et user nostre cousin et ses successeurs plainement et paisiblement sans leur faire ni donner aucun trouble ni empechement, au contraire, si ce faict mis et donné lui avoit esté le fassent remettre au premier estat seul, car tel est nostre, plaisir. Et pour ce qui desdits privilèges et de ces présentes l'on poura avoir affaire en plusieurs et divers lieux, nous voulons qu'au vidimus ou à la collation d'iceux faict soubz scel royal ou par l'un de nos amés et féaulx consseillers secrétaires foy soict adjoutée comme aux originaux, car tel est nostre plaisir, nonobstant quelconques ordonnances arrestés, restrictions, mandements, deffances, et lestres a ce contraires. Et afin que ce soict chose ferme et stable à tousjours, nous avons faict mettre nostre scel à cesdictes présentes. Donné à Monceaulx, au mois d'aoust, l'an de grâce mil six cens trente trois et de nostre règne le vingt quatriesme. Signé Louis et sur le reply, par le roy, Boutillier ; et a costé, visa et scelle du grand scel de cire verde sur le lacque de soye rouge et verde. Collationné à l'original par moy conseiller et secrétaire du roy de la maison et couronne de France et de finances, Justel, ainsin signé.

Extraict dudict extraict par moy Notaire gardenottes des Estats du viscomté de Turennè soubzigné.

(*Suit la publication de ces lettres en la cour des Aides d'Agen, le 31 aout* 1634).

XXXIX

Lettres du duc de Bouillon à un destinaire inconnu (1696) (1).

A Marly le 27 avril 1896.

J'ay receu vostre lettre du 19 Janvier que je ne m'attendois pas à une si grande obstination de la pluspart des sujets de la vicomté de Turenne. Assurément il faut faire un exemple dont ils pourront se souvenir éternellement, et pour cela je suis résolu de commancer par la ville de Saint-Céré, celle de Turenne n'en mériteroit guere moins ; mais comme vous pouvez bien croire, je ne conclurai rien sans que vous le sçachiez.

Voilà la route pour trente gentilhommes. J'ay cru qu'il ne la falloit demander que pour ce nombre, affin que vous en puissiez retrancher vingt des cinquante sauf à faire marcher le reste avec une autre route, si vous le jugez à propos. Vous n'aurez qu'à me le mander et j'auray une route. Mais faites partir incessamment les trente, et commancez par les plus haut hupés. Je vous prie que dans le nombre des trente que Couderc qui a esté mon page en soit un, et voyez si je ne peux pas le destituer de son syndicat de Servières. Si cela se peut (comme je n'en doute pas

---

(1) Arch. Nat les R ² 494. - La première partie de la lettre est de la main d'un secrétaire, et la fin de la main même du vicomte de Turenne.

veu tout ce qu'il a fait) otez-le dès aprésent et mettez à sa place qui vous jugerez a propos.

Je crois qu'il ne faut point donner l'ordre du Roy aux trente gentilhommes mais seulement la route au commandant ; par le passé on ne donnoit point l'ordre du Roy ; mais comme ce sont presque tous gens révoltés et qu'ils pourroient faire quelque difficulté mal fondée, en ce cas vous leur donnerez l'ordre pour les faire obéïr incessamment.

Voyez qui sont les parroisses ou villes qui ne se sont pas remises à leur devoir, parceque je crois qu'il faut les faire marcher à la milice ; ce sera une grande charge pour eux puisqu'il faut qu'ils entretiennent leurs soldats tout l'hyver. Je suis résolu que tous ceux qui continueront à nous vouloir plaider de les réduire a touttes les charges du reste du royaume.

Signé : le duc de Bouillon.

XL

Les dragons du roi dans la vicomté de Turenne.

(SANS DATE ; 1707) (1).

Troupes du Roy que Monsieur de Bouillon a fait envoyer dans la Vicomté de Turenne par surprise, pour se faire payer d'une imposition.

Monsieur le duc de Bouillon s'estant fait accorder ou à sa famille en 1703 par ses prétendus Estats du vicomté de Turenne une somme de 64,000 livres sous prétexte de la dé-

(1) Arch. Nat^{les} U. 978.

charge qu'il accordoit tant de la confection de son papier terrier que des arrérages de cens et rentes et autres droits seigneuriaux qui pouvoient luy-estre dûs, et ayant fait faire en 1707 l'imposition de cette somme, une bonne partie des parroisses qui ne sont ny de sa censive ni de sa justice, que la confection de son papier terrier ne regardoit point et qui ne pouvoit luy devoir ny arrérages de cens et rentes ny droits seigneuriaux, refusèrent de se soumettre à cette imposition extraordinaire. Mais sous prétexte que quelques haänts de ces parroisses s'estoient assemblés des jours de feste pour prendre ensemble des mesures sur ce qu'ils avoient à faire en cette occasion, Monsieur de Bouillon leur en a fait un crime d'Estat, et ayant fait entendre au ministre qu'il se formoit dans le vicomté une sédition contre le Roy, comme il y en avoit eu une l'année précédente dans le Quercy par les religionnaires, et sous ce prétexte y ayant fait envoyer quatre compagnies de dragons, mensieur le duc de Bouillon tira de ces troupes le fruit qu'il en attendoit ; les paroisses qui avoient fait signifier des oppositions à la levée des 64,000 livres s'en désistèrent à la veue des dragons, elles payèrent ce qui en estoit eschû, moyennant quoy qu'il ne fut plus question de la sédition qu'on avoit suposée. Mais dans la crainte qu'à eue monsieur le duc de Bouillon que des troupes logées dans le vicomté ne donassent atteinte à sa prétendue exemption du logement des troupes, et pour ne laisser à cet égard aucun vestige de l'autorité du roy dans sa vicomté, on a affecté dans tous les ordres qui ont été donnés par ses officiers, pour le logement, la subsistance, l'ustancille et les fourages de ces troupes, de dire expressement qu'elles estoient dans le vicomté par les ordres de son Altesse ; au moyen de quoy il ne s'est rien passé qui ne cadre avec ce qui a été ordonné en 1612. Le roy demeure toujours exclu du droit de faire loger ses troupes dans le vicomté, et on ne doit y recevoir que celles qui ont des ordres du vicomte.

XLI

Mandement pour la solde des dragons du roi (1707) (1).

De par son Altesse et Mᵣ le Sénechal du vicomté de Turenne.

Il est enjoint aux sindics de la paroisse de Serilhiac de cottizer et lever sur les contribuables à la taille la somme de 192 livres 6 sols pour la solde et fourage des dragons qui sont dans la vicomté de Turenne par les ordres de son Altesse jusques au dernier du courant, laquelle somme sera payée dans trois jours entre les mains du receveur de son Altesse à peine contre les contribuables d'estre contraints par emprisonnement de leurs personnes. Fait à Turenne le 18ᵉ aoust 1707. Signé : de la Serre sénechal.

Mᵣ Rejal advocat sera exempt de l'imposition et logement. Signé : Girbaud, greffier des Estats.

_____

XLII

Répertoire d'un registre de délibérations des États de Turenne (1)

Estatz de l'an 1633 .... folio 1.
Estatz de l'an 1634, retenu par Odard, notaire royal de Martel, greffier pris d'office à faute par Girbaud d'avoir voulu escrire, par lesquelz ap-

_____

(1) Arch. Natᵉˢ. U. 978. — On trouve dans la même liasse de pareils mandements destinés aux paroisses de Curemonte et de Marcillac.

(1) Ce registre, conservé aux Archives nationales sous la cote Rz 493, est intitulé «copie du registre des Estats de Querci commansant l'an 1633, reçu par Girbaud, avec les cahiers des Estats du Limosin depuis ladicte année 1633 jusques en l'année 1636. »

———

XLIII

Inventaire de la liasse R⁰ 494 des Archives nationales (1).

Lettre de M. du Couderc sur les droits du vicomté de Turenne et les dispositions prises aux différents Etats de 1694, 1696, etc (destinataire inconnu). —Turenne, 26 février 1734.

Quelques lettres autographes du duc de Bouillon, adressées au duc d'Albret à Turenne (1696).

Procuration donnée (par devant deux notaires de Paris) à Samuel-André Favre, seigneur de Villiers, avocat au Parlement, pour tenir de la part du duc de Bouillon les Estats de 1703.

Mémoire sur les mutineries qui ont eu lieu dans le vicomté de Turenne, les délibérations des Etats, et les moyens de remédier aux troubles (s. d.) fin de XVIIme siècle.

Note sur les mauvais résultats qu'ont produit les Etats de 1676 (s. d.).

Mémoire secret sur ce qui devra être fait dans le vicomté de Turenne pendant le voyage qu'y va entreprendre Monseigneur le duc de Bouillon. Fin du XVIIme siècle.

Lettres diverses des sieurs Favre, du Couderc et autres sur les Etats de 1703.

Propositions faites par les Etats le 17 Juillet 1703 et réponses de Mr Favre.

Propositions faites par Mr Favre le 18 Juillet et réponses des Etats (articles par articles).

_____

(1) Cet inventaire a été établi et nous a été obligeamment communiqué M^r. Henri Stein.

Copie d'un règlement concernant la tenue des Etats (20 Juillet 1703).

Copie des cahiers des Etats de 1703, tenus à Argentat.

Instructions (autographes) envoyées par le duc de Bouillon à Mr Favre relativement à la réunion des Etats du vicomté de Turenne (10 avril 1703).

Enregistrement et copie des lettres patentes de Louis XI (4 décembre 1467), de Henri II (29 octobre 1556), de Henri IV (15 octobre 1599), permettant d'adsembler les Etats du vicomté de Turenne.

Extrait des délibérations des Etats tenus à Saint-Céré le 28 août 1661 et des observations à faire sur chaque article.

Mémoire touchant la tenue des Etats de Turenne depuis leur origine (pour Mr Auzanet).

Modèles des lettres adressées par le duc de Bouillon à ses différents agents en Limousin et Quercy pour leur annoncer son intention de convoquer les Etats.

Extrait du cahier des Etats du vicomté de Turenne au pays de Quercy, à Martel (1638).

Mémoire historique des Etats du vicomté de Turenne fait en 1717 (85 feuillets).

Mémoire de ceux du conseil de Turenne au sujet des différends d'entre les consuls de Turenne et le sindic général (12 octobre 1661).

Requête des communautés du plat pays au sujet des impositions extraordinaires faites par les Etats tenus à Saint-Céré le 28 août 1661.

Raisons des communautés du plat pays contre les impositions extraordinaires (1661).

Lettre de Messieurs du conseil de Turenne au prince de Turenne à propos des Etats (1661).

Protestations respectueuses des consuls de Martel, Saint-Céré et Gaignac d'une part, et de ceux du conseil de Turenne d'autre part, à propos des gages du sieur de Terssac, sindic général (18 Juillet 1661).

Consentement de la noblesse du Quercy dans le vicomté de Turenne à ce que Mr de Tersac soit maintenu en la charge de sindic général (26 Jauvier 1657).

Mémoire adressé au conseil de la duchesse de Bouillon pour la même affaire.

Représentations au prince de Turenne que le vicomté de Turenne a toujours été un pays d'Etats convoqués et présidés par le vicomte ou en son nom (1656).

Lettres de Mgr de Turenne aux consuls de Martel, et réponses des consuls contre Mr. de Tersac (1656).

Désaveu des habitants de Martel de la prétendue députation de M. Rogier, consul, vers S. A. M. de Bouillon alors à Evreux (11 février 1653).

Protestations de nullité faites par Messieurs du conseil de Turenne de l'acte fait à Betaille par les consuls de Martel, Saint-Céré et Gaignac (29 avril 1652); cette réunion n'a pu prendre le nom d'Etats attendu que M. de Tersac sindic général, n'était pas présent.

Provisions de la charge de sindic général du vicomté de Turenne au pays de Quercy données à M. de Tersac par S. A. Mgr le duc de Bouillon (10 décembre 1640).

Nomination de M. de Vassinhac comme sindic général du vicomté de Turenne au pays de Quercy par Mme la duchesse de Bouillon, ratifiée par les Etats (21 avril 1599).

Nomination de M. de Carmang à la même fonction (3 mai 1589).

Extrait du cahier des Etats tenus en 1655 à Beaulieu en Limousin.

Cahier des Etats de 1657 (à Argentat),— de 1658 (à Turenne), — de 1661 (à Beaulieu), — de 1666 (à Turenne), — de 1682 (à Turenne), — de 1634 (à Martel).

Mémoire touchant l'affaire des Etats de Turenne et Mr. de Tersac.

Cahiers des Etats tenus à Martel le 18 Juillet 1663; lesquels font réparation de ce que ceux de 1661 ont ordonné contre l'autorité de son Altesse.

Cahier des Etats tenus à Saint-Céré le 28 août 1661; lesquels ont donné plusieurs choses qui n'étaient pas de leur compétence.

Cahier des Etats tenus à Gagnac le 30 Mars 1658 ; don

extraordinaire fait à Son Altesse de 12,000 livres outre le don ordinaire de 13,000 livres.

Cahier des Etats tenus à Saint-Céré le 7 mai 1655; don extraordinaire de la somme de 7,500 ll. outre le don ordinaire de 13,000 ll. à Son Altesse.

Lettre de respect à S. A. le duc de Bouillon par les consuls du vicomté de Turenne sur ce qu'ils s'étaient assemblés en Etats sans sa permission, ce qu'ils promettent de ne plus faire à l'avenir (2 décembre 1684).

Commission donnée par Elizabeth de Nassau, duchesse de Bouillon, à M. de Vassinhac au sujet de la convocation des Etats du Vicomté de Turenne (4 mai 1638).

Extrait de la délibération des habitants de Saint-Céré sur les Etats de 1642.

Extrait de cahier des Etats tenus à Martel le 26 mai 1611.

Requêtes adressées à Mgr le duc de Bouillon par les habitants de plusieurs villages (Saint-Ferréol, etc.) au sujet des charges et des tailles (18 mai 1650).

Diverses pièces relatives au même sujet depuis 1578.

Notes sur les Etats tenus à Meyssac (1576), à Turenne (1577), à Turenne (1578), à Beaulieu (1638), à Argentat (1618), à Martel (1614), à Martel (1617), à Martel (1579), à Argentat (1608), à Beaulieu (1579), et sur les sommes votées par eux.

Diverses pièces relatives à l'affaire de la juridiction de Betaille ; arrets de différentes cours (1633-1648).

Rôles des tailles de la châtellenie de Betaille pour 1643-1645. «Celui de 1643 n'est que pour faire voir qu'on n'a pas imposé ceux du vicomté ladite année ni auparavant, et qu'ils n'ont commencé à être imposés qu'en l'an 1644. »

XLIV

Etat sommaire du Fonds de Bouillon aux Archives nationales.

Château de Turenne. Inventaire des meubles (1644). Inventaire des titres, 18° siècle.	R² 513
Chatellenies de Turenne..............	R² 507
Terrier du prieuré (1566). Titres divers..	R² 507-508
Inventaire des titres du Trésor de Turenne en 1738...........................	R² 512
Comptes du prieuré de Turenne........	R² 463-465
Voyage de Mgr le duc de Bouillon à Turenne.............................	R² 451
Administration et correspondance de la Vicomté...........................	R² 448-450 bis.
Ban et arrière-ban de la Vicomté.......	R² 492
Capitations et dixième. Contrôle des notaires, (XVIIᵉ-XVIIIᵉ) siècles.............	R² 501
Censier de la Vicomté (1585-1587)......	R³ 455
Charges municipales (XIVᵉ XVIIIᵉ. s.)..	R² 504
Comptes de recette et de dépense de la Vicomté (1531-1535)...................	R² 47-48
Comptes et pièces justificatives de la Vicomté (1614-1617)...................	R² 459-462
Comptes généraux et divers (XVIIᵉ s.)..,	R² 463-465
Domaine engagé, aliéné, lods et ventes de la Vicomté........................	R² 452
Eaux et forêts de la Vicomté de Turenne.	R² 511
Etablissement et répartition des tailles (XVIᵉ XVIIIᵉ s.).....................	R³ 496-498
Hommages et aveux rendus au Vicomte.	R² 466
Inventaire des titres de la Vicomté (1163-1599).........................	R² 38

OBITUAIRE DE SAINT-MARTIAL

commencé vers 1300

Le manuscrit original de l'*Obituaire* de St-Martial, publié au tome I de nos *Documents historiques sur la Marche et le Limousin* (p. 23), présente par suite de la disparition d'un feuillet une lacune correspondante aux derniers jours du mois d'avril. Nous avons eu la chance de retrouver une copie de cet obituaire, faite au XVII siècle par le P. Seraphin Avril, à ce ce qu'il semble, sous ce titre : « *Copie d'un ancien obituaire de St-Martial de Limoges.* » A la vérité ce n'est pas une transcription intégrale du manuscrit original, mais un extrait des mentions les plus intéressantes. A l'aide de ces extraits nous pouvons donc combler d'une manière suffisante la lacune constatée.

A . L.

C. VII Kal. Marci evangeliste. Albe omnes.

P. Bouni dedit nobis 4 sol.

D. VI Kal.

G. *Jayo* dedit nobis XII sol.

E. V. Kal. Alpiniani confessoris. Cappe.

Obiit P. Mathaser (2). Dedit nobis XXX sol.

F. IIII. Kal. Vitalis martiris. III leciones.

G. II. Kal. Hugonis abbatis. Albe omnes.

Obiit G. de Malamort et dedit nobis XXIIII sol.

EXTRAITS

DE L'OBITUAIRE DES ALLOIX (1).

XIIIe-XVIIe S.

Ces extraits sont tirés d'un manuscrit de 28 feuillets récemment chiffrés, mesurant 0^m31^c sur 0^m23^c. Les deux premiers feuillets (correspondant à janvier) et un autre feuillet (correspondant à mai), compris entre le 6e et le 7e, font aujourd'hui défaut. L'obituaire s'arrête au f° 22 v°. Les feuillets suivants comprennent un relevé méthodique de certaines rentes dues à l'abbaye, ce qu'on appelle une lième. Les derniers contiennent au verso un catalogue des abbesses des Alloix dressé en février 1503 (n. stp. 1504) par Jean Lavaud, prêtre.

Ce manuscrit trahit au moins quatre écritures différentes : la plus ancienne paraît de la fin du XIIIe siècle ; la dernière du XVIIe.

Ce registre semble avoir été consulté, au XVIIe siècle, par Bonaventure de Saint-Amable qui cite (III, 499) le catalogue de Lavaud. Il l'a été surement par l'abbé Legros, dont une note manuscrite se retrouve au f° 10. M. Roy Pierrefitte a utilisé la copie de Legros, mais ne cite même pas l'original dans les *sources* de sa notice sur l'abbaye des Alloix (1859).

L'obituaire des Alloix est pourvu d'une ancienne reliure en bois recouvert de peau. Il appartient aux Archives départementales de la Haute-Vienne, où il est classé sous la cote provisoire H. 263.

A. L.

---

(1) A 15 kil. S. E. de Limoges. Au milieu du XVIIIe siècle, la communauté des Alloix fut transférée à Limoges.

FEBRUARIUS

G. II. — Anniversarium pro domino *d'Escars* qui dat centum et viginti solidos renduales....... (Ecriture du XVIIe s.)

D. VI. — Anniversarium dominæ Marguaritæ *d'Escars*, monialis de Alodiis et priorissæ *de la Ronce* (1). Dedit plurima ornamenta. (Ecriture du XVIIe s.)

E. V. — Et sequenti die fiunt preces in choro et in altari pro Helia *de la Rupe*, quæ dedit crucem argenteam, calicem et candelabra duo argentea. (Ecriture du XVIIe s.)

F. IIII. —Scolastice virginis. — Totum officium celebratur solemniter per dominam abbatissam et missa cantatur per monachum destinatum a visitatore Cluniacensi. Obligatur abatissa ad chorum. (Ecriture du XVIIe s.)

G. III. — Hodie datur prandium pauperibus, scilice. panis, potagium et legumina. (Ecriture du XVIIe s.)

B. idus. — Duæ missae pro familia *de Jougnat* propter datum pratum. (Ecriture du XVIIe s.)

E. XIIII. — Domina Agnes de Royera fecit vota sua seut professionem coram domino Danielle *Pindrot* (?) predicante et promisit obedientiam dominæ Serenæ (2) abbatissæ (Ecriture du XVIIe s.)

F. XIII. — Datur (*sic*) conventui carnes vel casei, panis, vinum pro Almodia *d'Ayssa*, soror[e] nostra layca. (Ecriture du XIII s.)

A. IIII. — Receptio visitatoris de Cluniaco per Ozannam (3) et religiosas, presente monacho de Aurilio (4), priore. (Ecriture de XVIIe s.

(1) Un des cinq prieurés primitifs qui dépendaient des Alloix, en la parroisse d'Aresues, canton de Bénévent, Creuse.

(2) S'agirait-il de Sérène d'Arbolieras qui fut abbesse jusqu'en 1461?

(3) On connait une abbesse de ce nom en 1285.

(4) Le prieuré d'Aureil, plusieurs fois nommé dans cet obituaire, était tout voisin des Alloix.

MARCIUS

C. V. — Domina Falgua de Sto Joanne suscepit habitum religionis de manibus dominae Joannae abbati-sae post exhortationem factam a domno Remundo *Granier*, monacho sancti Benedicti, appellato ad hoc per parentes illius domicellae Falguae et de consensu dominae abbatissae et superioris ordinis. (Ecriture du XVII° s.)

F. IIII. — Dicitur missa confraternitatis plagarum Christi et sunt preces pro omnibus benefactoribus hujus abbatiæ. (Ecriture du XVII° s.).

D. XVI. — Obiit *Aymes de Chizador*, miles. (Ecriture du XIII° s.).

VI. C. — Datur panis decem pauperculis filiabus hujus loci et parochiae. (Ecriture du XV° s.).

APRILIS

C. II. — Mors et sepultura Margaretae de Conbereto, assistente et officiante Paulo Fontano, monacho Cluniacensi. (Ecriture du XV° s.).

A. V. Sancti Gaucherii. — Fit processio usque ad Orelium. (Ecriture du XVII° s.).

Datur conventui pro Ausana abatissa panis, vinum et carnes. (Ecriture du XIII° s.).

G. X. — Domina *de la Bulierie* abbatissa habuit pro correctore et visitatore dominum Petrum *Gebar*, monachum de Cluniaco, in anno M CCCCC VI.

MAIUS

A. XII. — Pierre Gebar, moine de Branthosme, visiteur l'an mile sing cens six. Martial Laval, assistant. Pierre Ranfort et Pierre Valete, prestres, tesmoings. Dame Marguerite de la Boulieyras, abbesse. (Ecriture du XVI° s.).

JUNIUS

G. III. — Die martis ante festum Pentecostes est anni-

15

versarium domine Galiane *de Petrabuferie*, que reliquit
XXX solidos conventui de Alodiis, scilicet *a la Chaussada*
et *Bosco*. (Ecriture du XIVᵉ s.).

F. V. — Datur (*sic*) conventui panis, vinum, carnes pro
domina Alayda (1) abbatissa. (Ecriture du XIVᵉ s.).

D. XVIII. — Datur prandium pauperibus sex hujus pagi,
ut supra, bis in mense per totum annum. (Ecriture du
XVI s.).

A. XIIII. — Datur (*sic*) conventui panis, vinum, carnes
vel casei pro omnibus benefactoribus abbacie. (Ecriture du
XIIIᵉ s.).

G. VIII. — Nativitas sancti Johannis Baptistæ. — Oficiatur
per monacum sancti Benedicti secundum ordinem abatis
aut visitatoris Cluniacensis. Et si non adsit monacus, missa
dicitur per vicarium seu capellarium (*sic*) et non per extra-
neum simplicem sacerdotem. (Ecriture du XVIᵉ s.).

JULIUS

Octabas sancti Johannis Eparchi confessoris. — Finivit
visitatio domini Andreæ Piloti, monachi Cluniacensis, anno
M CC XCI. (Ecriture du XVᵉ s.).

A. VI. — Datur conventui panis, vinum, carnes vel case
pro Aymerico episcopo Lemovicensi (2). (Ecriture du XIIIᵉ s.).

(1) On connaît une abbesse du nom d'Alayde de Boysse qui gouvernait
encore en 1271.

(2) A la suite de cet article on lit, de la main de l'abbé Legros, la remar-
que suivante : « Nota. Cet article et le précédent peuvent servir à faire connaître le tems où ce nécrologe a été commencé. Car : 1° l'addition faite à l'article du 1ᵉʳ juillet et qui porte la date de 1291, prouve que l'ouvrage étoit
déjà commencé ; 2° l'article du 2 juillet, qui marque ici le jour de la mort
d'Aimeric, évêque de Limoges, prouve qu'il n'a été entrepris qu'après 1272,
parce qu'Aimeric de Serre de Malemort, évêque de Limoges, le premier de
nos prélats qui ait porté ce nom, mourut le 2 juillet 1272. On peut donc
avancer sans rien risquer que ce nécrologe a été commencé entre ces deux
époques, 1272 et 1291. Par conséquent il est de la fin du XIIIᵉ siècle et l'écriture de cet article est assez conforme à celle de ce tems là. » — Par malheur, la mention de la visite de 1291 est d'une écriture très-différente de celle
des autres mentions attribuables au XIIIᵉ siècle. C'est une véritable inter-
polation faite peut-être au XVᵉ siècle. Le raisonnement de Legros p che
donc sur un point. Il n'en subsiste pas moins, à en juger par l'écriture, que
ce nécrologe a dû être commencé en effet au XIIIᵉ siècle.

E. II. — Datur conventui pro Ayzalina *de Sarran*, abbatissa (1), panis, vinum, carnes vel casei et pro Raymundo de Sancto Paulo milite. (Ecriture du XIII⁰ s.).

C. V. — Translatio sancti Benedicti. — Rogatur prior aut alius religiosus presbiter Aurelii pro officio si non adsit monacus sancti Benedicti. (Ecriture du XVII⁰ s.).

E. XIII. — Margarite virginis et martiris. — Nota quod hac die fit secundum anniversarium pro religiosa domina Margarita *de Montenac* alias *d'Arfolieyro* Debet quinque solidos rei duales Helias *Barbot*. Anno Domini M⁰ quingentesimo XVII⁰, XX julii.

F. XII. — Ex ordine domini *Fargeau*, monachi de Solemniaco, commissarii, visitatoris hujus abbatiae, facta fuit informacio contra Leonardum *Brousse* (?), 1562.

AUGUSTUS

C. VI. — Obiit Raymundus miles de Sancto Paulo. Nota quod venerabilis religiosa domina Ludovica *d'Aubusson*, priorissa prioratus *de Noÿc* (2), dedit huic ecclesie unum *cortibaud de damas roye a la couronne* et duo paria *de corporaulx*..... (3) anno Domini M⁰ V^{mo} XVII⁰.

Item, ad ejus promocionem venerabilis domina Johanna *d'Aubusson* ejus soror, domina de Petrabufferia et *de Pontha-rion*, dedit huic monasterio de Allotiis unam chezublam *de velors rougge*. (Ecriture du XVI⁰ s.).

G. XIIII. — Obiit domina Margarita *de Lebouleriis*, abbatissa Et fit anniversarium. Que migravit ad Dominum in sua bona memoria. Post plurimas reparaciones et hedificia et bonas operaciones, laudabilem vitam, viam universe carnis est ingressa. Ejus corpus quiescit ante altare beati Laurencii martiris. et fit anniversarium ista d e XIX mensis augusti anno Domini M⁰. CCCCC⁰ XII⁰.

C. IIII. — Datur potagium et panis pauperibus perigrinis et palee aut fenum pro cubandis infirmis. Et debent mo-

(1) Vers 1198.
(2) Nouic, arr. de Bellac, Haute-Vienne.
(3) Deux mots illisibles, à cet endroit.

niales, quae habent curam illorum, are Deum orcoram eis.
(Ecriture du XVIIe s.).

SEPTEMBER

G. IIII. — Datur conventui panis, vinum, carnes pro Ayzalina [*de Sarran*], prima abbatissa (1). (Ecriture du XIIIe s.).

D. V. — Cosme et Damiani, martyrum. — Invitantur
medicus, apoticarius et chirugus (*sic*) et illorum uxores.
(Ecriture du XVIIe s:).

OCTOBER

D. IIII. — Francisci confessoris. — Datur elemosyna generalis omnibus petentibus eam. (Ecriture du XVIIe s.).

C. II. — Vigilia omnium sanctorum. — Obiit Volguda (2),
abbatissa de Alodiis. (Ecriture du XIVe s.).

Obiit dominus Michael Lavaudi, capellanus, qui fecit here-
dem abbaciam de libris suis ; qui requiescit in medio istius
ecclesie. Oriundus de ducatu Marchie migravit ad Dominum
anno Domini M CCCC° LXIX°.

NOVEMBER

D. XVII. — Le jeudy sezeiesme jour du moys de novembre l'an mil cinq centz quatre vingtz et quinze, noble dame
Marguerite de Jounhac, abbesse de la dicte abbeye, deceda
envyron deux heures après mynuiet, laquelle fonda ung
messe haulte a dire toutes les semaines le jeudy en la dicte
esglise des Alloix. Laquelle fondation Leonard Bardinaud,
du bourgt des Alloix, doibt bailher ung chacun an neufz
sestiers segle, mesure de Sainct-Léonard, pour la somme de
centz escuz que le dict Meraud a recue de la dicte dame,
comme est contenu par le contract receu par Me Francoys
Chenaud, notere royal du bourgt des Alloix.....

F. VIII. — In vigilia beate Catherine virginis et martiris fit anniversarium sorori religiose Marguerite *d'Arfo-*

(1) Vers 1198, comme il est dit plus haut.
(2) Vers 1300.

lieyro, moniali hujusmodi monasterii, que dedit quinque
solidos renduales abba ie, quos debet Marcialis *Barbot* et
Johannes ejus frater supra *lous Chazaulx*, die XXVᵃ mensis marcii, anno Domini Mᵒ quingentesimo decimo septimo.

B. VI. — Obiit domina Maria Oudoyna abbatissa (1), que
reliquit medietatem decime loci seu tenamenti de Thomas
Jaloux prope Lemovicas. Datur (*sic*) conventui unum panem
et pintam vini et carnes vel caseum cuilibet religiose. (Ecriture du XVᵉ s.).

DECEMBER

A. IIII. — Valerie virginis. — Religiosae hujus monasterii orabunt pro filiabus orphalinis. (Ecriture du XVIIᵉ s.).

F. IIII. — Obiit maxime devotus et pius Daniel Pin-
drus (2), religiosus de Cluniaco, post decem fere annos in
officio correctoris et modeste converssationis in habatia
ista ; et sepultus propre Blancham (3). (Ecriture du XVIIᵉ s.).

Nota quod die hodierna die sabbati in transfiguracione
Domini nostri Jhesu Cristi, die sexta mensis augusti, in
monasterio abbatie de Allodiis, ordinis sancti Benedicti, et
beate virginis Marie et beati Laurencii levithe et martiris,
in presencia religiosarum dicti conventus et vicariorum
dicte ecclesie et aliorum parrochianorum dicte ecclesie et
monasterii, fuit benedicta et consecrata quedam campana
sive eychilla ad usum chori in honore beati Johannis Babtiste. Quam eychillam sive campanam dominus Johannes
Lavaudi, presbiter, benedicit et consecravit secundum
ritum et morem ecclesie beati Stephani prothomartiris.
Quam eychillam benedictam levaverunt et tenuerunt prudens
vir Marcialis *Romanet*, burgensis et mercator castri Lemovicensis diocesis et dominus *deou Surzou*, patrinus, et
venerabilis domina, domina Francisca *de Jaunhac*, abbatissa abbacie venerabilis conventus de Allodiis, matrina predicte campane. In qua quidem campana est scriptum nomen

(1) De 1362 à 1426, à ce que l'on croit.
(2) Cf. plus haut, en février.
(3) Prieure des Allois, que l'on croit même avoir porté le titre d'abbesse en
1180, c.-a.-d. antérieurement à Ayceline Sarran.

domini Johannis Lavaudi, presbiteri parrochie Sti Aredii *les boys* (1). Que quidem campana fuit fusa sive *foundudo* in loco de Aurelio, in vigilia beate Marie Magdalene, decima nona mensis julii, anno Domini millesimo quingentesimo decimo nono.

Ego Johannes Lavaudi, presbiter, solvi VI libras monete regis pro emendo metallum predicte campane sive *eychillo*, beati Johannis Babtiste vocate.

Fᵒ 28 rᵒ. (Ecriture du XVIᵉ s.) :

L'an mil troys cens douze, je dessus (*sic*) signé ay levé les cens [et] rentes dhues à madame l'abesse des Alloix sans perdition. Ainssin signé J. DESCONZE, *pbr*.

Fᵒ 28 vᵒ.) :

Secuntur nomina abbatissarum (2) hujusmodi abbacie de Allodiis, extracta a thesauro ecclesie per me Johannem Lavaudi presbiterum, anno D mini Mᵒ CCCCCᵒ tercio (3), die tercia mensis februarii.

. . . .
. . . .

(1) St-Yrieiz-les-Boix, arr. de Guéret, Creuse.
(2) Ac etiam cappellanorum, vicariorum et monialium.
(3) Nouv. st. 1504.

RECUEIL DE PLUSIEURS ACTES

POUR

SERVIR A L'HISTOIRE ECCLÉSIASTIQUE

DU LIMOUSIN

Par Pierre de St-Brunon, feuillant.

———

Le cahier d'où nous avons tiré les pièces qui suivent, nous a
été communiqué par M. J. B. Champeval, sans indication de
provenance. Il mérite d'être décrit en son entier, car il révèle
un laborieux chercheur, simple ouvrier dans quelque œuvre
collective, dont le nom était oublié depuis lors en Limousin.

Ce cahier compte 30 feuillets chiffrés, in 4°, plus deux feuillets
liminaires, l'un en tête, l'autre en queue. Il porte divers titres
un peu différents et quelques indications supplémentaires que
voici :

RECUEIL DE PLUSIEURS COPIES D'ACTES ECCLÉSIASTIQUES.

RECUEIL DE PLUSIEURS ACTES

ORIGINAUX ECCLÉSIASTIQUES

COMME BULLES, FOYS ET HOMMAGES, ETC.

BULLÆ CONCESSÆ ORDINI CISTERCIENSI.

AD MAJOREM DEI GLORIAM VIRGINISQUE MARIÆ

SANCTORUMQUE SUORUM

EGO FRATER PETRUS A SANCTO BRUNONE

SCRIPSI ANNO DOMINI 1687.

SIT NOMEN DOMINI BENEDICTUM.

REVERENDUS ADMODUM PATER DOMINUS

JOANNES A SANCTA ANNA (1)

GENERALIS ET ABBAS DIGNISSIMUS

1) Il s'agit sans doute de Jean Pradilhon de Ste-Anne, natif d'Eymoutiers et connu d'autre part.

FULIENSIUM
ANNO DOMINI 1681 (sic)
MERITO QUIDEM.

Les feuillets 1 à 10 r° contiennent divers actes de 1123 à 1606 relatifs à l'abbaye de Pignerol, diocèse de Turin.

Les feuillets 10 r° à 12 v° contiennent divers actes relatifs à l'abbaye (sic) d'Eymoutiers. diocèse de Limoges : 1° « Abrégé historique » de cette abbaye ; 2° Bulle d'Adrien IV, 1154, confirmative des biens de cette abbaye ; 3° Suite de l'abrégé historique ; 4° Suite des prévôts de cette abbaye ; 5° Notice des reliques de cette abbaye. — Toute cette partie du cahier est publiée ci-après.

Les feuillets 12 v° à 14 v° contiennent divers actes relatifs à l'abbaye de la Règle, diocèse de Limoges : 1° Diplôme de Pépin, roi de France, pour rétablir et doter cette abbaye, 837 ; 2° deux privilèges royaux de 1175 (Nevers) et 1187 (Bourges), en faveur de la dite abbaye.

Les feuillets 14 v° à 30 v° contiennent divers actes relatifs aux églises de Bonnefont, St-Emilion, Conserans et autres des diocèses de Bordeaux et Toulouse. Pèle mêle avec ces actes s'en trouvent quelques autres (f°s 25 à 30) qui intéressent le Limousin : 1° Un acte d'hommage de R., vicomte de Turenne, Simon de Montfort, 1214 ; — 2° Un serment de fidélité de l'abbé de St-Martial au roi de France, 1229 (n. st. 1230) ; — 3° Un serment de fidélité de G. de Malemort au roi de France 1220 (n. st. 1230) ; — 4° Un autre hommage du vicomte de Turenne au comte de Montfort, 1214 ; — 5° Un serment de fidélité du vicomte de Comborn au roi de France, 1229 (n. st. 1230) ; — — 6° Un serment de fidélité de l'abbé d'Uzerche au roi de France, 1228 (n. st. 1229). Nous les publions ici même dans leur ordre chronologique.

A partir du feuillet 15, il semble que l'écriture de *Recueil* soit d'une autre main. Il est bien possible cependant que ce soit la même, à quelques années d'intervalle. Ainsi s'expliquerait la double date, 1681, 1687, que nous avons relevée.

A. LEROUX.

Homagiun R. vicecomitis Turennæ factum domino Simoni comiti Montisfortis — 1214. Copie du XVIIᵉ siècle.

Universis has litteras inspecturis R[aimundus] (1), vice-comes Turenensis, salutem. Universitati vestræ notum facimus quod nos tenemur in fidelitate et homagio legitimo nobili viro domino S[imoni], comiti Leyc, domino Montisfortis, Dei providentia Bitterrensis et Carcassonæ vicecomiti, per homagium quod ei fecimus ; et tenemur deservire sibi et hœrebibus suis personaliter quandiu vixerimus nos cum decem militibus armatis et cum decem servientibus armatis, annuatim per unum mensem, quoties ab ipso citati fuerimus ad sua vel suorum negotia facienda, infra dioceses Caturcensem, Rutenensem, Agennensem (2), salvo jure in omnibus domini regis Franciæ. Si vero infirmari nos contingeret vel essemus negotiis domini regis Franciæ occupati, aliquem nobilem cum militibus et servientibus dictis possemus mittere loco nostri. Dictus vero dominus comes tenetur custodire, manutenere et defendere ab omnibus inimicis fidei et suis atque nostris et nos et totam terram nostram cum hominibus et rebus eorumdem, salvo tamen negotio fidei Jesu Christi, et fide qua tenetur domino regi Franciæ et aliis dominis suis in omnibus conservata. Quod ut ratum sit, præsentes litteras sigilli nostri munimine duximus confirmandas. Datum in obsidione Cassinolii (3), anno Domini Mᵒ CCᵒ XIIIIᵒ mense junio.

Homagium comitis Turennæ factum comiti Montisfortis. — 1214. Copie du XVIIᵉ siècle.

Vicecomes Turenensis has litteras inspecturis salutem in

---

(1) Probablement Raymond IV.

(2) Cahors, Rodez et Agen.

(3) Il y a trois localités importantes du nom de Chasseneuil dans la Charente la Vienne et l'Indre. Mais il semble plutôt s'agir de Casseneuil, arr. de Villeneuve-sur-Lot (Lot-et-Garonne) qui soutint un siége de l'armée de Simon de Montfort en 1214 (*Voy. les Chroniques de Saint-Martial*, édit Duplès-Agier, p. 91 et 369.

Domino. Noverit universitas vestra quod cum B. *de Cosnac*
et Helis uxor ejus, propter gravia et enormia delicta quæ
adversus Deum et sanctam matrem Ecclesiam et dominun
nostrum S[imonem], comitem de Monteforti, in pluribus
commiserant, omnia bona tam mobilia quam immobilia de
jure amisissent et ad ipsum dominun comitem de mandato
sedis apostolicæ devenissent (1), tandem ad instantiam sup-
plicationis nostræ idem comes omnia bona prœdictorum B.
et H. nobis donavit liberaliter et concessit. Propter hoc
sœpedicto comiti homagium et fidelitatem fecimus manua-
lem ; servitium propter hoc....... (2) secundum quod inter-
nos et ipsum convenerit, fideliter inpessuri (?), promittentes
quod ad cogitationem et arbitrium venerabilis patris R.
domini, Petragoricensis episcopi et C. abbatis Cadami (3
omnibus de sœpedictis B. et H. conquerentibus singulis an-
nis pro ratione reddituum (4) curabimus satisfacere compe-
tenter. Promisimus etiam quod sepedictum B. *de Cosnac*
reddemus domino comiti de cetero fidelem (5) et per omnia
periturum. Quod si idem B. facere recusaverit et in consueta
voluerit contumacia permanere, nos eum quasi inimicum
nostrum de omni potestate nostram ejiciemus et cum bona
fide expugnabimus et castrum *d'Allac* (6) et omnia alia, quœ
quondam fuere prœdictorum B. et H., pro voluntate domini comitis modis omnibus destruemus. Pro his autem fideliter firmiterque observandis nos et omnia nostra supradicto
comiti obligavimus. Datum apud Domam (7) anno incarnati
Verbi millesimo ducentesimo decimo quarto mense sep-
tembris.

---

(1) La copie porte *devenisse*. Le sujet est évidemment B. et H de Cosnac.

(2) Il y a évidemment un mot d'oublié : *reddere tenemur* ou quelqu'autre expression analogue.

(3) Sans doute l'abbaye de Cadouin, entre Périgueux et Bergerac.

(4) La copie porte *redditurum*.

(5) La copie porte *fideli*. Le mot *periturum*, qui suit offre un sens bien obs-cur. Il faudrait peut-être corriger *paratum*.

(6) Nous ne connaissons aucune localité de ce nom. Ne serait-ce point une faute de lecture pour Allassac, arr. de Brive, Corrèze ?

(7) Domme, arr. de Sarlat, Dordogne.

Fidelitas abbatis de Uzerchia facta regi (1). — **1228** (*n. st.* 1229). *Copie du XVIIᵉ siècle.*

Universis tam prœsentibus quam futuris prœsentes litteras inspecturis, Guido divina miseratione humilis abbas Beati Petri de Huserchia (2), salutem in Domino. Noverit universitas vestra quod nos fecimus fidelitatem Ludovico Dei gratia regi Francorum illustri et matri suœ et suis fratribus et ipsorum heredibus in manu nobilis viri T. de Blanzon-[is], tunc temporis senescalli Pictavensis, eidem domino regi, matri suœ et fratribus suis necnon eorum hœredibus in perpetuum et inviolabiliter observaturum; et per juramentum nostrum tenemur astricte quod nos villam nostram *de Huserche* seu irati seu peccati non possumus domino regi seu suis gentibus prohibere quotiescumque ab ipso domino rege vel mandato suo fuerimus super hoc requisiti; et etiam ipsum dominum regem Franciœ et suos tenemur contra omnes homines qui possunt vivere vel mori pro posse nostro et nostris gentibus adjuvare et jura sua et suorum tanquam nostra propria fideliter observare. In cujus rei testimonium prœsentes litteras sigillo nostro fecimus roborari. Actum apud Brivam (3), anno Domini millesimo ducentesimo vicesimo octavo, die mercurii proximo ante *Lœtare Jerusalem*, mense martii.

Juramentum fidelitatis abbatis Sti-Marcialis Lemovicensis factum domino regi. — 1229 (*n. st.* 1230). *Copie du XVIIᵉ siècle.*

Excellentissimo domino suo Ludovico, Dei gracia illustrissimo regi Francorum, et universis prœsentes litteras

(1) Le tome LXV des armoiries de Baluze énumère, p. 350, plusieurs lettres des seigneurs du Limousin promettant fidélité au roi, 1229. Nous n'avons pu vérifier si celle que nous publions y est comprise.

(2) Uzerche, arr. de Tulle, Corrèze.

(3) La copie que nous reproduisons porte *apud Brivac*. Y aurait-il, comme plus haut à propos d'Allassac, une erreur de lecture et faut-il admettre qu'il s'agit non de Brive mais de Brivezac, Corrèze ?

inspecturis Raymundus, divina miseratione sancti Martialis Lemovicensis minister, salutem [et] debitum famulatum. Noverint universi quod nos fecimus et juravimus fidelitatem Ludovico regi Franciœ, matris suœ et suis heredibus ratione ducatus Aquitensis (sic), eisdem in perpetuum contra omnes homines et inviolabiliter observandam. Et nos tenemur in virtute prœstiti juramenti ipsum dominum regem Franciœ, matrem suam et hœredes suos pro posse nostro adjuvare et jura ipsorum tanquam nostra propria conservare. In cujus rei testimonium prœsenti paginœ nostrum fecimus apponi sigillum. Datum in crastino annunciationis dominicœ millesimo ducentesimo vicesimo nono, mense martio (sic).

Juramentum fidelitatis domini G. de Malamorte, factum domino regi. — 1229 (n. st. 1230). Copie du XVIIe siècle.

Excellentissimo domino suo Ludovico regi Francorum illustrissimo et universis prœsentes litteras inspecturis G. de Malamorte salutem et debitum famulatum. Noverit universitas vestra quod nos fecimus et juravimus fidelitatem Ludovico, Dei gracia regi Francorum illustri, matri suœ et fratribus suis et eorum hœredibus. salvo jure domini episcopi Lemovicensis et aliorum dominorum et nostro, eisdem contra omnes homines in perpetuum et inviolabiliter observandam. Et nos tenemur in virtute prœstiti juramenti ipsum dominum regem, matrem suam et fratres suos et ipsorum hœredes et suos de castris, villis et forteritiis (sic) nostris pro posse nostro contra omnes homines qui possint vivere seu mori, fideliter adjuvare. In cujus rei testimonium prœsenti paginœ nostrum apponi fecimus sigillum. Datum in crastino annuntiationis dominicœ anno Domini millesimo ducentesimo vicesimo nono, mense martio (sic).

Fidelitas Archambaldi, virecomitis de Comborn, facta regi. — 1229 (n. st. 1230). Copie du XVIIe siècle.

Excellentissimo domino suo Ludovico, Dei gratia illustrissimo regi Franciœ, et universis prœsentes litteras inspecturis Archambaldus, vicecomes *de Comborn* (1), salutem et debitum famulatum. Noverint universi quod nos fecimus et juravimus fidelitatem Ludovico regi Franciœ tanquam duci Aquitaniæ illustri et matri sua et eorum heredibus, eisdem contra omnes homines in perpetuum et inviolabiliter observandam; et nos tenemur in virtute prœstiti juramenti ipsum dominum regem, matrem suam et hœredes eorum et suorum de castris, villis et fortericiïs nostris pro posse nostro contra omnes homines qui possunt vivere seu mori, fideliter adjuvare ; salvo tamen in omnibus jure domini Lemovicensis episcopi, cui hominium et litgautiam debemus. In horum autem testimonium prœsenti paginœ nostrum apponi fecimus sigillum. Datum die martis (*sic*) post annuntiationem dominicam, anno millesimo ducentesimo vicesimo nono Domini.

(1) Auj. Combort, commune d'Orgnac, arr. de Brive, Corrèze.

ÉTAT PAR PAROISSES

DE LA VICOMTÉ DE ROCHECHOUART

EN 1785.

Nous donnons ici la seconde partie de la statistique que nous avons commencé de reproduire au tome IV, (p. 138-165) des *Archives historiques du Limousin.*

P. GRANET

2. — SUBDÉLÉGATION DE ROCHECHOUART

Paroisse de Saint-Auvent

1. — Il y a 350 feux.

2. — 1,200 communiants, 600 enfants de puis la naissance jusqu'à l'âge de puberté.

3. — Toutes les exploitations se font avec des bœufs et des vaches.

4. — Les bras seraient à peu près suffisants à la culture des terres et à tous les travaux de la campagne, si la nécessité n'obligeait un grand nombre à sortir pour aller faire la récolte du foin et du blé dans la province du Berry et la récolte de la vendange du côté de La Rochelle.

5. — Le pays est fort montueux et pierreux, aride dans la plus grande partie; il est traversé par la rivière de Gorre et le ruisseau du Goret, qui ne forment presque point de prairie à cause des coteaux qui sont des deux côtés.

6. — La nature du pays est généralement sablonneuse. Il y a plusieurs prairies d'assez mauvaise qualité ; dans la plus grande partie fort peu de bonnes. Il n'y a point de vignes. Le quart du terrain environ produit du seigle et du bled noir ; le reste est en bois châténiers et landes ou terrain qui se repose après avoir produit deux ou trois fois.

7. — Rien.

8. — Seigle et bled noir.

9. — Le seigle et le peu de froment qui se récoltent dans la paroisse, ne seraient pas suffisants pour la consommation du peisan, journalier et artisan, sans le blé noir et les châteignes. La paroisse ne fournit point aux contrées voisines. Les communications sont difficiles à cause des mauvais chemins ; le seul débouché que nous ayons est une petite ville à trois lieux de distance, nommée Aixe en Limousin, à laquelle les voituriers des environs conduisent du blé, seigle et froment qu'ils achètent dans notre paroisse et paroisses voisines.

10. — Fort peu de lin, un peu plus de chanvre, le tout de mauvaise qualité ; pas de moutons, quelques mauvaises brebis dont il meurt une moitié, chaque année, faute de pature. Il n'y a aucune fabrique ny commerce ny industrie, excepté quelques tisserands et sergetiers qui fabriquent des toiles et etoffes pour le peisan. Il y a aussi quelques commerçants de cochons qui suivent les foires pour acheter et revendre. Il y a aussi dans le bourg deux petits marchands qui ne vendent que des choses nécessaires au peisan.

11. — *Sans réponse.*

12. — Une papeterie, cinq moulins à bled, un moulin à foulon.

13. — Dix ou douze charpentiers, dont trois seulement sont employés aux ouvrages de conséquence ; quatre ou cinq menuisiers médiocres ; deux ouvriers qui travaillent sur le fer, trois bons maréchaux.

14. — Rien.

15. — Point de ménage ; le froment pèse le boisseau 30

livres, le seigle vingt-cinq; l'avoine : on n'en sème que pour les rentes.

16. — Rien.

17. — Deux lieues de St-Junien, deux lieues de Rochechouard.

18. — Rien.

19. — Le seigneur de la paroisse porte le nom de seigneur de St-Auvent, ayant la haute justice.

20. — Il y a haute justice seigneurialle relevant du siège royal et cour consulaire de Montmorillon, dont la paroisse est distante de 14 lieues, de l'élection de Confolent de six, de la subdélégation de Rochechouard de deux lieues.

21. — La plus prochaine grand route est celle de Limoges à Angoulême, dont nous sommes éloignés de deux lieues. Les chemins de bourg à bourg, de village à village sont tous mauvais et en mauvais état. La seule ressource que nous ayons, ainsi que les villes de Rochechouart et St-Junien et les personnes du voisinage, est un pont de pierre à trois arches situé sur la rivière de la Gorre. Ce pont est en fort mauvais état et menace d'une ruine prochaine. S'il vient à tomber, toute communication sera fermée à la ville de Rochechouard et aux paroisses voisines, pour la ville de Limoges, et de même toute communication pour les deux villes de St-Junien et Chalus entre lesquelles il y a un fréquent commerce. Ce pont est le seul et unique passage pour ces endroits lorsque les eaux sont fortes; et de plus, le service de la paroisse serait suspendu, dans l'impossibilité d'administrer les malades. Il y a quelques années qu'on sollicita plusieurs fois pour cette réparation. Il vint, il y a deux ans, un sous-ingénieur en faire la visite et le devis, mais cela n'a eu aucune suite. Nous sommes imposés dans notre paroisse pour des chemins fort éloignés qui ne peuvent jamais être d'aucun usage pour le moindre de nos habitants, tandis que nous avons sur les lieux des ouvrages de la dernière conséquence.

Voicy, selon ma connaissance, le plus fidèle exposé, que j'ay signé a St-Auvent, le six juin mil sept cent quatre-vingt-cinq.

CHEZE-MARTIN, *curé de Saint-Auvent,*

Reçu la lettre de Monseigneur l'intendant le cinq mai 1785.

Paroisse de Saint-Bazile.

1. — Le nombre des feux de la paroisse 76.

2. — Le nombre des habitants 437, dont 260 communiants et 177 enfants ou non communiants.

3. — Les exploitations se font avec des vaches et quelques petits ânes.

4. — Les bras nécessaires à la culture des terres paraissent suffisants.

5. — C'est un pays partie plaine, partie pente ou descente, et est cotoyé le long de toute la paroisse par une petite rivière nommée la Tardoire qui endommage grandement par les froids qu'elle occasionne et qui néanmoins ne fait aucune prairie; et aussi est traversé par quelques petits ruisseaux qui sont également nuisibles par leur froidure.

6. — Ce sont des terres bâtardes et ingrates et toutes sujettes à la rigueur du froid. Il y a quelques rivières; une partie de ces terres sont à bled. Il y a quelques prairies, quelques petits paturages, point du tout de vignes. Il y a assez de bois chategniers et quelques landes.

7. — L'on ne connait point la methode des prairies artificielles.

8. — On y cultive le plus communément du seigle, du bled noir et bien peu de froment.

9. — Le produit des récoltes peut le consommer dans la paroisse et quelques fois on est obligé d'avoir recours ailleurs lorsque le froid endommage les récoltes, ce qui arrive souvent.

10. — On y cultive peu de chanvre, point de lin. Il y a quelques troupeaux de brebis et de petits moutons; on n'y recueille point de cire; on y fabrique quelques étoffes de village, également quelques toiles pour leur usage. Je n'y vois point de commerce ny industrie.

11. — Je ne vois point qu'il y ait d'établissements à former ny à favoriser, comme c'est une petite paroisse pauvre située dans chéti et vilain païs.

12. — Il y a une tuillerie et deux petits moulins à grain.

13. — Il y a deux petits faures utiles aux laboureurs.

14. — Il n'y a ni foires ni marché.

15. — Il n'y a point de minage. Le poids du boisseau est la même mesure de Rochechouart, dont le boisseau de froment pèse 33 livres environ, de seigle 30 livres, d'avoine 25.

16. — Il n'y a point de maisons religieuses ny d'hopitaux ni d'école de charité.

17. — On est à deux lieues de Rochechouart, qui est le bureau de la poste le plus prochain.

18. — Il n'y a point de messagers ni voituriers habituels pour les villes voisines.

19. — Le seigneur est M. le compte (*sic*) d'Oradour-sur-Vayres, du Boucheron et de St-Bazille.

20. — La juridiction est la même que celle d'Oradour-sur-Vayres qui relève du siège royal de Montmorillon, élection de Confolens, cour consulaire de Poitiers. De Montmorillon il y a 18 lieues, de Confolens 7 lieues, de Poitiers environ 22.

21. — Elle est d'environ trois carts de lieues du grand chemin qu'on suit et qu'on dit être grand route pour Limoges et Angoulême passant par St-Mathieu, et elle est de demi lieue du grand chemin de Limoges à Angoulême passant par St-Laurent-sur-Gorre, Vayres, Chéronnac, lequel chemin est très pratiqué. Les chemins de bourg à bourg, de village à village sont en très mauvais état, surtout le chemin où toute la paroisse passe pour se rendre à l'église, dont une partie en hiver est impraticable. Les pières ne sont pas bien communes. Il y aurait deux ponts à construire sur la petite rivière de Tardoire, un pour aller dans la paroisse de Cussac et de là dans le Perigord, un autre pour aller dans la paroisse de St-Mathieu.

Sans observations ni signature).

Paroisse de Biennat et Rochechouart.

1. — Dans la paroisse de Biennat il y a environ 294 feux et dans celle de Rochechouart son annexe 330 : total 624.

2. — Environ 3.000 habitants.

3. — Les exploitations ou voiturages se font avec des bœufs ou vaches seulement.

4. — Les bras y sont communs et suffisants.

5. — C'est un païs très inégal, en monticules et valons ; très peu de bois et dont la culture et la plantation sont fort négligés chès la plupart, et chès les autres elle (*sic*) est dévastée par les chèvres, ânes et malfaiteurs au point que le propriétaire est découragé à chaque instant en voyant ses plantations coupées, rompues ou dégradées. Les deux paroisses sont traversées par environ trois ou quatre petits ruisseaux ; la moitié du païs est arride.

6. — La nature des terres est très ingrate dans la moitié des deux paroisses. On y sème en bled à peu près les deux tiers du païs ; un sixième du pays forme les prairies et paturages très médiocres, à la réserve des environs de la ville de Rochechouart, très peu de vignes et de mauvaise calité, le climat ny le terrain ne leur étant favorables ; ce que je regarde comme faisant un 20ᵉ du païs. Le reste en friche ou en bois. Point de forêts que celle de Rochechouart qui fait toute la ressource des habitans ; encore elle sera bientôt épuisée ; elle appartient au seigneur.

7. — L'on connaît la méthode des prairies artificielles, mais elle n'est presque pas praticable à cause de la mauvaise qualité du terrain et de la rareté de l'engrais.

8. — Seigle, bled noir, un peu de froment, un peu de bled d'Espagne.

9. — Il se consomme à peu près dans la paroisse, excepté les années de grande abondance où le gros propriétaire peut en faire passer une portion au voisin. Les débouchés et les communications en sont très difficiles.

10. — On y cultive du lin, du chanvre, mais en si petite quantité que les propriétaires ont besoin de recourir ailleurs pour leurs propres nécessités. Presque pas de cire : il n'y a peut-être pas dans les deux paroisses trente ruches à miel. Point d'autre toile ni étoffes que quelque grosse toile et étoffe pour le gros peuple et qui ne peut sufire ; point de troupeaux de moutons, mais quelques brebis de nature extrêmement petite et de peu de produit. On n'y connaît ny industrie ny commerce que quelques veaux, cochons et peu de bœufs.

11. — Je n'en sache point ; le moyen y nécessaire manque absolument.

12. — Point d'usines et d'autres manufactures que trois tuilleries, six moulins à grains, un à foulon, une tannerie, une teinturerie, le tout sur deux petites rivières qui limittent mes paroisses, scavoir : la Gorre du côté du levant, et la Graine du côté du couchant. Celle-ci manque d'eau plus de six mois de l'année, ce qui oblige les meuniers à recourir aux moulins qui sont sur la Vienne, distante de nous de deux lieues du côté du levant.

13. — Le commun du peuple est simple laboureur et parmi eux on peut compter quatre charpentiers passables, six menuisiers, trois serruriers et trois maréchaux-ferrants, assez bien mais peu instruits des maladies des chevaux, bestiaux et autres.

14. — Il y a dans l'année dix-huit foires où l'on conduit veaux, vaches, bœufs, chevaux, anes, blé de toute espèce. Il y a marché tous les jeudis de chaque semaine et l'on y amène des cochons de toutes les tailles, blé de toute espèce, et ce dans la ville seulement et point au bourg de Biennat.

15. — Tous les jeudis minage fréquenté, et tous les samedis mais peu fréquenté. Le froment pèse 30 à 32 livres le boisseau, l'avoine environ 18 livres, le seigle 25 à 27 ; l'avoine se vend comble.

16. — Point d'autre qu'une communauté de Jacobins et une aumônerie dont le curé est seul administrateur de tout temps, et cela sans être trop occupé, ayant environ 120 ll.

de revenu annuel en rentes constituées, que les 10es et le sol pour livre reduisent presqu'à rien.

17. — A Rochechouart même il y a une poste aux lettres seulement et assez mal administrée.

18. — Il n'y en a qu'une de St-Junien à Rochechouart, de Rochechouart à Confolent et à Limoges, et ce pour les lettres et paquets seulement.

19. — M. de Rochechouart-Pontville, vicomte du titre de sa terre de Rochechouart.

20. — A Rochechouart la juridiction est subalterne au degré du siège royal de Montmorillon, cour consulaire de Poitiers, subdélégation de Rochechouart, à 6 lieues de Limoges, à 20 de Poitiers, à 10 d'Angoulême, à 15 de Montmorillon et 5 de Confolens.

21. — A deux lieues de la route de Limoges à Chabanais et à Angoulême. Les chemins de bourg à bourg sont très escarpés et montueux de Rochechouart à Biennat où il y a un ruisseau qui est très dangereux dans les gros d'eau (*sic*) et qui traverse les deux chemins qui aboutissent de Rochechouart au bourg, où il faudrait deux petits ponts, car j'y ai vu périr deux personnes faute de secours. Il y a de très mauvais chemins de village à village et surtout du bourg aux villages de Cramaux et de Mascureau qui, dans les temps d'eaux, empêchent les paroissiens d'assister aux offices de leur paroisse et aux prêtres de secourir leurs paroissiens. Autre chemin de Rochechouart à St-Junien, très mauvais où il faudrait un bon pont sur la Gorre, rivière considérable, et le rendre praticable aux abords de St-Junien où il est inaccessible. La pierre à reparer et à construire est commune dans la paroisse.

L'exposant du présent mémoire peut d'autant mieux certifier tous ces articles cy dessus véritables qu'il est depuis 25 ans dans la paroisse ou comme vicaire ou comme curé.

A Rochechouart, le 23 mai 1785.

BRANDY, *curé de Biennat et de Rochechouart son annexe.*

Paroisse de Boubon.

1. — Il y a dans la paroisse, y compris la communauté des dames de Font-Evraud, vingt-huit feux.

2. — Y compris la communauté, il y a cent cinquante habitants.

3. — Elles s'y font avec des vaches et avec des anes.

4. — Ils sont suffisants pour la culture des terres et les travaux de la campagne.

5. — Le pays est très mauvais, pays de montagne, aride, marécageux, pays de bruyère, pays de bocage mais seulement en châteniers, où il n'y a que quelques petits ruisseaux.

6. — Les terres y sont pour la plus grande partie très mauvaises et la plus part, après avoir porté du bled une année, auraient besoin de reposer cinq à six ans. Les prairies et paturages y sont mauvais; il n'y a point de vignes, et le seul bois de châtainier y domine entièrement, car les chaines (*sic*) périssent pour ainsi dire sur pied et à vue d'œil. Il y a quelques landes.

7. — On ignore la méthode de ces sortes de prairies.

8. — On n'y cultive point de froment, mais seulement du seigle et quelque peu de bled noir.

9. — Le pays est si pauvre et si misérable que les récoltes ne suffisent pas à beaucoup près pour la nourriture des habitants, étant obligés de recourir aux charités des âmes bienfaisantes et surtout des Dames de la communauté de Boubon qui en nourissent une partie.

10. — On y cultive peu de chanvre. Les moutons et les brebis y sont en très petite quantité et se ressentent du mauvais pays, étant très mauvais eux-mêmes. Il n'y a presque point de ruches. On y fabrique quelques mauvais draps de campagne pour habiller les paisans et même en très petite quantité. On y vend et trafique quelques cochons et en petite quantité et voici la **plus** grande ressource du pays.

11. — Vu que la paroisse est très petite, je présume qu'on ne peut y faire aucun établissement.

12. — Il n'y a aucune des espèces de l'autre part, excepté deux petits moulins à une meule chacun, pour le bled ou seigle.

13. — Il n'y a aucun des ouvriers dont on fait mention, que de petits laboureurs et manœuvres.

14. — Il n'y a ni foires ni marchés.

15. — Il n'y a point de minage et les grains s'y perçoivent à la mesure de Chalus.

16. — Il y a une communauté de religieuses de l'ordre de Font-Evraud. Il n'y a point d'hopitaux ni d'école de charité.

17. — Le plus prochain bureau de poste est à Chalus, distant de trois lieues environ.

18. — Il n'y a point de messagers ni de voituriers habituels pour les villes voisines.

19. — Le seigneur haut justicier de la paroisse est M. de Permangle, et les dames religieuses sont seigneurs fonciers.

20. — Il y a une juridiction subalterne dépendante des dames religieuses, relevant du siège royal de Montmorillon, élection de Confolent, cour consulaire de Poitiers, subdélégation de Rochoir. La distance de Montmorillon 17 lieues, de Poitiers 22 lieues, de Rochoir 3 lieues.

21. — Elle est distante d'environ trois lieues de la plus prochaine grande route, qui est celle de Bordeaux à Limoges. Les chemins y sont mauvais ; il n'y a point de ponts à construire ni guère de pierre, vu la petitesse de la paroisse.

Fait à Boubon, le quinze juin de l'année mille sept cent quatre-vingt-cinq.

DALESME, *prieur*
et vicaire régent de la paroisse.

NOTA. — Il serait à désirer que les ordres de M. l'intendant de Poitiers fussent exécutés plus promptement qu'ils ne le sont, et que les papiers qu'il envoye à Messieurs les curés leur parvinsent de bonne heure, et alors ils seraient exacts à les lui renvoyer dans le temps prescrit avec les renseignements. Pour ce qui me concerne, je n'ai reçu ces papiers que le 26 may dernier.

DALESME, *prieur,*
vicaire régent de Boubon.

Paroisse de Chaillat.

1. — La paroisse est partie en Limousin et partie en Poitou. La partie du Limousin contient 11 villages qui font 103 feux, dont 3 dans le village de Valette qui est en Poitou.

La partie du Poitou est composée de dix villages qui contiennent 123 feux, dont trois au village de Moissun en Limousin.

2. — Le nombre des habitants pour les parties du Limousin est de 430 communians depuis 12 ans et audessus, et 146 enfans depuis 12 ans et au-dessous : total 576.

La partie du Poitou comprend 472 communians et 227 enfants : total 699 habitants, en sorte que les deux parties comprennent 1,275 habitans. Ce nombre peut être pris plus strictement parcequ'on ne comprend pas les domestiques qui sont externes, tout comme les garçons et filles de la dite paroisse qui passent journellement dans les paroisses voisines, tantot pour trois mois tantot pour six mois.

3. — Les exploitations et voiturages ne se font qu'avec des vaches et quelques bœufs en petit nombre, dans trois ou quatre maitéries. Les chevaux en petit nombre ne sont que pour l'usage de quelques particuliers pour leurs petits voyages; quelques juments pour le muletage et encore en petit nombre; et ceux qui ne sont pas en état de tenir des bestiaux ont quelques bourriques pour le labourage de leurs terres.

4. — Les cultivateurs sont plus que suffisants pour tous les travaux de la campagne tellement que, pour remplir le

tems, nombre prennent des métiers tels que sabotiers, tisserans, charpentiers, quelques charons et taillandiers ou forgerons. Il n'y a que les gros domaines qui manquent souvent, mais le motif en est facile à deviner : c'est qu'on ne trouve pas facilement de bons et forts métayers. Dès qu'ils sont en assez bon nombre, les garçons cherchent à se marier soit pour éviter la milice soit pour vivre en leur particulier ; et ils ne sont pas mariés que la division est dans le ménage. Sont-ils partagés ? S'ils ne trouvent pas quelque petite borderie, ils se retirent dans les petites villes, ce qui fait autant de catins.

5. — Le pays n'est ni plaine ni montagne. La partie du Poitou est surtout fort entrecoupée de petits vallons où se forment plusieurs petits ruisseaux formés par des sources vives plus nuisibles qu'avantageuses, à cause des moullières (1) qu'ils occasionnent. Par ce moïen le pays n'est ni aride ni marécageux, n'y ayant dans toute la paroisse ni étangs ni marrais. Le paroisse se trouve entre deux rivières : la Vienne qui est au nord de la partie du Limousin, et la Gorre qui est au midi et levant de celle du Poitou. Quant aux boccages, le peu qu'il y en a ne vaut pas la peine d'en parler, quoique le païs fut très propre à en produire, mais la quantité de bestiaux que l'on nourrit, nottamment les chèvres, brebis et bourriques qui sont les animaux les plus nuisibles à l'ombrage, s'opposent à ce qu'on en cultive. D'ailleurs la rareté des bois, le besoin et la nécessité font que l'on en prend où l'on en trouve.

6. — Toutes les terres en général, dans toute la paroisse, sont de nature à porter du froment, seigle, quelque peu de baillarge ou bled noir, du bled d'Espagne et de l'avoine. Il est pourtant à observer pour les terres de la partie du Poitou qu'elles ne sont pas de la qualité de celles du Limousin qui produisent au moins un tiers plus de froment que les autres, celles-ci étant plus grosses et celles-là plus légères et sablonneuses. Il y a encore à observer que, dans le Poitou, il y a

(1) **Expression propre surtout à cette contrée.**

des villages qu'il faut nécessairement ensemencer en méture,
c'est-à-dire qu'il faut faire un mélange de froment, de seigle
et d'avoine parce que, si une espèce ne réussit pas, l'autre
réussit, suivant que l'année se comporte. Autrement, on ris-
querait de n'avoir point de récolte. Par rapport à la prairie
et le paturage. il y a juste le nécessaire pour la nourriture
des bestiaux, que l'on peut tenir. Des landes, on n'en connait
point, et par rapport au bois, si ce n'est quelques châtaigniers, l'on n'en connait pas d'autre. Quant aux vignes
il y en a quelques-unes dans la partie du Poitou et en
moindre quantité et qualité qu'en Limousin.

7. — Il n'y a que quelques particuliers en petit nombre
qui sément du treffle.

8. — Froment, seigle, bled noir, quelque peu de baillarge, d'avoine et de bled d'Espagne.

9. — Il n'est pas de besoin que le produit des récoltes se
consomme dans la paroisse ; le paysan ne saurait acquitter
ses impositions et s'entretenir ; il vend son froment, la
majeure partie de son seigle, s'en réserve quelque peu pour
faire un mélange de baillarge et de bled d'Espagne pour faire
son pain, dont il se nourit après qu'il a consommé sa chataigne et vécu de crèpes de bled noir. Telle est la vie ordinaire et commune du paysan. Les débouchés seraient très
commodes, mais les communications peu faciles à cause des
mauvais chemins ; mais nous espérons que le vertueux ministre que la Providence nous a envoyé aura, sur ce. égard
à nos besoins et à nos très humbles supplications que nous
avons eu déjà l'honneur de lui faire.

10. — Le lin et le chanvre que l'on récolte suffisent à peine
pour le besoin des cultivateurs. Les brebis que l'on nourrit
sont plus pour l'engrais et le besoin de la laine que pour le
produit et profit que l'on en retire. La cire que l'on recueille est en petite quantité, et tout ce que l'on fabrique sont
quelques toiles de ménage, qui se consomment presque
toutes dans l'endroit, et le commerce que l'on peut faire est
celui des bestiaux tels que des vaches, veaux, génisses et
cochons, qui est la plus forte ressource.

11. — Nul établissement n'est susceptible, mais seulement la réparation des chemins. Ce qui serait pourtant nécessaire [serait] une portion de juridiction pour les eaux et forêts afin d'arrêter les contraventions qui se commettent journellement impunément, soit dans la chasse, la pêche et ravage des bois où le paysant fait des ravages étonnans parcequ'on est à plus de 18 et 20 lieues des maîtrises, et qu'il n'y a point de garde juré.

12. — Rien de tout cet article, si non six moulins à l'usage de la paroisse, dont 4 sur la partie du Poitou et 2 sur celle du Limousin, tous sur la rivière de Gorre.

13. — Les ouvriers qu'on peut trouver sont quelques ouvriers charpentiers, peu intelligents, quelques mauvais forgerons pour raccommoder les outils arratoirs, et un très petit nombre de ces derniers.

14. — Rien de cet article.

15. — Le minage est celui de St-Junien, à une petite demi lieue, dont le boisseau froment doit peser de 30 à 35 ll, et celui de seigle de 28 à 30 ll, et celui de Rochechouart à cinq quarts de lieue, dont le boisseau est moindre qu'à St-Junien d'un 16e par setier.

16. — Rien de cet article.

17. — Le plus proche bureau de poste est celui de St-Junien.

18. — Rien de cet article.

19. — Le nom du seigneur est le vicomte ou marquis de Rochechouart.

20. — La paroisse se trouve sur deux juridictions: celle des Batimens pour la partie du Poitou qui relève de Montmorillon, élection de Confolent, relevant de la cour consulaire de Montmorillon en Poitou, 14 et 18 lieues, subdélégation de Rochechouart; l'autre juridiction est celle du fief de Saillat pour la partie du Limousin relevant du siège royal et senéchaussée du Haut-Limousin, de la cour consulaire de Limoges, à 6 lieues, et de la subdélégation de Saint-Junien. Les dites deux juridictions basses et moyennes appartenant à la maison de Rochechouart.

21. -- A deux lieues de Saint-Junien par où passe la grande route qui vient de Limoges au dict Saint-Junien, Chabanais et Angoulême. Par rapport les (*sic*) chemins de bourg à bourg et de village à village, ils sont très mauvais. Il n'y a cependant aucun pont à construire que celui qui est sur la grande route qui va de Saint-Junien à Rochechouart, lequel est indispensable. Et quant à la pierre soit pour la construction du dit pont, soit pour la réparation du dit chemin, elle ne peut être ni plus commode ni plus commune.

(*Sans signature ni observations*).

Paroisse de Champagnac.

1. — Environ 280 feux. A peine les père et mère sont-ils morts que chacun des enfants prenant son lot se fait son feu en particulier, souvent plusieurs dans le même bâtiment.

2. — Environ 1510 habitants, grands ou petits.

3. — Les exploitations ou voiturages se font par bœufs, vaches et bouriquets.

4. — Les cultivateurs n'y sont pas précisément trop communs. On a de la peine à présent à trouver des manœuvres.

5. — La paroisse de Champagnac n'est pas pays de plaine, au contraire : beaucoup de montées et descentes ; pays assez aride et traversé par quatre ou cinq mauvais ruisseaux dont la Tardoire est le principal qui donnent tous beaucoup de froid et sont dangereux pendant les orages. Sans aucun pont ni planche pour ainsi dire ; nous sommes souvent exposés pour l'administration des sacrements.

6. — La terre est naturellement peu fertile, elle demande beaucoup de travail et d'engrais. Il peut y avoir quelque chose plus du quart en terres labourables, des prairies à proportion, peu de pâturages et sol mauvais ; point de vignes, beaucoup de bois chataigniers et des landes qu'on ne peut pas cultiver, des pépinières de chataigniers, des bois taillés appartenant presque tous à la dame du lieu.

7. — On n'a aucun usage des prairies artificielles et le pays n'est guère propre pour cela.

8. — Années communes, le produit des récoltes se consomme à peu près dans la paroisse, et s'il y en avoit de surplus il seroit fort difficile de les voiturer par la difficulté des débouchés et des communications pénibles et éloignées.

9. — Le bled seigle, le bled noir, quelque peu de froment sont les espèces de grains que l'on cultive dans la paroisse.

10. — Le lin n'y peut réussir, on n'y cultive pas de chanvre, on y élève quelques brebis de très petite espèce parcequ'il n'y a pas de paturages propres; presque pas de cire. On y fabrique les étoffes et toiles du pays qui ne suffisent pas pour l'usage des habitants qui n'ont ny commerce ny industrie que quelques charrois de vins et de fonte à fer et sel, qui fournissent quelques ressources pour payer leurs tailles.

11. — Le pays ne paraît pas propre pour aucun établissement utile.

12. — Il y a dans la paroisse deux forges à fer bien en état, deux moulins à grain et une tuillerie qui ne travaille pas toujours: point de fourneaux à fonte.

13. — Il n'y a aucun ouvrier de réputation, d'aucune espèce. Il y a quatre à cinq maréchaux qui travaillent tant bien que mal pour les outils des cultivateurs; il y a aussi quelques mauvais charpentiers.

14. — Point de foires ny marchés, et nous sommes éloignés de près de deux heures des foires et marchés les plus voisins, comme St-Laurent et Chalus.

15. — Point de minage.

16. — Point de maisons religieuses, point d'hôpital, ny d'école de charité, qui serait bien nécessaire.

17. — Le bureau de poste le plus prochain est Chalus, à près de deux lieues de distance, et Rochechouart à près de trois lieues.

18. — Point de messager ny voiturier habituel pour les villes voisines.

19. — Madame la Marquise de Mirabeau est la dame de la paroisse. On traite sa seigneurie de baronnie.

20. — La dite dame a la haute, moyenne et basse justice. relève du siège royal de Montmorillon, à seize lieues de distance, élection de Confolens, à huit lieues de distance ; de la cour consulaire de Limoges, d'environ six lieues ; subdélégation de Rochechouard, à près de trois lieues.

21. — La plus prochaine grande route de la paroisse de Champagnac est celle de la ville de Chalus à Limoges et à Périgueux, de la distance d'environ deux lieues en traverses.

Les chemins de bourg à bourg sont en très mauvais état ; ceux de village à village dans ma paroisse sont quelques-uns impraticables et les autres très mauvais. En général, il n'y a aucun pont quoiqu'il y ait plusieurs ruisseaux qui traversent la paroisse, ny presque rien pour faciliter le passage de ces ruisseaux que quelques pierres en certains endroits, très mal placées, ce qui fait que dans le temps des glaces les gens tombent souvent dans l'eau. Cecy demanderait un prompt secours.

On a depuis peu tiré le plan d'une route neuve qui passera dans une partie de la paroisse venant de la ville de Montbron, passant par St-Mathieu, Cussac et dans une partie de la paroisse de Champagnac pour joindre la grande route.

Il y a peu ou pour mieux dire point de pierres propres à construire, — je veux dire de pierres de taille — que de la pierre brute en assez grande quantité si elle était recherchée dans les pays de landes.

Je crois la réponse des articles cy-dessus et des autres points conforme à la vérité, du moins suivant mes petites lumières.

A Champagnac, le 24 may 1785.

BESSON, *curé.*

Paroisse de Cognac

1. — 304 feux.

2. — 1651 habitants.

3. — Avec des bœufs.

4. — Rares.

5 — Montagnes arrides et marécageux (sic).

6. — Terres à seigle et à blet noir ou sarasin ; peu de prairies et paturages, beaucoup de landes.

7. — Non.

8. — Seigle et blet noir ou sarasin.

9. — Presque tout s'y consomme ; il n'y a point de communications.

10. — Sans lin, peu de chanvre ; sans nul commerce.

11. — Non.

12. — Rien detout cecy.

13. — Un de chaque espèce.

14. — Aucune foire n'y marché.

15. — Non. Le froment 33 livres, seigle 30 livres.

16. — Non.

17. — Deux lieues.

18. — Quelques voituriers.

19. — Messire de Nexon, seigneur de Cognac.

20. — Point de juridiction ; l'on relève de la sénéchaussée de Rochechouart et delà au siège et sénéchaussée royale de Montmorillon.

21. — Deux lieux de la prochaine grand route ; les chemins très mauvais pour y parvenir et pour aller dans les villes et bourgs voisins. Il y aurait un pont à construire pour parvenir à la ville d'Aisse (sic) près Limoges ; un autre pour aller à la ville de Rochechouard et un autre pour aller à la ville de Saint Junien, lesquels ponts sont peu dispendieux à construire, la pierre étant bonne, en quantité et très commode.

(Sans signature ni observations).

Paroisse de Chéronnac.

1. — 120 feux.

2. — 640 habitants.

3. — Vaches.

4. --- Rares.

5. — Marécageux, traversé par la Tardoire et la Charente, deux ruisseaux extrèmements froids.

6. Il y a assez de mauvaises terres, peu de prés, quelques paturages, beaucoup de landes.

7. — *Pas de réponse.*

8. — Seigle, bled noir et pommes de terre.

9. - - Peu de bled sort de la paroisse; le seigneur est presque le seul qui en vende; les débouchés difficiles au-dessus de l'imagination.

10. — Quelque peu de chanvre. Des brebis.

11. — Pour faire des établissements il faudrait rendre les chemins pratiquables.

12. — Forges à fer, deux, dans lesquelles un seul forgeron suffit; moulins à grains, quatre.

13. — Charpentiers six, un maréchal.

14. --- *Pas de réponse.*

15. --- *Id.*

16. --- *Id.*

17. --- Une lieue et demie.

18. — *Pas de réponse.*

19. — De Vassan, marquis de Mirabeau.

20. — Rien.

21. Grand route la plus prochaine à trois lieues; les chemins de village à village sont si bourbeux qu'on ne peut pas y aborder à cheval. De bourg à bourg, c'est la même chose. Il y aurait deux ponts à construire et la pierre est assez commune.

(Sans observations ni signature).

Paroisse de Cussac.

1. — 230 feux.

2. — 1,590 habitants des deux sexes et de tout âge.

3. — Les exploitations et voiturages se font avec des bœufs et des vaches et non autrement.

4. — Les bras nécessaires à la culture des terres et aux travaux de la campagne rares et faibles, étant d'une faible constitution.

5. — Pays de bocages, plus arides que marécageux, traversé par deux petites rivières et quatre petits ruisseaux qui souvent, par les froids qu'ils causent, nuisent beaucoup à la récolte de St-Michel qui fait la ressource du laboureur et du pauvre.

6. — Les terres d'une médiocre qualité ne produisent que du seigle ; peu de prairies, d'une qualité très ordinaire ; point de pâturages. Couvertes de bois châtaigniers en trop grande quantité. Le cultivateur en général se nourrissant une partie de l'année de châtaignes, j'ai cru remarquer que cette nourriture le rendait lourd et paresseux. Point de vignes, quelque peu de landes.

7. — La méthode des prairies artificielles inconnue dans la pratique, faute de moyens et de facultés.

8. — On n'y cultive en général que du seigle et du bled sarazin, vulgairement appelé bled noir.

9. — Le produit des récoltes des années communes se consomme dans la paroisse ; aucun débouché ny communication, mais il pourrait y en avoir avec le Périgord, le Limouzin et l'Angoumois, et l'on vient de terminer un chemin de l'Angoumois à Limoges, utile et avantageux.

10. — On ne cultive que du chanvre et encore en très petite quantité ; il en est de même de l'article de la cire. Il y a peu de moutons, quelques troupeaux de brebis, mais d'une mauvaise espèce et mal soignés, ce qui fait le plus petit rapport. On n'y fabrique que des étoffes et des toiles

17

grossières pour l'habitant. On ne connait point d'autre commerce que celui des bêtes à cornes et quelques cochons, qui
est le seul intéressant pour le pays.

11. — Itien à dire sur de nouveaux établissements à former
jusqu'après la confection du nouveau chemin commencé.

12. — Il a existé autres fois plusieurs forges à feu ; il
n'existe aujourd'hui que trois moulins à bled et un à foulon
et nulle autre manufacture.

13. — Quelques charpentiers, quelques faures et maréchaux, mais tous mauvais ouvriers.

14. — Une seule foire consistant en cochons, vaches et
veaux, ce qui est trop peu, vu la position de la paroisse qui
avoisine le Périgord, l'Angoumois et le Limouzin. La difficulté du chemin a fait discontinuer la tenue des foires qui
étaient plus nombreuses, ce qui nuit à la prospérité. J'en
croirais le rétablissement le plus utile.

15. — Point de minage par les mêmes motifs, non usagés
à raison des difficultés des chemins, et qu'il est très important de rétablir. Le boisseau de seigle pèse 28 livres. On
ne détermine point ici le poids du froment et de l'avoine,
ces deux grains étant on ne peut pas moins cultivés dans
la paroisse.

16. — Aucune maison religieuse. Il existe cependant une
maison de l'ordre de Fontevraux (1), à demi-lieue de la
paroisse et qui en fait portion à raison de ce qu'elle relève
de la terre et qu'elle y possède dîmes et rentes. Nul hopital
ny école de charité.

17. — Distante de trois petites lieues du plus prochain
bureau de poste.

18. — Nuls messagers ny voituriers pour les villes voisines.

19. — M. le marquis de Cromières seigneur de la paroisse
qui a titre de chatellenie.

20. — Juridiction seigneuriale au premier degré, du siège
royal de Montmorillon, distant de quinze lieus ; cour consulaire de Limoges, distante de sept lieus ; élection de Confollens

(1) Voy. ci-dessus, p. 246, Boubon, qui est réuni aujourd'hui pour le spiri-
tuel à Cussac.

distante de sept lieues ; subdélégation de Rochechouart distante de trois petites lieues.

21. — Distante de trois petites lieues de la route de
Limoges à Bordeaux, qui est la plus prochaine. Les chemins
de bourg à bourg, de village à village presque absolument
impraticables, l'hyver ; faciles à réparer, mais toujours négligés malgré les ordonnances réitérées qui sont toujours
sans exécution et à laquelle on ne pourra jamais arriver qu'en
enjoignant au syndic d'y tenir la main sous peine d'amende
et de cassation, et de plus donnant pouvoir à quelque personne publique, comme le juge du lieu, d'y veiller, d'en
faire la revue et d'en rendre compte. Un pont à construire
sur le Tardoire, de la plus grande nécessité pour le public
à raison des débordements fréquents qui interrompent les
communications d'un côté avec les bourgs de St-Bazile, Oradour, Vayres, autres paroisses et ville de Rochechouart, ce
qui serait très peu coûteux, la pierre et, les bois y étant
assez communs.

A Cussac, le 14 mai 1785.

DEVAUX, *curé.*

***

Paroisse de Saint-Cyr.

1. — Il y a environ 160 feux.

2. — Il y a environ 700 communians et 250 enfans depuis
la naissance jusqu'à l'âge de puberté.

3. — On ne tient presque point de bœufs dans la paroisse ;
c'est avec les vaches que s'y font les exploitations et voi-tu-
rages. Plusieurs particuliers se servent pour cela de mauvaises bouriques.

4. — Les bras sont suffisants à la culture des terres. Le
besoin en oblige beaucoup à sortir, soit pour aller faire la
récolte des bleds et foires de la province du Berry, soit pour
servir les maçons à Bordeaux ou pour faire les vendanges du
côté de la Rochelle.

5. — Le pays est montueux; il n'y a communément que cinq à six pouces de terre; on trouve le rocher partout, par conséquent fort arride. La petite rivière de la Gorre passe dans un coin de la paroisse, du côté du midy, sans former de prairie.

6. — Les terres sont sablonneuses; il y en a environ un quart en bled, peu de prairies et de très mauvaises qualités. Point de vignes, beaucoup de bois châtaigners et landes.

7. — Il n'y a point de prairies artificielles; le terrain n'y est pas propre.

8. — On n'y cultive que du seigle et du bled noir.

9. — Le produit des récoltes se consomme à peu près dans la paroisse et suffit lorsque la récolte des chataignes est abondante; elle n'en peut par conséquent fournir aux contrées voisines. Nous ne connaissons ny débouchés ny communications.

10. — On n'y cultive point de lin, mais un peu de chanvre de mauvaise qualité. Il y a seulement de petits troupeaux de brebis dont il meurt un cinquième tous les ans, et qu'on remplace en achetant le même nombre pour n'être point privé du fumier dont on fait grand cas, et de la mauvaise laine dont on fait des vêtements grossiers pour le paisan. On n'y récolte point de cire; il n'y a point de fabriques, de commerce ny d'industrie. Il y a quelques tisserans qui fabriquent les toiles et étoffes du pays.

11. — Nous ne connaissons point qu'il y ayt d'établissement utile à former.

12. — Il n'y a rien du contenu de cet article que trois moulins à seigle et à bled noir.

13. — Il y a un menuisier et deux ouvriers en fer pour les outils aratoires.

14. — Il n'y a ny foires ny marchés.

15. — Point de minage. Le boisseau froment pèse trente livres, le seigle vingt-cinq. L'avoine qu'on recueille ne suffit pas pour la rente.

16. — Il n'y en a point.

17. — Nous sommes à deux lieues à peu près à égale

distance de St-Junien et Rochechouart, où il y a un bureau de poste.

18. — Il n'y a n'y messagers ny voituriers habituels pour les villes voisines.

19. — Le seigneur de la paroisse et Messire Léonard de St-Laurent. La seigneurie passe pour une baronnie.

20. — Il y a une haute justice seigneuriale relevant du siège royal et cour . consulaire de Montmorillon. Nous en sommes éloignés de quatorze lieues ; de l'élection de Confolent éloignés de six lieues, et de la subdélégation de Rochechouart éloignés de deux lieues.

21. — La plus prochaine grand route est de Limoges à Angoulême, dont nous sommes éloignés de deux lieues, et celle de Bordeaux qui est à trois lieues. Les chemins de bourg à bourg et de village à village sont en très mauvais état ; il est néanmoins impossible de les réparer puisque cette paroisse et autres circonvoisines employent leurs bras et argent à une autre nouvelle route de Limoges à Angoulême qui est tout au moins inutile puisque l'autre est tout aussi courte. Il y a un pont à trois arches sur la Gorre qui confronte la paroisse de St-Cyr et celle de St-Auvent, qui a été fort endommagé par les débordements d'eaux et a besoin de réparations urgentes. Il est d'autant plus nécessaire que c'est la seule communication lorsque les eaux sont grosses pour les habitants de Rochechouard, Verre (*sic*), Oradour et plusieurs autres paroisses circonvoisines pour se rendre à Limoges. C'est encore le chemin de St-Junien à Chaslus lorsque la rivière n'est pas guéable. Le moilon est très commun. Nous avons aussi une carrière de bonne pierre de taille.

PARAT, *curé de St-Cyr.*

Paroisse de St-Gervais.

1. — Trente-six feux.

2. — Cent trente communiants.

3. — L'attelage consiste en mauvaises vaches et plusieurs bêtes asines.

4. — Beaucoup plus de terres que de bras.

5. — Pays de bois ou bocages, chancreux (?) ou plein de moulières dans les terres, traversé par de petits ruisseaux très froids et pernicieux pour les grains.

6. — Des landes froides, quelqus pâturages, presque point de prairies, quelques terres à seigle, des bois châtaigners et point de vignes.

7. — La nature du pays en exclut toute connaissance ; il n'est ni assez bon ni assez franc.

8. — Quelque peu de seigle et du bled sarrazin, autrement dit bled noir.

9. — Si le pays avait de quoi subsister, il serait content ; s'il avait de la surabondance, les débouchés et communications seraient faciles.

10. — Très peu de lin, quelque mauvais chanvre, quelques mauvaises brebis, point de ruches à miel, point de fabriques, quelques grosses toiles. Dans un certain temps de l'année le commerce des cochons produit un peu.

11. — Oui, comme maître d'école et hotel de charité.

12. — Quelques tuilleries au nombre de douze.

13. — Deux charpentiers et un forgeron.

14. — Point du tout.

15. — Point de minage. Le boisseau pèse 28 livres dans le plus près minage qui est à la petite ville de Rochechouart.

16. — Point.

17. --- De Limoges.

18. — Point de voituriers.

19. — La vicomtesse de Rochechouart.

20. — La sénéchaussée de Montmorillon, 15 lieues ; élec-

tion de Confolent, cinq lieux ; subdélégation et justice ordinaire de Rochechouart une lieue.

21. — Trois lieues de la grande route. Les chemins très
mauvais surtout dans le bourg, lieu de passages pour les
foires de Rochechouart ; la pierre bonne et peu éloignée,
mais très difficile à arracher des carrières.

(Sans signature ni observations.)

Paroisse de St-Jean-de-Vayres.

1. — 320 feux.

2. — 2,000 habitants, tant grands que petits.

3. — Avec des vaches et petits ânes.

4. — Suffisans.

5. — Bocages, peu de plaines arides ; traversé en différents endroits par de petits ruisseaux appelés Grène.

6. — Sabloneuse la plus grande partie ; la moitié en
terres à bled, un quart en prairies ou paturages, et l'autre
quart en bois chataigniers, vignes et landes, et très peu de
vignes.

7. — On ne la connait pas.

8. — Seigle et bled noir, froment un sixième ; depuis
quelques années on sème du bled d'Espagne dans certains
cantons, qui parfois y réussit très bien ; baillarge très peu.

9. — A peu près. Lorsque le bled a transport ou que le
Périgord ou l'Angoumois manquent, il s'enlève une certaine
quantité de grain par la commodité des voituriers à sel,
qui déposent leur sel et chargent du bled. Mais les particuliers sont dans le cas d'en prendre à peu près autant au minage de Rochechouart qui les avoisine.

10. — Très peu de lin et presque pas dans la majeure
partie de la paroisse ; du chanvre pour le besoin du cultivateur. Le brebinage est de très petite espèce et ne réussit
pas. Cependant presque tous les feux ont leur petit troupeau

pour avoir quelque peu de laine pour s'habiller et surtout le fumier, sans quoi ils n'auraient pas de chanvre. On n'y fabrique d'étoffes de toiles que pour l'usage du peuple. — Les cochons et les sabots (1).

11. — Favoriser le commerce du sel qui est très ancien en reparant l'ancienne grande route de Limoges à Angoulême.

12. — Il y a cinq moulins à grains sur les petits ruisseaux appelés Grène.

13. — Très peu de charpentiers ; menuisier un seul ; un maréchal ; taillandiers six ; sabotiers cent ; tisserants une trentaine ; charrons 7 à 8 ; filaires (*sic*) et cardeurs 12.

14. — *Pas de réponse.*

15. — Mesure de Rochechouart.

16. — Il serait à souhaiter qu'on établit des écoles de charité en certains villages. Le clocher étant placé à l'extrémité de la paroisse et les deux tiers des villages en étant éloignés d'une lieue, une lieue et demie et deux lieues, les enfants ne se rendent pas aux instructions et vivent dans l'ignorance.

17. — A cinq quarts de lieue de Rochechouart, et trois lieues de Chabanais.

18. — *Pas de réponse.*

19. — Rochechouart-Pontville, vicomté.

20. — Dépent de la juridiction subalterne de Rochechouart, du siège royal de Montmorillon, élection de Confolant, cour consulaire de Poitiers, subdélégation de Rochechouart, 5 quarts de lieue de Rochechouart, 6 lieues de Confolant, quinze de Montmorillon, vingt de Poitiers.

21. — L'ancienne grande route de Limoges à Angoulême est par Vayres. Mais le seigneur de St-Mathieu l'a portée à son château à une lieue et demi d'yci. Cependant elle est aussi fréquentée que jamais, quoique les chemins en soient affreux, parce qu'elle est plus courte, malgré les détours qu'on fait pour éviter les bourbiers.

(1) Cette dernière phrase répond directement à cette partie de la question n° 10 : *Quel est le genre de commerce ou d'industrie qui y procure le plus de ressources ?*

Le commerce qu'on fait sur cette route et qui consiste en
sel, bled et vin, se soutient encore ; mais si on ne répare les
chemins, tout sans doute tombera et jettera cette contrée
dans la détresse.

Ce bourg, qui jadis était tout pavé, l'est presque entièrement (1) et les entrées en sont impratiques aux gens à pied ;
ils sont obligés d'escalader dans les terres et jardins sitôt
qu'il a plu deux jours de suite ; les chemins de bourg à
bourg et de village à village sont fort mauvais.

Il y a à réparer le pont Vigneraud près du bourg sur l'ancienne grande route ; celui de Pont-Chatrein, qui est du
bourg à la ville de Rochechouart, et celui de Ponvraud. Il
faudrait pour réparer ces deux passages faire lever deux
piles avec de grosses solives dessus, et y paver. Toute la paroisse est obligée de passer là pour venir aux offices, et quand
les eaux débordent nous sommes obligés de nous allonger
d'une petite demie-lieue pour administrer les sacrements
dans les villages qui sont au-delà. La pierre n'y est pas
rare.

Brissaud, curé de St-Jean-de-Vayres.

Paroisse de St-Laurent-sur-Gorre.

1. — 450 feux.

2. — Nombre d'habitants : 1,800.

3. — Les exploitations s'y font avec bœufs, vaches ou
cardots.

4. — Les bras manquent pour la culture ainsi que pour
les autres travaux de la campagne, et le pays n'est pas assez
riche pour les y fixer.

5. — C'est un pays monteux, partie bocages partie maré-
bage ; la paroisse est traversée par cinq ou six petits ruis-

---

(1) Il y a, semble-t-il, un mot d'omis.

seaux qui donnent beaucoup de fraîcheurs qui deviennent nuisibles à la production.

6. — La nature des terres est naturellement humide, il peut y avoir un tiers de terres à blé; le reste prairie, paturage, bois chataignier, landes. Il n'y a point de vignes.

7. — La méthode des prairies artificielles n'y est pas en usage; le terrain y est peu propre pour cela et la culture trop dispendieuse.

8. — On y cultive ordinairement du seigle et du bled noir, très peu de froment. Le produit des terres est communément de 4 à 5 pour un.

9. — Le produit des terres se consomme à peu près dans la paroisse. Les années abondantes, il s'en exporte selon les circonstances. Les débouchés seraient très faciles par la position de la paroisse qui est sur la vraye direction de Limoges à Angoulême et plus courte de 4 lieues que toute autre communication, mais les chemins sont très mauvais et point entretenus.

10. — On n'y cultive point de lin, mais un peu de chanvre. Il n'y a point de troupeaux de moutons; les terres y sont d'une nature trop humide; ils n'y fructifient pas et ne sont d'aucun produit; il n'y a point de cire, il s'y fabrique quelques étoffes pour vêtir les paysans et quelques toiles pour leur usage.

Le genre de commerce le plus en usage et le plus lucratif est l'exportation du sel à dos de mulet, de la ville d'Angoulême à celle de Limoges, mais qui tombe absolument par le roulage nouvellement établi sur la grande route de St-Junien.

11. — Le meilleur établissement à faire serait des chemins.

12. — Il n'y a point d'usines ni manufacture, forges à fer, verreries, papeteries, faienceries, poteries, tuilleries, fours à chaux, tanneries, teintureries, foullons, point du tout; mais il y a quelques moulins à grain pour l'usage du pays au nombre de sept.

13. — Il y a quelques charpentiers et un maréchal pour l'usage du pays; point de menuisier ny serrurier ny charpentier, pas même de charron.

14. — Il y a des foires tous les premiers lundis de chaque mois, très renommées et abondantes en bêtes à cornes et cochons. La position de St-Laurent est heureuse pour cela. Elle est à deux lieues de la ville de St-Junien, 2 de celle de Rochechouart, 2 de celle de Chalus et sur la communication du Périgord. Ces foires étaient très considérables en bœufs gras du temps qu'il y avait des commissaires pour la fourniture de Paris. Pendant le carême, on en a vu enlever en une seule foire 1,200. Cette commission, supprimée sous M. Turgot, fait qu'on n'y en vend plus du tout. En outre il y a des marchés pour les cochons seulement, tous les lundis.

15. — Il n'y a point de minage. On y tient la mesure de Rochechouart qui consiste en froment 30 livres, seigle 27 1/2 ; avoine, je l'ignore.

16. — Il n'y a point de maison religieuse, ny hopitaux ny école de charité.

17. — Le plus près bureau est celui de Rochechouart, même distance de St-Junien, Chalus, Aixe. Cependant on fait prendre les lettres à Limoges, quoiqu'il y ayt 4 lieues.

18. — Il y a tous les jours des voitures pour la ville d'Aixe et Limoges seulement.

19. — Léonard de St-Laurent, seigneurie-châtellenie.

20. — Il y a une juridiction châteleine. Elle relève du siège royal de Montmorillon ; distance 18 lieues ; élection de Confolens, distance 7 lieues ; cour consulaire de Limoges à 4 lieues, subdélégation de Rochechouart à 2 lieues.

21. — A une lieue et demie de la grande route de Limoges à Périgueux et Bordeaux, à deux lieues de celle d'Angoulême à Limoges passant par St-Junien. Même distance de celle qu'on projette établir par St-Mathieu. Enfin St-Laurent faisait autrefois tout le commerce de la communication de la ville d'Angoulême à Limoges parce qu'il est sur la vraye direction qui est l'ancien chemin romain. Aujourd'hui il est absolument privé de tout commerce puisqu'on fait un chemin à droite et l'autre à gauche pour l'en priver. Les chemins de bourg à bourg sont très mauvais, de village à village de même. Il y a deux ponts à réparer : celui du bourg de St-Laurent et celui appellé de Lotterie sur la communication d'Angoulême. La pierre à faire des chemins et à construire des ponts, très commune, très ferme et de bonne qualité.

NOTA. — Il est très difficile dans cette paroisse d'appaiser les disputes, rixes etc. et d'éteindre un certain jeu de hazard appelé jeux de bales, qui est le plus grand dérangement que je connaisse dans une paroisse, attendu que nous sommes fort éloignés des cavaliers de la maréchaussée. Tous les honnêtes gens de ma paroisse désireraient une brigade. L'endroit est assez considérable pour la loger.

Je certifie que le détail cy-dessus est véritable. C'est en foy de quoy j'ai signé à St-Laurent-sur-Gorre, le 26 may 1785.

VAUZELLE, *curé de Saint-Laurent-sur-Gorre.*

Monseigneur, il m'a été impossible de vous renvoyer cela plutôt, je ne l'ai reçu que le 18 du présent mois.

Paroisse de Maisonnais.

1. — Il y a environ deux cents feux, dont la moitié sont de petits particuliers qui ont peine à vivre. Il y en a plusieurs de mandiants.

2. — Il y a environ huit cent communiants, sans compter les enfants.

3. — Elles se font communément avec vaches, quelques fois avec bœufs, s'ils en ont. Les voiturages de vin, qui se tire du pays voisin, et du bois pour les forges voisines se font avec bestiaux. Les voiturages de charbon, de sel et bled étranger se font avec chevaux et mulets. Il n'y a presque point de voituriers dans la paroisse.

4. Il n'y a dans la paroisse que les bras absolument nécessaires; très souvent les métayers, domestiques et gens de journées sont difficiles à trouver, s'il n'en venait quelques étrangers.

5. — Le pays de la paroisse en général est un pays de plaine et bruyère, un terrain aquatique et froid, tellement que le bled ensemencé est souvent étouffé par l'eau froide. Il est seulement côtoyé par de petites rivières, mais non arrosé. Il y a pourtant quelques monticules de terres sablonneuses, que les ravins gâtent fort souvent.

6. — Le naturel du terrain est un pays propre à semer du seigle et du bled noir et non du froment; s'il s'en sème quelque   est pour payer quelques rentes au seigneur, mais il f   dinairement de mauvais pain. Il y a peu de terres b   s pour la semence eu égard aux mauvaises qui ont grand besoin de culture et d'engrais. Il y a quelques prairies ou paturages, mais fort sauvages; quelques bons chataigners, mais point de vignes.

7. — On ne connait point du tout cette méthode.

8. — C'est le seigle, la baillarge et le bled noir.

9. — Excepté le revenu du seigneur, le produit des récoltes se consomme dans la paroisse; le restant est peu de chose après qu'on a nourri les métayers et les manœuvres.

10. — On cultive du chanvre et point de lin. Il y a quelques troupeaux, mais qui périssent très souvent, les hyvers. La cire est rien. La toile qui se fait est pour l'usage des maisons. Point de fabrique; il en est de même des étoffes.

11 — L'établissement qu'il y aurait à faire serait de nommer des sindics pour les pauvres et que chaque paroisse fut obligée de nourrir les siens qui seraient dans le cas de mendier, et défendre à ces pauvres de sortir sans certificat. On en ferait le catalogue tous les ans et chacun serait taxé suivant le role des tailles. Cela empêcherait la fainéantise et beaucoup d'autres vols et d'autres crimes. La charité se ferait; les pauvres seraient tranquilles chez eux, et l'on connaîtrait mieux leurs besoins et ils seraient mieux secourus.

12. — Il n'y a dans la paroisse qu'une petite forge à fer battu sur la Tardoire; quelques moulins à grains, à huile et rien autre chose.

13. — Il y a très peu d'ouvriers charpentiers, et encore pour de gros ouvrages de campagne. A peine y a-t-il quelques pauvres menuisiers. Il y a quelques petits faures qu'on appelle ainsi dans le pays, qui travaillent pour les bouviers de la campagne, à part les charrues dont ils ne se mêlent point.

14. — Il n'y a dans l'endroit ni foire ni marché; il serait fort à propos qu'il y en eut, attendu que la paroisse est éloignée de deux ou trois lieues des endroits où se tiennent les foires et marchés.

15. — Il n'y a aucun ninage. Le boisseau de froment pèse environ trente-trois livres, le seigle trente, l'avoine à peu près moitié du seigle.

16. — Il n'y a ni maison religieuse, ni hopital, ni école de charité. Il serait très nécessaire qu'il y eut plus d'hopitaux qu'il y en a.

17. — Maisonnais est distant de trois bonnes lieues du bureau de poste.

18. — Il n'y a aucun messager ni voiturier habituel.

19. — Le château de Lavauguyon où est le chateau seigneurial de la paroisse. Le seigneur actuel est M. Desproges résidant en Périgord.

20. — Le seigneur est haut justicier et sa justice relève du siège royal de Montmorillon, distant d'environ dix-huit lieues de Maisonnais. Pour l'élection c'est Confolens, distant de plus de six lieues. Pour la subdélégation c'est Rochechouart, distant, de trois grandes lieues.

21. — La grande route la plus proche de Maisonnais est celle de la Rochefoucauld, distante environ de quatre lieues et demi. Il y a d'autres chemins de traverse que prennent les voituriers qui viennent de la Rochefoucauld, qui sont en très mauvais état, suivant qu'il a été rapporté. A l'égard des chemins de bourg à bourg, de village à village, ils sont entièrement négligés et en très mauvais état.

Observations.

ART. 1er. — Il y a un pont à construire sur la Tardoire qui borde la paroisse de Maisonnais, qui est très nécessaire. Il existait il y a fort peu de temps, mais l'inondation dernière et qui fut assez générale l'emporta. Il touche immédiatement la forge de Raud, située dans la paroisse de Maisonnais, et communique à la paroisse de Chéronnac. Il était construit partie en pierre et partie en bois. Le propriétaire de la forge avait fort désiré faire réparer ledit pont; mais il s'est trouvé hors d'état de le faire. D'ailleurs c'est un passage public pour aller de Maisonnais à Rochechouart où se tiennent les foires.

Je crois, Monseigneur, que plusieurs voisins conjointement avec le propriétaire de la forge de Raud ont présenté requête à M. de Blossac, votre prédécesseur, pour obtenir un atelier de charité pour la réparation dudit pont. Je ne sais point quel en a été le résultat, mais le pont n'est point accommodé.

Art. 2°. — Il y a un autre pont moins considérable ou espèce de grande planche également sur la Tardoire, dans la paroisse de Maisonnais, quoique sur le bord; laquelle planche est absolument nécessaire pour porter les sacrements à un village de la paroisse qui est en delà, composé d'environ trente feux. Ledit pont ou planche est dans un état pitoyable, de façon qu'on ne peut y passer à cheval, pas même à pied, que fort difficilement. J'ai fait là-dessus mes représentations à mes paroissiens: cela n'a produit aucun effet. Il ne s'agirait, Monseigneur, que d'une somme peu considérable pour faciliter ledit passage, mais comme la paroisse est pauvre, elle aurait besoin d'un atelier de charité de cent écus ou 400 ll.

Art. 3°. — La paroisse de Maisonnais est bordée du côté du midi d'une autre petite rivière peu considérable entre le Périgord et le Poitou. Cette rivière grossit facilement pendant l'hiver, et c'est un passage pour conduire les bestiaux à une foire d'un endroit qu'un nomme Piégu, où il y a marché tous les mercredis et foire chaque mois. Il n'y a cependant ny pont ny planche. Il serait très avantageux au public que ce passage fut commode, du moins pratiquable.

Art. 4°. — Autre réparation à faire pour la paroisse de Maisonnais: c'est le chemin qui conduit de l'église au cimetière; ledit chemin n'est point pratiquable pendant l'hiver. La paroisse avait obtenu de Monseigneur l'Intendant votre prédécesseur une petite imposition pour réparer ledit chemin.

Le vote en a été fait aussi bien que l'adjudication du bail.
La paroisse devait conduire les matériaux, ce qu'elle n'a
point fait. Il est vray aussi que la somme parait fort modique pour ladite réparation. C'est pourquoi, Monseigneur, si
la paroisse vous présentait une autre requête, il serait très
à propos que la somme fut plus considérable.

A Maisonnais, le 13 may 1785.

SIMON, *curé de Maisonnais*.

Paroisse de Saint-Martin de Jussat.

1. — Cent feux.

2. — Quatre cents habitants.

3. — Avec bœufs et vaches seulement.

4. — Ils ne sont que suffisants.

5. — Le pays est plus plaine que bocage. Il est néanmoins l'un et l'autre. En général il est arride et très peu marécageux. La rivière la Vienne le cotoie au levant sans lui
être d'aucun profit. Il est traversé et arrosé par trois petits
ruisseaux que les sécheresses anéantissent absolument.

6. — La nature du sol est assez bonne en général; la
paroisse a trop peu d'étendue pour avoir beaucoup de terres
à bled, etc. Il y a quelques vignes à la vérité, mais elles sont
en si petite quantité et le vin qu'elles donnent d'une si médiocre qualité que je ne crois pas devoir en parler. Il n'y a
d'autres bois que ceux qui séparent les champs des particuliers. Le seul branchage de ce bois sert aux colons pour
chauffer leur four et se chauffer eux-mêmes. On trouve encore
par ci par là quelques bois châtaigniers qui nuisent plus au
sol qu'ils ne rapportent de profit aux particuliers. Pour des
landes, il n'y en manque pas.

7. — Plusieurs particuliers ont essayé de l'introduire,
mais ils ont si peu réussi qu'ils s'en sont tenus aux prairies
naturelles. On peut donc dire ici avec raison que la méthode des prairies artificielles est ici ignorée.

8. — De toutes espèces ; mais la principale la plus commune est en froment et seigle.

9. — Le produit des récoltes n'est pas toujours suffisant pour nourrir tous les individus, ce qui est si vrai que le moindre contre-temps, comme la grele, gelée, sécheresse, qui arrive à la récolte les oblige de recourir ailleurs. Il leur est donc impossible d'en fournir aux contrées voisines. Les débouchés et communications seraient assez faciles.

10. — On y cultive du lin et du chanvre, mais en très petite quantité et de très mauvaise qualité. Il y a très peu de moutons ou brebis, point de cire, aucune fabrique d'étoffes ni de toiles. Je n'y connais d'autre genre de commerce ou d'industrie que celui de la culture des terres.

11. — Je n'en vois aucun, si peu il y a de ressources du côté des habitants et du sol.

12. — Il n'y a rien.

13. — Il y a seulement un mauvais faure ou taillandier qui forge les divers outils dont se sert le paysan.

14. — Il n'y a ni foires ni marché.

15. — Il n'y a point de minage. Le poids du boisseau de froment est d'environ 28 livres, celui du seigle de 20, celui de l'avoine de 12 à 13.

16. — Il n'y a ni l'un ni l'autre.

17. — Le bureau de poste le plus proche est à une lieue.

18. — Il n'y a ni messagers ni voituriers.

19. — Le seigneur de la paroisse s'appelle M. le marquis de St-Auvent.

20. — Il n'y a aucune juridiction. Elle relève du siège simple et ordinaire de St-Auvent et de la subdélégation de Rochechouart. La distance de ces deux endroits peut être d'une lieue et demie.

21. — Il est à une forte lieue de la grand route la plus proche. Les chemins de bourg à bourg et de village à village ne sauraient être en plus mauvais état. Il n'y a aucun pont. Je n'en vois même pas la nécessité. La pierre qu'on y dé-

18

couvre est trop dure pour être travaillée ; elle n'est propre
qu'à faire des écluses.

Certifié véritable par nous SINGAREAU, *chanoine régulier,
prieur curé de St-Martin de Jussat, le 18 mai* 1785.

Paroisse de Marval.

1. — Il y a deux cents feux sur la paroisse.

2. — On compte sept cent cinquante communiants.

3. — Les exploitations se font avec des bœufs, vaches et
quelques ânes.

4. — Les bras y sont communs, vu que les ouvriers y
trouvent du travail en toute saison : l'hiver à la coupe des
bois et l'été aux travaux de la terre.

5. — Le pays est très montueux, presque tout couvert de
bois châtaigniers, dont une partie produit des chataignes;
l'autre est coupée tous les dix ans. Il est traversé par plusieurs ruisseaux qui forment nombre d'étangs et produi-
raient de bonnes prairies s'ils n'étaient pas si froids et rendus
sauvages par les bois qu'ils traversent.

6. — Le terrain est très léger. Les terres à bled sont à
peu près le sixième de la paroisse. Les prairies et les pâturages sont assez considérables, mais de mauvaise qualité.
Il n'y a point de vignes, beaucoup de bois et assez peu de
landes.

7. — On ne connaît point les prairies artificielles.

8. — On y cultive du seigle, du bled noir, un peu d'a-
voine.

9. — La paroisse se nourrit de ses chataignes et de son
blé noir et vant (*sic*) presque tout son seigle. Les débouchés
ne sont pas très faciles, attendu que le pays coupé de montagnes rend la voiture dispendieuse.

10. — On y cultive du chanvre, point de lin ; il y a des troupeaux de moutons. Les toiles et les étoffes que produisent ces deux articles se consomment dans l'endroit et suffisent. On y recueille peu de vin. Le commerce qui y procure le plus de ressources est celui des cochons, sur lequel chaque particulier compte pour payer la dépense de sa maison et sa part d'impositions. Le travail de ses bras sert à le nourrir avec sa famille.

11. — Je n'en connais pas.

12. — Il y a trois forges à fer en exercice et trois autres abandonnées, sept moulins à grains, un moulin à huile. Il n'y a pas d'autre uzine.

13. — Il y a deux charpentiers, deux menuisiers, quatre maréchaux.

14. — Il n'y a ni foires ni marchés, mais on est à la portée de Piégu, village du Périgord où se tiennent tous les mercredis des marchés considérables surtout pour les cochons. Piégu est à une lieue et demie de Marval.

15. — Il n'y en a pas.

16. — Il n'y a point de maison religieuse ni d'école de charité.

17. — Le plus prochain bureau de poste est Chalus à trois lieues de Marval.

18. — On a, toutes les semaines, des marchands de volaille qui vont de Limoges à Piégu et procurent des communications avec Limoges où ils portent vendre leur volaille.

19. — Le seigneur de la paroisse est M. le comte de St-Auvent.

20. — La paroisse relève de la justice de St-Auvent, distante de trois fortes lieues, ce qui fait qu'il y a très peu de procès dans l'endroit Elle relève ensuite de la senéchaussée de Montmorillon et du parlement de Paris. Elle est dans la subdélégation de Rochechouart dont elle est éloignée de quatre lieues.

21. — La plus prochaine grande route est celle de Limoges à Périgueux passant par Chalus et Marval. Elle est à trois lieues. Celle qu'on construit de Limoges à Angoulême par St-

Mathieu en sera éloignée de deux lieues. Les chemins de la paroisse sont en général très escarpés, toujours secs parce qu'ils sont presque tous sur le roc et sur le sable. Les moillons et les pierres de taille sont fort communs et les chemins ne seraient pas fort difficiles à rendre praticables.

Voilà, Monsieur, ce que j'ai cru le plus propre à répondre aux questions que vous m'avés adressées. Quoique j'aie employé tout le soin qu'il m'a été possible pour répondre exactement, je puis cependant me tromper en plusieurs points, attendu qu'il y a peu de temps que je suis sur la paroisse. Si dans la suite vous jugez à propos de m'adresser de nouvelles questions, je me ferai un vrai plaisir de vous donner les éclaircissements qui dépendront de moy. Tous mes désirs seront remplis si, en vous éclairant sur la situation du païs que j'habitte, je puis contribuer à la féllicité des peuples parmi lesquels la Providence m'a plassé.

J'ai l'honneur d'être très parfaitement, Monsieur, votre très humble serviteur.

PÉRIGORD-DESBORDES, *prêtre, bachelier de Sorbonne, vicaire régent de Marval.*

Paroisse de Saint-Mathieu.

1. — Il y a trois cent quatorze feux.

2. — Il y en dix huit cent quinze habitants.

3. — Se font avec des vaches.

4. — Les bras sont plutôt rares que communs, mais on cultive sans beaucoup de gêne avec ceux qui existent.

5. — St-Mathieu est un pays de bocage, marécageux, baigné dans une de ses parties par la rivière appelée Tardoire, traversé par celle nommée Colle, arrosé par plusieurs ruisseaux qui forment des étangs et autres réservoirs d'eau.

6. — La nature des terres est d'une qualité médiocre.

Celles à bled sont en assez grand nombre. Les prairies et pâturages ne sont pas en proportion de la vaste étendue de la paroisse qui a près de deux lieues de diamètre et six de circonférence. Elle est sans vignes ni landes et avec beaucoup de bois chataigniers.

7. — On ne connait pas cette méthode et je doute qu'elle réussisse.

8. — Le seigle et le bled noir sont les plus universels. On récolte une grande quantité de chataignes, des pommes de terre et du bigarot ou bled d'Espagne.

9. — Communément la paroisse ne consomme point ses récoltes; elle en fait part aux voisines et limitrophes qui viennent les chercher. A défaut de ce elle les envoie au marché de Piègu, village de la paroisse de Pluviers en Périgord, débouché ordinaire fort fréquenté, les mercredis de chaque semaine, et dont la communication n'est difficile qu'en hyver.

10. — On ne cultive presque point de lin. Il n'y a guère de maison tant soit peu aisée qui ne reccueille de chanvre et qui n'ait quelques brebis. On voit aussi quelques ruches de miel dont le travail et produit est vendu à de petits voituriers qui les portent à Limoges. C'est peu de chose. Les étoffes fabriquées sont les nécessaires aux paysans et les toiles sont des étoupes, brin et moyennes. Le commerce le plus lucratif est celui des cochons. Par malheur ces animaux périssent beaucoup depuis plusieurs années, sans qu'on soit parvenu à connaitre la cause de leur destruction non plus qu'à y remédier.

11. — On le laisse à décider à la prudence du ministère d'après les renseignements.

12. — Il y a deux forges à fer, cinq moulins à grains.

13. — Il y a quatre charpentiers et un maréchal, plusieurs cloutiers et deux taillandiers, nombre de galochers et tisserans.

14. — Il y a six foires chaque année sans aucun marché. Des bêtes à cornes et cochons les remplissent. Il s'y rend de petits marchands de toilerie et quincaillerie. Il ne se trouve presque rien aux foires qui se tiennent en été.

15. — Il n'y a point de minage. Le boisseau est celui de Rochechouart du poids de 28 livres pour le seigle.

16. — Non.

17. — A environ trois lieues ; ce bureau est celui de Rochechouart.

18. — Non.

19. — Le seigneur censier de St-Mathieu s'appelle messire Maurelle Guingand. La seigneurie est t'trie vicomté. Madame Mirabeau en a une portion.

20. — M. de St-Mathieu et Mad. de Mirabeau ont tous deux haute, moyenne et basse justice qui relève pour toutes les affaires du siège royal de Montmorillon. La paroisse est dans l'élection de Confolens et la subdélégation de Rochechouart. Elle est à 20 lieues de Montmorillon, huit de Confolens et trois de Rochechouart.

21. — On travaille à y faire la grande route d'Angoulême à Limoges. Elle passera par Maizonnais et Cussac, bourgs limitrophes. Les chemins des autres bourgs ainsi que ceux des villages où elle ne conduira pas, sont en mauvais état. Il y a deux ponts : un sur le Tardoire et l'autre sur la Colle, qui ménagent la communication avec Rochechouart ; le dernier a besoin de quelques réparations ; il est en bois ainsi que l'autre, avec cette différence que celui du Tardoire est pavé au lieu que celui de la Colle ne l'est point. La pierre est propre à toute sorte d'ouvrage où elle peut entrer ; commune et de très bonne qualité.

(*Sans signature ni observations.*)

Paroisse de Millaguet.

1. — Environ cinquante feux, tant en particuliers qu'en bordiers qui se mettent dans des recoins d'habitation, ce qui fait souvent du changement.

2. — Environ deux cents communians; cela varie de cinq à six personnes, et environ quatre vingt-douze enfants.

3. — Il y a des bœufs dans les météries et des vaches. Quelques particuliers ont deux vaches.

4. — Pas communs.

5. — Il y a deux étangs dans la paroisse : un formé par deux ou trois fontaines, l'autre je ne sais d'où il prend sa source, qui est médiocre. Le pays n'est pas tout à fait plaine ; il est arride ; il y a plusieurs tertres assez élevés.

6. — Il y en a quelques unes de bonnes pour le seigle. La majeure partie est arride. Le blé y est toujours clair ; il s'y perd l'hiver. Il y a quelques prairies qui sont passables, plusieurs qui sont sauvages. On y voit des joncs et de la mousse. Plusieurs sont arrosées par l'eau qui sort des étangs mentionnés cy-dessus. Des paturages que nous appelons *clos* entre deux ; mauvais sol, point de vignes ; plusieurs bois en chateigniers, quelques taillis et des landes. Je peux bien dire que cette année il n'y aura point de foin ; les meilleurs prés même n'ont rien.

7. — Elle y est ignorée, et selon ma connaissance le terrain n'y est pas propre.

8. — Seigle, un peu de bled sarazin appelé bled noir.

9. — Pour l'ordinaire souvent il faut avoir recours au voisinage.

10. — On sème seulement un peu de chanvre qui n'y vient pas beau. Point de troupeaux de moutons, quelques brebis seulement et fort petites. Il y a peu d'essims (*sic*) d'abeilles. Il y a plusieurs particuliers qui en ont ; mais un, deux. Aucun commerce, pas même de cabaret dans la paroisse.

11. — Je n'y en vois pas.

12. — Il n'y a rien de tout ceci, à l'exception d'un moulin à grains.

13. — Deux faures de campagne ; de plus quatre gallochiers et un cinquième qui est bordier ; quatre tisserans qui font de la toile de ménage pour la campagne, dont deux sont bordiers, par conséquent sujets à quitter la paroisse ;

un tailleur seulement et qui ne sait faire que les habits de paysans.

14. — Pas de foires.

15. — Point de minage. Pour les rentes on se sert du boisseau de Chalus. Pour l'usage commun, on vend au boisseau de Nontron qui pèse environ trente livres seigle.

16. — Rien de tout ceci.

17. — A deux lieues et demi de Chalus en Limousin, à trois lieues de Rochechouart.

18. — Rien de cecy.

19. — La maison de St-Auvent est seigneur justicier. Le titre est comté.

20. — Elle relève de Montmorillon.

21. — Les chemins de bourg à bourg, de village à village sont comme dans les autres endroits du voisinage ; on ne peut pas dire que ce soit des chemins. C'est toute la connaissance que j'ai sur cet article.

Observations.

Il n'y a dans la paroisse d'autres habitants que de petits particuliers, des bordiers et des métayers. Les habitants sont pauvres, et la mortalité des cochons qui dure depuis longtemps et qui ravage tout à l'heure la paroisse plus vivement que les années précédentes, finit de les écraser.

Je soussigné certifie que ce que j'ai écrit est véritable autant que j'ai pu le connaître. En foy de quoi ai signé à Milhaguet, le 23 mai 1785.

RIBIÈRE, *curé de Milhaguet.*

Paroisse d'Oradour-sur-Vayres.

1. — Il y a environ 540 feux dans l'étendue de la paroisse.

2. — Il y a environ 2.000 communiants et environ 1,000 enfants depuis la mamelle jusqu'à quatorze ans.

3. — On ne se sert pour la culture et le voiturage que de bœufs et vaches. Dix ou environ particuliers se servent d'anesses.

4. — Non seulement les bras ne manquent pas pour les travaux et la culture, il y a même des émigrations d'ouvriers qui partent à la St-Jean pour aller en Berry récolter les foins et y demeurent environ trois mois, la plupart aidant à y récolter les bleds.

5. — Le pays de cette paroisse est un pays de plaines; beaucoup de bois chataigniers; terre assez forte et humide; dix ou douze petits ruisseaux et très froids l'arrosent; un plus considérable appelé la Tardoire, fort froid aussi, borde cette paroisse.

6. — La nature de la terre n'est pas toute la même: un tiers de la paroisse est d'une terre pesante, le reste est plus maigre, mais elle est généralement ingrate et difficile pour la culture. Si des semailles, particulièrement du seigle, sont plus aisées, jamais la récolte ne réussit si le mois de mai est pluvieux; il nait une si grande quantité d'herbes qu'elles étouffent presque la semence, surtout du froment. On a vu dans la paille, des années, plus de moitié d'herbes qui détériorent la qualité et diminuent considérablement la quantité. La gelée dans ce mois critique, augmentée par ces petits ruisseaux, et la fraîcheur augmentée par l'ombrage des chataigniers contribuent aussi à rendre le froid plus considérable. Il n'y a presque pas de landes parcequ'on cultive tout. Il n'y a presque pas de prés de la première qualité; cependant les soins les rendent assez abondants; le fourrage ne manque pas. Presque pas de bois de futaye; quelques taillis presque tous en chataigniers.

7. — J'ai vu quelques champs de trefle de luzerne, il y a plusieurs années, mais on a absolument abandonné cette branche d'agriculture. Je ne sais si c'est faute de propriété du pays ou le peu de connaissance de la méthode. Je serais porté à soupconner la dernière.

8. — Le seigle et le bled commun et général. On cultive aussi du froment pour cinquième ou environ des gros bleds. Le bled noir ou sarazin occupe un cinquième des terres. On recueille aussi quelques bleds d'Espagne, ou maïs.

9. — Il n'est pas aisé de répondre à la question, mais voicy ce quy me parait vray. **La chataigne** manquant et le bled noir, la grosse récolte ne suffirait pas. C'est une espèce de famine. L'année commune, avec la chataigne et le blé noir réussissans, il y aurait un peu de seigle et un peu plus de froment à fournir; mais l'industrie et activité des paroissiens fait qu'il y a un nombre de boulangers qui fournissent le pain de froment à plusieurs paroisses et qui sont obligés d'acheter du froment des voisins.

10. — Les troupeaux de montagne ne peuvent se nourrir, parceque tout le pays étant cultivé, il ne reste aucun passage.

On cultive peu ou presque pas de lin. Les gelées et la neige, fort commune dans un pays couvert et coupé de petits ruisseaux froids, les emporte. On recueille assez de chanvre. Il y aussi quelque peu, mais en petite quantité que je ne saurais apprécier, de cire. Mes paroissiens vont en achetter à deux lieues à la ronde. La serge du paysan pour l'usage de la paroisse s'y fabrique. Ils vont aussi acheter le chanvre et le fil dans tout le voisinage et revendent la toile de brin, moitié brin et étoupes.

Le bourgeois a des toiles à vendre de son cru. Presque tous mes paroissiens ont un petit métier ou commerce, selon son état et ses facultés. Il n'y a pas, je pense, d'occasion à les favoriser que dans l'observation suivante.

11. — Le soussigné renvoye à la fin ce qu'il croit pouvoir observer à M. l'Intendant.

12. — Dans l'article 12 on répond qu'il y a dans la paroisse six moulins à grains seulement, qu'il y a trois ou quatre tuilleries, pas de fours à chaux, le pays n'ayant pas de pierres calcaires. Il n'y a qu'un moulin à foulon qui fait quelques teintures peu estimables.

13. — On a eu l'honneur d'observer que presque tous les

paroissiens sont ouvriers ou commerçants, s'ils ont des moyens. Il y a quatre ou cinq charpentiers, autant de menuisiers, deux serruriers, deux maréchaux. Il y a un bien plus grand nombre de taillandiers qui travaillent les pesles, les aches, les faux et autres ouvrages en fer.

14. — Il y a une foire assez considérable, le 25 novembre, une autre le 17 janvier. On y conduit un assez grand nombre de vaches, veaux et genisses et plus encore de cochons gras et autres, et une assez grande assemblée.

15. — Il n'y a point de minage. Rochechouart a le boisseau étalon de ce pays. Le froment pèse par boisseau de 30 à 32 livres, le seigle de 25 à 27, l'avoine à proportion. Elle se donne ainsi que le bled noir au comble ou six pour quatre.

16. — Il n'y a aucune maison religieuse ni hôpital ni école de charité.

17. — La poste la plus prochaine est Rochechouart dans la Généralité, à deux petites lieues d'Oradour.

18. — Il n'y a aucun messager ni voiturier habituel pour les villes voisines.

19. — Le nom de la famille du seigneur est Coustin, marquis du Masnadau, et M' son aisné, aujourd'hui en possession, est M. le comte d'Oradour, gentilhomme de compagnie de son Altesse royale Monsieur, cy devant exempt des gardes de ce prince. Je crois que la terre qui est unie aussi à la paroisse de St-Bazile limitrophe, n'est qu'une chatellenie.

20. — Il y a une juridiction dont dépendent Oradour et St-Bazile en première instance, qui par appel ressort de Montmorillon, à la distance de quinze grandes lieues. Election de Confolens, à la distance de six fortes lieues. Cour consulaire de Poitiers à vingt bonnes lieues. Subdélégation de Rochechouart à deux lieues communes.

21. — Une nouvelle grand route qui vient d'être ou-ouverte par arrêt du Conseil sur l'avis vraisemblablement de M. de Blossac, prédécesseur de M. l'Intendant, n'est qu'à environ douze lieues. Je ne sais par quelle fatalité l'endroit le plus considérable de Limoges à Angoulême, le plus propre au commerce et à recevoir les étrangers, et le

plus droit et le plus court a été privé de la grande route pour
choisir des lieux qui n'ont point cet avantage. Je crois
pouvoir, au moins je pense, en donner la raison à M. l'Intendant. On avait offert de faire passer ici une nouvelle grande
route de la Rochefoucauld par Montbron en Angoumois et
St-Mathieu. Cette route offrait une augmentation de chemin
de près de deux lieues pour se rendre à la Rochefoucauld
d'icy. Les endroits où l'on faisait passer cette route n'of-
raient aucun avantage, n'y ayant aucune branche de commerce à pouvoir y faire. Cette route était dispendieuse par
les ponts qu'il fallait construire sur différentes rivières ou
en plusieurs endroits. Il existait un ancien chemin romain,
le plus droit possible, d'Oradour à la Rochefoucauld sans
traverser aucune rivière, sans rencontrer de montagne. Les
habitants d'Oradour croyaient que le Conseil, auquel ils
avaient appelé, jugerait en leur faveur. Le contraire est
arrivé. Il ne reste qu'a obéir; mais un embranchement
serait, je crois, très avantageux et au public et aux habitants d'Oradour. L'intérêt que je dois prendre comme pasteur m'engage à suplier M. l'Intendant de leur procurer cet
avantage sans augmenter le fardeau des charges publiques. Cette paroisse a fourni depuis 4 ou 5 années plus de
six mille francs pour les chemins. Elle a éprouvé une imposition presque arbitraire des vingtièmes qu'on m'a dit
tiercés. Une personne bien clairvoyante autant qu'elle est
juste, qui a fait par proportion et authorité légitime l'imposition des tailles pendant trois années, convient de la
surcharge. Les chemins du reste, soit de villages au bourg,
soit de bourg à bourg sont dans le plus mauvais état; et
dans notre ministère qui exige dans cette nombreuse paroisse
de marcher souvent, les nuits, on risque. Mais j'ose encore
demander à M. l'Intendant qu'on n'ayt point égard aux
ministres des autels au préjudice du troupeau. Je me serais
pourvu, il y a bien des années, si je n'avais pas été persuadé qu'un pasteur doit faire des sacrifices pour ses ouail-
les et qu'il faut tout faire pour conserver l'union entre les
uns et les autres.

J'ai vu plusieurs paroisses voisines qui ne payent pas tant

d'imposition et qui par la faveur de protecteurs puissants ont obtenu des ateliers de charité, au moyen desquels ils (*sic*) ont réparé des chemins moins utiles que les notres. Tout ce que j'apprends du nouveau gouvernement de la province me fait espérer de la charité, de l'équité de M. l'Intendant quelque grâce semblable pour la paroisse d'Oradour qui a honorablement supporté les charges de l'Etat sans partager ses douceurs.

Le 20 juin 1785.

SOURY, *archiprêtre de Nontron, curé d'Oradour-sur-Vayres.*

Paroisse de Pensol.

1. — 62 feux.

2. — 180 communians.

3. — Les exploitations se font par bêtes à cornes.

4. — Très rares.

5. — Pas montagneux, en partie très marécageux, traversé par trois ruisseaux très froids, qui nuisent tous les ans à la récolte et aux bois.

6. — Les terres hardilleuses (*sic*) ; peu qui soient bonnes à bled ; prairies communes, point de vignes, quelques bois taillis ; le tiers de la paroisse en mauvaises landes, peu de pasturages.

7. — L'on ne connait pas cette méthode.

8. — Seigle et bled noir.

9 — Il se consomme dans la paroisse au moins les deux tiers de la récolte ; l'exportation du reste est faite.

10. — L'on n'y cultive du tout du lin, mais du chanvre médiocre. Il y a peu de troupeaux de brebis ou moutons, bien peu de cire. Il ne s'y fabrique que la toile de chanvre.

Le principal commerce est sur les bêtes à cornes et les cochons ; point d'industrie.

11. — *Pas de réponse.*

12. — Un moulin à grain.

13. — Un menuisier du commun, un charpentier.

14, 15 et 16. — *Pas de réponse.*

17. — A deux lieues de Chalus.

18. — *Pas de réponse.*

19. — Monsieur de Chapt de Rastignat, comte de Pensol.

20. — Simple juridiction. Siége royal de Montmorillon, élection de Confolens à dix lieues, subdélégation et cour consulaire de Rochechouart à six lieues.

21. — Quatre lieues de la route de Limoges à Périgueux. Les chemins de bourg à bourg, de village à village assez mauvais. Point de ponts à construire. Les pierres sont rares.

Le tout très sincère et véritable certifié par moy soussigné curé de ladite paroisse de Pensol.

A Pensol, le 22 may 1785.

LABRUNIE, *curé de Pensol.*

Paroisse des Salles.

1. — 104 feux.

2. — 475 habitants. Le bourg fait à peu près la moitié des feux et habitants de la paroisse.

3. — Avec des vaches.

4. — Ny trop rares ny trop communs.

5. — Marécageux, bordant la rivière de Tardoire et plusieurs petits ruisseaux dont l'un considérable qui cotoye le bourg, dificile à passer aux moindres pluyes et sur lequel on a le projet de faire un pont par athelier de charité sur les fonds de 1787.

6. — Terres légères, peu à bled, quelques prairies, des bois chataigners et beaucoup de landes, point de vignes.

7. — Non.

8. — Seigle et bled noir.

9. — Tout se consomme dans la paroisse; point de débouchés ni communications faute de grandes routes qui seraient aisées à faire percer et communiquer.

10. — Peu de chanvre, point de lin; très peu de fort mauvaises brebis; point de cire; rien des autres articles.

11. — Plusieurs : notamment des foires et marchés, le bourg étant considérable et bien placé; quelque école de charité; un élève de l'école vétérinaire (1), les maladies des bêtes à cornes y étant fort communes, et on n'a aucune ressource, pas même à 5 lieues de distance; une sage femme. Il faudrait un volume pour vous prouver l'utilité et combien cela est nécessaire et les fâcheux évènements que produit cette privation.

12. — Point du tout de ces sortes d'établissements.

13. — Un mauvais serrurier, plusieurs chapeliers, deux menuisiers bien de campagne, un pauvre maréchal, un savetier, deux tailleurs, beaucoup trop d'aubergistes et officiers de justice.

14. — Une seule foire à cochons suivie; deux autres qui le soint moins, dans lesquelles on ne tient que des cochons.

15. — Point de minage. On y suit la mesure de Rochechouard.

16. — Non.

17. — A trois lieues de Rochechouard.

18. — Non, mais il s'y en établirait s'il y avait une route de Limoges à Angoulême, la paroisse en étant le point central et le plus direct.

19. — Desproges seigneur haut justicier. M. l'abbé de Mirebonne, prieur de l'abbaye royale des Salles, seigneur foncier.

---

(1) Il ne peut s'agir de l'école vétérinaire de Limoges qui n'existait plus à cette date. La généralité de Poitiers envoyait ses sujets aux écoles de Lyon ou d'Alfort. [A. L.]

20. — Juridiction de Lavauguyon, haute justice relevant de Montmorillon dont elle est éloignée de 18 lieues, élection de Confolant distante de 6 lieues; subdélégation de Rochechouard éloigné de 3 lieues.

21. — A une lieue de celle projetée d'Angoulême à Limoges, passant par Cussac, Maizonnais, St-Mathieu, et à plus de trois lieues de l'autre route de Limoges à Angoulême par Chabannais. Les chemins de bourg à bourg en très mauvais état, surtout ceux qui aboutissent à la rivière de Tardoire, on peut même dire perdus et impraticables aux moindres pluies, ce qui interdit les communications avec les paroisses voisines, même de village à village, si dégradés que dans la plupart jusqu'aux bouviers ne peuvent y conduire leurs charettes sans dangers. Un pont à construire sur la rivière de Tardoire qui serait de grande utilité à tous les environs; un autre sur le ruisseau qui passe à plus de trente toises du bourg dont on a parlé plus haut, réparation qu'on peut faire d'autant plus facilement que la pierre et pour les ponts et pour les chemins est très commune, mais un peu difficile à aracher.

Le bourg est on ne peut plus malpropre, n'étant point pavé, situé dans un fond et mal sain, ce qui est occasionné par plusieurs maitéries qui sont au milieu, appartenant aux principaux, qui font amonceler le fiant (*sic*) ou engrais dans les rues pendant toute l'année. A l'instar de ceux-ci, chasque particulier fait un tas de fumier devant sa porte ou le long de sa maison, ce que je crois très préjudiciable et dans le cas de produire de facheux événements.

(Sans observations ni signature.)

Paroisse de St-Pierre-de-Vayres.

1. — Soixante dix feux ou environ.

2. — Environ cinq cents habitants, tant grands que petits; 300 communiants ou environ.

3. — Les principaux domaines exploités par métayers ont
des bœufs, une partie de l'année ; le reste est exploité par
vaches ; les petits habitants pas petits ânes, les autres manants
pauvres par eux-mêmes, ceux qui ont quelque lopin de terre.

4. — Ils suffisent et sont pauvres pour la majeure partie.

5. — Il y a peu de plaines ; pays bocage, arride, traversé
en partie de petits ruisseaux, tous appelés la Graine, qui
endomagent souvent les prairies ou paturages par leurs
débordements.

6. — Les terres y sont saboteuses (*sic*), pour la majeure
partie ; l'autre est en terre à bled seigle ; peu de froment,
peu de bonnes préries ou paturages. Deux petites vignes,
le reste en bois chataigners et en landes.

7. — On ne la connait point.

8. — Seigle et bled noir, froment un septième, bled d'Espagne depuis quelques années ; on en sème dans certaines
terres qui réussit assez bien ; peu de baillarge.

9. — Les propriétaires des principaux domaines qui sont
hors de la paroisse font conduire leur portion chez eux ou
la mettent dans des greniers à eux appartenants et la revendent à ceux qui le demandent des contrées voisines. Les
communications sont assez communes, les chemins mauvais.

10. — Quelque lin et chanvre pour le service des laboureurs ; quelques brebis qui réussissent peu. Le petit propriétaire en a un chascun quelque petit nombre pour avoir
de la laine, pour s'habiller et pour le fumier principalement.
Sans quoy il n'aurait pas de chanvre. L'étoffe et toile qu'on
y fabrique est pour l'usage du laboureur. Il y a très peu de
cire. Les principaux commerces, l'année passée et présente,
sont les sabots et cochons.

11. — Favoriser le commerce du sel qui y est très ancien,
en réparant l'ancienne grande route de Limoges à Angoulême ; établir quelques maltres d'école pour enseigner les
enfants du bourg et de la campagne.

12. — .... Deux petits moulins à grain appelé
grainé, appartenant au seigneur de la terre. Le reste rien.

19

13. — Un charpentier, un menuisier, 4 sabotiers, 6 tisserants, 3 cardeurs.

14. — Les foires et les marchés se tiennent en la ville de Rochechouart.

15. — Il est à Rochechouart, mesure de Rochechouart.

16. — Non, aucune.

17. — A Rochechouart, distance de cinq quarts de lieue et trois lieues de Chabanais.

18. — Non.

19. — M. de Rochechouart-Pontville, vicomte.

20. — La juridiction est à Rochechouart. Relève du siège royal de Montmorillon, élection de Confolens, cour consulaire de Montmorillon, subdélégation de Rochechouart, cinq quarts de lieue de Vayres, six lieux de Confolens, quinze de Montmorillon et vingt de Poitiers.

21. — Anciennement et encore aujourd'hui la grande route d'Angoulême à Limoges passait par le bourg de Vayres, parcequ'elle est plus courte au moins de trois lieues, quoique les chemins soient affreux M' de Saint-Mathieu, seigneur, éloigne cette route, par le grand chemin qu'on se propose, de deux lieues et le voyageur y passe encore malgré que cette route n'est pas réparée.

Le présent bourg de Vayres était autrefois pavé ; aujourd'hui il n'y parait presque plus de traces de pavés. On ne peut sortir du bourg pour aller porter les sacrements sans beaucoup de difficultés. Les chemins y sont très mauvais lorsqu'il a un peu plu. Il est un petit pont appelé Vigneraud, qui aurait besoin de réparer. La pierre est commune.

Voilà, Monsieur, tous les éclaircissements que je peux vous donner autant qu'ils sont de ma connaissance, et suis très respectueusement

CODET, *curé de Saint Pierre de Vayres.*

Je joints ici pour votre bon plaisir l'acte d'assemblée de ma paroisse du 22 may, présente année, avec leurs requettes (*sic*) que j'ai signées, pour réparations urgentes et nécessaires. Pour ce qui regarde la paroisse et le cimetière ils y on sentent et veulent bien payer ce qui les regarde. J

crois qu'attendu leur consentement public vous ne différe-
rez pas leur accorder ce dont ils vous supplient très humblement et moy particulièrement pour éviter de plus grands
frais.

CODET, *curé de Saint Pierre de Vayres.*

Paroisse de St-Victurnien.

1. — Trois cent trente feux dont cent trente dans le bourg.

2. — Douze cents à treize cents habitants.

3. — Les exploitations s'y font avec des bœufs et vaches ;
le transport des fumiers en partie avec des chevaux.

4. — Ni trop rares ni trop communs.

5. — La paroisse est un pays de côtes, plutôt sec que marécageux et traversé par la rivière de Vienne.

6. — Le pays en général est bon et on y recueille beaucoup de froment et de la première qualité. Il y a suffisamment de prairies et de paturages. Les vignobles sont assez
considérables sans être trop multipliés. Il n'y a point de bois
et très peu de landes.

7. — On n'en fait aucun usage.

8. — Du froment.

9. — Les récoltes ne sont pas trop considérables ; cependant les propriétaires fournissent beaucoup de froment aux
villes de Limoges et de St-Junien, dont la paroisse n'est
éloignée que de trois lieues de la première et de la seconde
que de deux lieues. Les communications en sont très difficiles, quoique l'embranchement de la grande route de St-
Junien à Limoges pourrait être facilement pratiqué, n'y
ayant qu'une très petite distance du bourg qui est au centre
de la paroisse, au grand chemin de Limoges à St-Junien.

10. — On y cultive beaucoup de lin, un peu de chanvre ;
il y a très peu de moutons ; on y recueille très peu de cire.

L'industrie qui y procure le plus de ressources sont les toiles
du apys qu'on y fabrique.

11. — Les matières pour fabriquer manquant dans l'endroit et les environs, les choses peuvent demeurer dans l'état
qu'elles sont. Pour ce qui concerne le soulagement de l'hu-
manité, l'éloignement où l'on est du chef de l'administration
occasionne que le malade pauvre est souvent dans la souf-
france, ignorant le moyen de luy faire parvenir ses plaintes
et connaître ses besoins.

12. — Il n'y a qu'un moulin à grain dans la paroisse,
mais qui est en état de fournir toutes les farines à quatre
paroisses comme celle dont il est question. Pour ce qui concerne les autres articles renfermés dans le présent numéro,
on est assez à portée de se procurer les articles dont on peut
avoir besoin.

13. — Il y a beaucoup de soi-disant charpentiers, menuisiers, serruriers, maréchaux, tailleurs qui, dans le besoin, se
trouvent utiles.

14. — Il y a des foires et des marchés établis, mais qui
n'ont pu se soutenir à cause du passage de la rivière de Vienne
qui n'est pas commode.

15. — Le boisseau froment pèse trente quatre livres, le
boisseau seigle trente livres. Il n'y a point de minage dans
l'endroit.

16. — *Pas de réponse.*

17. — Le plus près est St-Junien éloigné de deux lieues.

18. — *Pas de réponse.*

19. — M. le duc de Mortemar, marquis de St-Victurnien.

20. — Il y a une haute justice qui relève de Montmorillon.
L'élection est de Confolent; pour ce qui concerne la cour
consulaire, les habitants s'adressent à celle de Limoges; la
subdélégation est de Rochechouart. On est éloigné de
Montmorillon de quinze lieues, de Confolent six, de Limoges
trois, de Rochechoir trois.

21. — La grande route de Limoges à Bordeaux par St-
Junien et Angoulême n'est distante du bourg, qui fait le

centre de la paroisse, que d'une demi lieue. Les chemins de bourg à bourg sont impraticables ainsi que ceux de village à village soit pour les gens à pied ou à cheval ; mais la communication la plus utile après celle de village à village serait celle du bourg à la grande route de Limoges à Bordeaux. Pour ce qui concerne les ponts, il y en aurait un très utile sur la rivière de Vienne ; il contribuerait beaucoup à la conservation humaine, n'ayant pas d'années où il n'arrive quelques accidents, notamment en 1776 où il y périt plus de soixante personnes dans un seul passage (1). La pierre pour la réparation des routes est abondante. Celle qu'on emploie pour la construction des ponts est rare, quoique cependant il s'en trouve avec assez de facilité.

(*Pas d'observations ni de signature.*)

Paroisse de Vidais (2).

1. — Environ 100 feux dont 20 en Angoumois.

2. — 330 communiants; y compris adultes et enfants 500.

3. — Avec des vaches et des bourriques, 3 paires de bœufs seulement.

4. — Environ un quart plus de bras conviendrait pour le travail, mais pourrait être de trop pour le partage des possessions.

5. — Partie plaine, partie montueux, partie aride, partie marécageux ; arrosé à deux extrémités par la Charente bien près de sa source et par la Thrèse (*sic*).

(1) Le malheur signalé dans la présente note se renouvela bien des fois depuis lors, notamment à Chabanais vers 1825, où il périt plus de cinquante personnes qui chavirèrent d'une barque au plus profond de la Vienne coulant à pleins bords.

(2) Aujourd'hui Videix.

6. — Terre légère à seigle, bled noir, pommes de terre, chataignes; des prairies, des pasturages, point de vignes, presque point de bois, des landes.

7. — Point.

8. — Seigle; à proportion trop de bled noir, et pommes de terre.

9. — Le produit des récoltes ne suffit pas.

10. — Un peu de mauvais chanvre; petits troupeaux de brebis; point de fabriques, aucun genre de commerce ny industrie.

11. — Il y a ny assez de moyens ny assez d'émulation.

12. — Un moulin à bled d'environ 150 ll de ferau (?).

13. — *Pas de réponse.*

14. — Idem.

15. — Point de minage; poids du boisseau froment 30 livres; du seigle 27; de l'avoine 28.

16. — *Pas de réponse.*

17. — Rochechouart, Chabanais

18. — *Pas de réponse.*

19. — Madame la vicomtesse de Rochechouart justicière; M. du Dosfay (?) en partie seigneur foncier.

20. — Jurisdiction seigneuriale de Rochechouart relevant pour certaines causes du siège royal de Montmorillon, pour d'autres de Poitiers. Election de Confolent, subdélégation de Rochechouart. Distance de Rochechouart, une lieue et demie.

21. — Grandes routes plus prochaines : Chabanais, St-Junien. Chemins de bourg à bourg, de villages à villages, précipices la moitié de l'année impraticables; nécessité de ponts sur les deux petites rivières Charente et Thrèse. On trouverait dans l'endroit la pierre nécessaire.

(Pas d'observations ni de signature).

REGISTRE D'HOMMAGES

DE LA SEIGNEURIE DE BOUSSAC

1519-1521.

Ce registre appartient présentement à M. l'abbé Sapin,
membre de la Société archéologique du Limousin. Il se com-
pose de 21 feuillets de parchemin, mesurant 0^m. 26 de hauteur
sur 0^m. 20 c. de largeur. La première page a une grande
initiale en or sur fond bleu renfermant l'écusson de Bretagne:
d'argent (?) semé d'hermines de sable, avec des rinceaux en
couleur à gauche et en bas. En marge à droite, d'une écriture
moderne on lit : *unique invée cotte vingt-deux*. De même sur la
couverture *cotte 22*. Les initiales sont ornées. L'écriture,
d'environ 1521, est très soignée. Il y a des fautes qui
ont été deux ou trois fois corrigées par une main plus récente.
Les hommages sont numérotés de I à LVIII. A la fin du registre
ont été collées deux feuilles de papier contenant la table des
matières, d'une main du XVIIe ou du commencement du XVIIIe
siècle.

ANTOINE THOMAS.

Ci apres s'ensuyvent les hommaiges, foy et serment de fidelité receuz par monseigneur Monsieur Regné de Bretaigne (!), conte de Painthièvre et de Perigord, viconte de Lymoges et de Bridiers (2), seigneur des Exars (3), Chasteauceaulx (4), Chasteaumur (5), Palluyau (6), Fourras (7), La
Perouze (8) Boussac, etc., a luy deuz et faiz par les valseurs (*sic*)
cy dessoubz nommés a cause de sadicte seigneurie de
Boussac le quinziesme jour de jung l'an mil cinq cens dix-
neuf en son chastel dudict Boussac es presences de honno-
rables hommes et saiges maistre Pierre Maigny, licencié en
loix, bailly dudit Boussac, François de Chambely, aussi licencié en loix, bailly de la Perouze, et Pierre Duchier, bachel-
lier en loix, juré et notaire soubz le seel es contractz en la
chastellenie de Bossac et clerc desdictz (p. 2) fiefs et hommaiges, lesqueulz hommaiges ont esté signés par le dit
Duchier par le commandement de mondit seigneur le conte
les jours et an susdictz. Et premierement :

1. Messire Pierre d'Aguirande (9), chevalier, a congneu et
confessé tenir pour raison de la succession de son feu pere
en fief de mondict seigneur a cause de sadicte seigneurie de
Boussac la maison, lieu et fief noble du Chier (10), assiz en la
paroisse du Bourg, avec ses appartenances et deppendences
ensemble le lieu noble de Salvere (11), assiz en la paroisse
de Mallerex, avec ses apparenences et deppendences, et en a

---

(1) René de Brosse, dit de Bretagne, ne posséda que de nom les comtés de
Penthièvre et de Périgord et la vicomté de Limoges. Il s'associa à la défec-
tion du connétable de Bourbon et fut tué à la bataille de Pavie (1525).

(2) Commune de La Souterraine (Creuse).

(3) Les Essarts (Vendée).

(4) Auj. par corruption Champtoceaux (Maine-et-Loire).

(5) Châteaumur (Vendée).

(6) Palluau (Vendée).

(7) Fouras (Charente-inférieure).

(8) La Pérouse (Puy-de-Dôme).

(9) Aigurande, ch. l. de canton (Indre). Cette famille noble n'a pas d'article dans le *Nobiliaire* de Nadand ; elle est encore mentionnée plus bas,
n° 2 et 28.

(10) Le Cheix, commune de Boussac-Bourg.

(11) Salveur, commune de St-Silvain-Bas-le-Roc, canton de Boussac.

faict a mondit seigneur present les foy et hommaige lige et serment de fidelité accoustumés, à quoi a esté receu par mondit seigneur sauf son droit et l'autruy et luy a esté enjoinc bailler son denombrement par escript dans quarente jours.

2. (P. 3). Ledict Messire Pierre d'Aguyrande, chevalier susdit, a congneu et confessé tenir pour raison de la succession de feu son pere en fief de mondit seigneur a cause de sa dicte seigneurie de Boussac la tierce partie du lieu et fief noble de Jupille, assiz en la paroisse de Sainct-Pierre-le-Boys (1), avec ses appartenences et deppendences, et en a faict (comme ci-dessus) et a offert poyer les rachaptz, si aucunz en sont deuz a mondit seigneur pour raison dudit fief.

3. Jacques de Manvoisin (2), escuier, a congneu et confessé tenir a cause de damoiselle Anne de la Court, sa femme, en fief de mondit seigneur a cause de sa dicte seigneurie de (p. 4). Boussac le lieu et fief noble d'Estables, assis en la paroisse de Cluignat (3) (comme ci-dessus).

4. Jehan Le Groing (4), escuier, à congneu et confessé tenir pour raison de la succession de son feu pere.. la maison, lieu et fief noble de Sainct-Salvier (5), assiz en la paroisse dudit lieu, avec ses appartenances, ensemble le lieu et fief noble de Monteffrel, assiz en la parroisse du Bourg (6), avec ses appartenances, et le lieu et fief noble du Chastellard,

(1) La Grande-Jupille et la Petite-Jupille, commune de St-Pierre-le-Bost, canton de Boussac (cf. n° 28).

(2) Corrigez *Mauvoisin*. Cette famille a une courte notice dans Nadaud (IV, 393, supplément), mais il n'y est pas question de notre Jacques. Voyez plus loin n° 24.

(3) Etables, commune de Clugnat, canton de Châtelus-Malvaleix.

(4) Sur la célèbre famille *Le Groing*, qui a possédé entre autres le château de La Motte-au-Groing, commune de Leyrat, et qu'on s'étonne de ne pas trouver dans Nadaud, voyez la Chenaye-Desbois, et Badier, *Dict. de la Noblesse*, ed. de 1866, tom. IX, col. 862-876. D'autres membres figurent plus loin sous les n°⁵ 50 et 51.

(5) St-Sauvier, commune d'Huriel (Allier).

(6) Auj. Moitié-Froid, commune de Boussac-Bourg.

assis en la paroisse de Mallerex (1), avec ses appartenences, et en a (p. 5) faict..... dans quarente jours.

5. Loys de la Chapelle (2), escuier, à congneu et confessé tenir pour raison de la succession de ses feux pere et frere... la maison, lieu et fief noble de Boucheroux, assiz en la paroisse de Lerac (3), avec ses appartenences et deppendences, et en a fait... quarente jours.

6. Anthoyne Gazeau (4), escuier (p. 6)... succession de son feu pere... le lieu et fief noble des Chezaulx, assiz en la parroisse de Sainct Saulvier,... quarente jours.

7. Guillaume Villars (5), escuier,... succession de feu Marguerite de Villars, sa tante... la quarte partie de la maison, lieu et fief noble de Nozerines (6). assiz en la paroisse du dit lieu... (p. 7) et en a offert paier les rachaptz, si aucunz en sont pour ce deuz a mondit seigneur.

8. Loys de Roquefeully, (7), escuier, ou nom et comme baillistre et ayans le gouvernement de Regnee, sa fille, et de feu damoiselle Françoise Savary (8) la tierce partie du lieu et fief noble de Laige Mesnier, assiz en la parroisse de Bruxière Sainct George,... (9), et en a offert (comme ci-dessus).

9. (P. 8) Anthoine de Monfront, (10) escuier, ou a cause de damoiselle Francoise de la Ruelle, (11) sa femme....

---

(1) Nous ne trouvons pas de localité de ce nom dans la commune de Malleret, canton de Boussac,

(2) Famille qui manque dans Nadaud et qui tirait probablement son nom de La Chapelle, commune de Lépaud, canton de Chambon. Le même personnage figure plus loin, n° 10. En 15, Jean de la Chapelle, clerc, était garde du sceau de la chatellenie de Boussac (Bibl. nat., *Clairambault*, 1050, f°. 177, original).

(3) Le Boucheroux, commune de Leyrat, canton de Boussac.

(4) Famille qui manque dans Nadaud ; cf. plus loin n° 20 et 39.

(5) Nadaud avait une notice sur une famille *de Villards*, mais la feuille qui la contenait est déchirée.

(6) Nouzerines, canton de Boussac.

(7) Sans doute pour *Roquefeuil*, famille qui manque dans Nadaud.

(8) Famille qui manque dans Nadaud.

(9) L'Age, commune de Bussière-St-Georges, canton de Boussac.

(10) Famille qui manque dans Nadaud.

(11) Famille qui manque dans Nadaud.

la maison, lieu et fief noble de Chasteau-Chevrier, avec le dommaine et moulin assiz en la paroisse de Malle-rex..... (1) et en a offert (comme ci-dessus).

10. Loys de la Chapelle, (2) escuier... (p. 9) succession de son eu pere... la maison, lieu et fief noble des Arses, assiz en paroisse de Sainct-Marcial-la-Brugiere... (3), dans quarante jours.

11. Guillaume du Mont, escuier (4) succession de ses feuz pere et mere... la maison, lieu et fief noble de Bede. juin, assiz en la paroisse de Toulx... (5) dans quarente jours.

12. (P. 10) Jehan des Laizes l'aisné, (6) escuier.... a cause de damoiselle Jehanne d'Aubusson (7), sa femme,... la moytié du lieu et fief noble du (*sic*) Laige Mesnier. assiz en la paroissede Buxiere Sainct-George... et en a offert (comme ci-dessus).

13. Maurice de Boeze, (8) escuier,... succession de son feu pere... la maison lieu et fief noble du Cloux, assiz en la paroisse de Cluignat... (9) dans **XL jours**

14. (P. 11) Gaspard Faulcon. (10), escuier,... succession de son feu pere... la maison, lieu et fief noble du Souq, assiz en la paroisse de Betestes... (11) dans quarente.

(1) Châteauchevrier, commune de Malleret, canton de Boussac.

(2) Cf. n° 5.

(3) Les Arses et St-Martial-la-Bruyère sont auj. deux hameaux de la commune de Lavaufranche, canton de Boussac.

(4) Famille qui manque dans Nadaud.

(5) Bedjuin, commune de Toulx-Ste-Croix, canton de Boussac.

(6) Nadaud ne connaît qu'une famille des Lezes, qu'on trouve aux XVᵉ et XVIᵉ s. établie à Bersac (Haute-Vienne) ou aux environs. Voy. plus loin, n° 18.

(7) Voyez plus loin n° 30 et 38.

(8) Famille qui manque dans Nadaud.

(9) Le Clou, commune de Clugnat.

(10) Branche des Faucon seigneurs de Thouron (Haute-Vienne), d'après M. le vicomte de Maussabré, qui, parmi les seigneuries possédées par les Faucon, mentionne le *Son* en Berry, c'est-à-dire, je suppose, le *Sou* dont parle notre texte. (Voy. Nadaud, II, 164). Le même personnage figure plus loin sous les n° 21 et 47.

(11) Il y a auj. le Grand-Sou et le Petit-Sou, commune de Bétètes, canton de Châtelus-Malvaleix.

15. Messire Anthoine de Crozet, (1) prestre,.. succession de son feu pere... certains cens et rentes tant en deniers que bledz a luy deuz es villaiges de la Faye-Chapon et Chasons (2), situez en la paroisse de Cluignac.... dans quarente jours.

16. (P. 12). Jehan de Jardon (3), escuier,....... sucession de ses feuz pere et mere... la maison, lieu et fief noble de Laige, assiz en la parroisse de Persac (4), avec ses appartenances, ensemble les dismes de Laige et de la Poyade (5)... dans XL jours.

17. Surceance a esté baillee par mondit seigneur (p. 13) a maistre Jehan Billon (6), secretaire du roy nostre sire, a la personne de Jehan Robinet, de Jalesches (7), son recepveur, qui estoit venu excuser ledit Billon de fere l'hommaige de cet qu'il tiend en fief de mondit seigneur en sa dicte seigneurie de Boussac jusques a ung moys.

18. Jehan des Laizes le jeune (8), escuier,... succession de feu sa mere,... le lieu et fief noble de Las Chiuaulx (9), assiz en la paroisse de Nozerines,... dans quarante jours.

19. Jacques de Marieres (10), escuier,... pour raison de damoyselles Marguerite Cerviere (11), sa femme,...

(1) Famille qui manque dans Nadaud, cf. plus loin n° 47.

(2) Nous trouvons bien la Faye-Chapon, mais non Chasons, parmi les hameaux actuels de la commune de Clugnat.

(3) Famille qui manque dans Nadaud et qui tirait son nom du village de Jardon, commune de Parsac, pres duquel s'élèvent encore aujourd'hui un château.

(4) L'Age, commune de Parsac, canton de Jarnage.

(5) La Pouyade, commune de Domérot.

(6) Sur cette famille, qui manque dans Nadaud, voyez quelques notes de Bosvieux dans *Congrès de Guéret* (1866), p. 57.

(7) Jalesches, canton de Châtelus-Malvaleix.

(8) Cf. plus haut, n° 12.

(9) Corrigez *Las Chinaulx*, auj. La Chinaud, commune de Nouzerines.

(10) Famille qui manque dans Nadaud.

(11) Famille qui manque dans Nadaud ; voy. plus loin, n° 26.

la maison (p. 14) et fief noble de La Boissate (1), assiz en la parroisse de Cluignac,... et a offert payer les rachaptz pour ce deuz a mondit seigneur.

Faict du XVIᵉ jour dudit moys de jung, an susdit.

20. Anthoine de Vernege (2), escuier,.. succession de son feu pere... la maison, lieu et fief noble de Poinsouze (3), assiz en la parroisse du Bourg,... dans quarante jours.

21. Gaspard Faulcon (4), escuier,.. (p. 15) pour raison de damoiselle Marguerite de la Vallete, sa femme,... la maison, lieu et fief noble de la Vallete (5), assiz en la parroisse de Sainct Pierre le Boys,... tant pour luy que pour damoiselles Jehanne et Marquisce ses seurs,... et a offert (comme ci-desus).

22. Messire Antoine de Lussay (6), chevalier,.. succession de son feu pere,.. les lieux et villaiges de Thelines, Buxerete (7), assiz en ia parroisse de Cluignac, et les villaiges des Biessez (8) et de Thouzinac (9), assiz en la paroisse de Lerac,... dans quarante jours.

23. (P. 16). Anthoine du Boys, escuier,.. pour raison de damoiselle Claudine de Varnege, sa femme... lieu et fief noble du Puy-aux-Ortz (10), assiz en la paroisse de Buxure (*sic*) Sainct George,... et en a offert (comme ci-dessus).

---

(1) La Boissatte, commune de Clugnat.

(2) Verneiges, canton de Chambon. Cette famille, dont le nom revient plus loin, nᵒˢ 23 et 41, manque dans Nadaud.

(3) Poinsouze, commune de Boussac-Bourg.

(4) Voy. plus haut nᵒ 14 et plus bas nᵉ 47.

(5) La Vallette, commune de St-Pierre-le-Bost. Cette famille manque dans Nadaud.

(6) Famille qui manque dans Nadaud et dont le nom s'est fondu avec celui de la famille de Rochefort. Le père du célèbre pamphlétaire, marquis de Rochefort-Lucay, est né à Evaux en 1790. Voy. plus loin, nᵉ 39.

(7) Théline et Busseire ou Bussière, commune de Clugnat

(8) Les Biesses, commune de Leyrat.

(9) Nous ne retrouvons pas ce nom dans la nomenclature actuelle.

(10) Auj. le Puzor ou Puizort, commune de Bussière-St-Georges.

24. Surceance a esté baillée par mondit Seigneur a messire François de Mauvoisin (1), chevalier, de faire son hommaige du lieu et fief noble de Bosbesche (2) jusques au moys.

(D'une autre main): Depuis ledict Me François de Monvoisin (*sic*) a satisfaict et donné son adveu et denombrement le XXV octobre M V C XIX.

25. (P. 17). Messire Loys de Sainct Julien (3), chevalier, ou nom et comme procureur de damoyselles Katherine et Lyonne de la Soubzmaigne (4), succession de leur feu pere,... la maison lieu et fief noble de la Terrade, assiz en la parroisse de Jalesches (5), avec ses appartenances, ensemble le lieu.
et fief noble de Traignes (6), assiz en la paroisse de Lerac,... dans quarente jours.

26. Jehan de Cermere escuier.. succession de son feu pere.. la maison, lieu et fief noble de Cermere, assiz en la paroisse de Dommeran, (7), quarente jours.

27. Messire Jacques de Courjat (8), chevalier... succession de son feu pere... la moitié des cens, centes tant en deniers que bledz, et ce par indivis, a luy deuz es villages de Montranchart et Grant Viergne et du molin des Chomeilz,... (9), dans XL jours.

P. DUCHIER.

---

(1) Sur la famille de Mauvoisin, voy. plus haut n° 3. François de Mauvoisin, que Joullietton indique comme ayant été sénéchal de la Haute Marche de 1521 à 1543, fut en réalité nommé à cet office, (en remplacement de son père Jean, décédé) le 10 janvier 1512.

(2) Corrigez Bospesche, écrit auj. Beaupêche, commune de Domérot, canton de Jarnage.

(3) Sur ce personnage, voy. Nadaud, II, 371 et 604.

(4) Sur cette famille, voy. plus bas, n° 54.

(5) La Terrade, commune de Jalesches.

(6) Corrigez *Traignes*, auj. Antraïgues, commune de Leyrat.

(7) Corrigez *Cerriere* : il s'agit de Servières, commune de Domérot, cf. n° 19.

(8) Sur la famille de Courjat, voy. une note de P. de Cessac, dans Nadaud, I, 618, où notre personnage n'est pas mentionné.

(9) Le Grand-Viergne est dans la commune de St-Dizier-les-Domaines, canton de Châtelus-Malvaleix. Quant à Montranchard, et au moulin des Chomeils, nous ne les retrouvons pas.

Faict du XVIIe jour dudict moys, an que dessus.

28. Loys Bouchard (1), escuier,... succession de feu
(p. 19) Dauphine d'Aguyrande, son ayuelle,... certains cens
et rentes tant de deniers que bledz et certaines charges sur
la seigneurie et fief de Jupille, et grange de Tornesa (2),...
et a offert (comme dessus).

P. Duchier.

Faict du XVIIIe jour dudit moys, an que dessus.

29. François Gazeau (3), escuier, ou non et comme
procureur de Anthoyne et Gabriel Gazeau... certaines rentes
tant de denier que bledz et autres assises es paroisses de Mallerex, Cluignac, Bestetes et Buxiere Sainct-George.. (p.20) et a
déclaré que lesdictz Anthoyne et Gabriel tiennent lesdictes
rentes (*sic*) pour raison de la succession de leur pere et autres
leurs predecesseurs.

30. Jehan d'Aubusson (4), escuier,... pour raison de la
succession de feu Anthoyne Gasot (5), escuier, prochain
parent dudit d'Aubusson,... la maison, lieu et fief noble du

---

(1) Nadaud ne donne pas de généalogie pour la famille Bouchard ; il a
relevé la mention d'Audebert Bochard, damoiseau, en 1382 (I, 218).

(2) Tournesac, commune de Bétêtes. Quant à Jupille c'est un village de
la commune de St-Pierre-le-Bost, divisé en deux parties, la Grande et la
Petite Jupille. (cf. n° 2).

(3) cf. n° 6 et 30.

(4) Par acte de l'année 1516, ce personnage, qualifié écuyer, seigneur du
Puy-Mesgres, paroisse de Malereix, (*sic*), et sa femme Jeanne de Perpirolle,
vendent à Fortuné de Courjat, écuyer, 28 sous de rente sur un serf du village
de Villaud, même paroisse. (Bibl. nat., *Clairambault*, 1039, f° 177, pièce orig.)
Je ne sais s'il appartenait à la célèbre famille d'Aubusson. Il est encore mentionné plus loin, n° 38 ; cf. n° 12.

(5) Malgré la différence d'orthographe, il est probable qu'il s'agit de la famille
Gazeau mentionné aux n°s 6 et 29.

Puy-Mesgres (1), assiz en la parroisse du Bourg,... et a offert (comme ci-dessus).

31. (P. 21) Jehan de Vernusse (2) l'aisné et Jehan de Vernusse le jeune, escuiers,... successions de leurs feuz peres,... la quarte partie du lieu et fief noble de Laige Mesnier, assiz en la parroisse de Buxiere Sainct-George,... dans quarente jours.

32. Gabriel de la Celle (3), escuier,... succession de son feu pere, la quarte partie par indivis de la maison, lieu et fief noble de Nozerines, assiz en la parroisse dudict lieu,... (p. 22) dans quarente jours.

P. DUCHIER.

Faict du XXIᵉ jour dudict moys, an que dessus.

33. Pierre de la Ville (4), escuier,... pour raison de damoiselle Magdeleine de Penneunaire (5), sa femme,... la quarte partie par indivis de la maison, lieu et fief noble de Nozerines assiz en la paroisse dudict lieu,... et a offert (comme ci-dessus).

34. (P. 23). Gilbert de Rochedragon (6), escuier,... pour raison de feu Ysabeau de Malleret (7), sa mère... la maison, lieu et fief noble des Maisons (8), avec le dommayne dudit lieu, assiz en la parroisse de Toulz, ensemble la tierce partie de la chevance dudit fief, et Pierre d'Anglardz (9),

---

(1) Le Puy-Maigre, commune de Boussac-Bourg.

(2) Famille qui manque dans Nadaud.

(3) Voyez dans Nadaud (suppl. III, 406) des notes décousues sur cette famille.

(4) Probablement petit fils du trésorier de la Marche Jacques de la Ville, anobli par Charles VII en novembre 1441.

(5) Corrigez *Pennevaire*, nom d'une famille connue (V. Nadaud, III, 314 et Tardieu, *Généal. de la maison de Bosredon*, p. 330).

(6) Famille originaire d'Auvergne dont Nadaud ne fait pas mention.

(7) Famille qui n'a qu'une mention de quelques lignes dans Nadaud, IV, 303.

(8) Les Maisons, commune de Toulx-Ste-Croix.

(9) Voy. Nadaud, I, 41.

present adit que l'autre tierce partie de ladicte chevance lui appartiend à cause de feu Marie de Rochedragon, sa mère, et François du Peroux (1), escuier aussi present a dit que l'autre tierce partie de la dicte chevance luy appartiend a cause de feu Dauphine de Rochedragon, sa mere, et en a ledit Gilbert faict a mondit seigneur present les foy, hommaige lige et serment de fidelité acoustumés tant pour luy que par lesditz d'Anglardz et du Peroux ses nepveux,... et a offert (comme ci-dessus).

35. (P. 24). Jehan de Luchat, escuier,... succession de son feu père... le lieu et fief noble du Molin-Hesinard (2), assiz en la parroisse de Persac,... dans quarante jours.

Plus a confessé ledit de Luchat qu'il a acquis de noveau d'un nommé Couronneau ung pré appellé la Prelle, duquel il exibera les contractz et iceulx veuz mondit seigneur [pourra] le prandre par puissance de fief si bon luy semble ou en prendra le rachapt.

36. Jehan de la Chastre (3), escuier,... pour raison de donnation (p. 25) faicte a luy par ses pere et mere en son contract et traicté de mariage... la maison, lieu et fief noble de la Viergue (4), assiz en la paroisse de Sainct-Silvain de Ballerot,... et a offert (comme ci dessus).

P. Duchier.

Faict du XXVIᵉ jour dudit mois, an que dessus.

37. Anthoine de la Chastre, escuier, au nom et comme pro-

---

(1) Voy. Nadaud III, 321 et Tardieu, *généal. de la maison de Bosredon.* p. 336.

(2) Corriger sans doute *Molin-Hesmard;* auj. les Moulins. La famille de Luchat, sur laquelle voy. Nadaud, III, 130, parait tirer son nom de Lussac, près de Chambon-sur-Voueize.

(3) Famille originaire du Berry, sur laquelle on trouvera quelques notes (relatives à une autre branche) dans Nadaud (supplément) III, 11 et 110.

(4) Corrigez *La Viergne,* commune de St-Silvain-Bas-le-Roc.

cureur de dame Gilberte Bertrand (1), vefve de feu messire
Jehan Le Groing, chevalier, a congneu audit nom que ladite
dame comme ayant le noble bailli (sic) de Pierre, Ludovic,
Anthoine, Jehan, Gilbert, Guillaume et Françoise, enfans
dudit deffunct et d'elle (2), tiend en fief de mondit seigneur a cause de sa dicte seigneurie (p. 26) de Boussac,
le lieu, maison et fief noble de Villebousche (3), assiz en
la parroisse de Treignac,... quarente jours.

P. DUCHIER.

Faict du XXVII° jour dudict moys, an que dessus.

38. Guillaume Bertrand, escuier, bastard de Villemort (4), au nom et comme procureur de messire Jehan
Bertrand, a congneu et confessé que ledit messire Jehan
Bertrand tiend en fief de mondit seigneur a cause de sa dicte
seigneurie de Boussac et par eschange faict par ledit chevalier avec Jehan d'Aubusson (5), escuier, la maison,
lieu et fief noble de Lasvaulx (6), assiz en la paroisse de
Sainct Pierre-le-Bois,... (p. 27) et a offert (comme cⁱ
dessus).

39. Jehan de la Forest (7), escuier, au nom et comme
procureur de dame Jehanne Bertrand, vefve de feu messire Jacques de Lussay (8), quant vivoit chevalier,....

---

(1) Sur la famille Bertrand, voy. une note de M. le vicomte de Maussabré
dans Nadaud I, 320.

(2) La Chenaye-Desbois (voy. ci-dessus n° 4) ne connaît comme enfants de
Jean Le Groing et de Gilberte Bertrand que Pierre, Louis, Jean, Gilbert et
Guillaume.

(3) Villebouche, commune de Treignat, canton d'Huriel (Allier).

(4) Villemort ou Villemore, commune de la Celle-Dunoise, canton de Dun.

(5) Voy. ci-dessus, n° 45.

(6) Lavaud, commune de St-Pierre-le-Bost.

(7) Le même qui figure plus loin comme maître d'hôtel du seigneur de
Boussac, n° 45 et 49.

(8) Voy. plus haut n° 22.

la maison, lieu et fief noble de la Villatte, assiz en la parroisse de Lerac (1),... quarente jours.

P. Duchier.

Faict du IIIᵉ jour de juillet, an que dessus mil Vᶜ dix neuf.

40. (P. 28). Damoyselle Anthoynete de Magnac, vefve de feu Philbert de Ligondeix (2), quant vivoit escuier, tant en son nom que comme aiant la garde de noble (*sic*) de Galias, Guillaume, François, Marie et Loyse, enfans dudict deffunct et d'elle... la maison, lieu et fief noble de Chanon (3),... dans quarente jours.

41. Anthoyne de Yarnege, escuier,... pour raison d'acquisition de Gabriel de Gratain, escuier,... le lieu et fief noble de Longners (4), assiz en la parroisse du Bourg... (p. 29) et a offert (comme ci-dessus).

P. Duchier.

Faict du XVIIIᵒ jour dudit moys, an que dessus.

42. Jehan de Courjat (5), escuier,.. succession de son feu pere,.. la moitié par indivis des rentes et devoirs a luy deux tant en deniers bledz que autres es villaiges du Mont-Tranchart, de Grant-Viergne et le moulin des Chomeilz... dans quarante jours.

43. (P. 30). Ledit Jehan de Courjat, escuier susdit...au nom

(1) La Villatte, commune de Leyrat.
(2) Ligondeix, commune de Clugnat. Sur la famille de Ligondeix, voy. Nadaud, III, 89, et surtout III, 587. On remarquera que les généalogistes ne mentionnent pas notre Philbert.
(3) Chanon, commune de Toulx-Ste-Croix.
(4) Corriger *Longvers*, auj. Longvert, commune de Boussac-Bourg. Sur la famille de Grataln ou Gratin, voy. quelques lignes dans Nadaud, II, 873.
(5) Voy. ci-dessus nᵛ 27.

et comme procureur de Fortuné de Courjat (1) certains (*sic*)
rentes, tant en deniers, bledz, poules que autres, deuz audit Fortuné au villaige de Villand (2), assis en la parroisse
de Mallerex, et a offert payer les rachaptz deuz a mondit
seigneur pour raison dudit fief, lequel mondit seigneur luy
a donnez (*sic*).

P. DUCHIER.

Faict du XXVIIe *jour dudit moys, an que dessus.*

41. Francois Raffin (3), escuier,... succession de feu
son pere,... (p. 31) la maison, lieu et fief noble de Mallerex,
assiz en la parroisse dudit Mallerex,.. dans quarante jours.

P. DUCHIER.

Faict du XXVIII[e] *jour dudict moys, an que dessus.*

45. Anthoyne Danoadour (4), escuier,.. succession de son
feu pere,... certaines rentes et devoirs a luy deuz tant en
deniers, bledz que autres choses, au villaige de Foussac (5),
assiz en la parroisse de Betestes,... et en a faict a mondit
seigneur, a la personne de Jehan de la Forestz, escuier,
maistre d'hostel de mondit seigneur, ayans especial charge
(p. 32) de mondit seigneur de vive voix de recevoir ledit
hommaige, quarente jours.....

P. DUCHIER.

---

(1) Sur ce personnage, voy. une indication en note du n° 30.

(2) Corrigez *Villaud*, commune de Malleret.

(3) Voyez dans Nadaud, III, 142, une note où il est question de « Pierre
de Raffin, damoiseau » qui vers 1400 possédait le fief de *Malause* ou *Malarose*,
fief que l'éditeur identifie dubitativement avec Malauze, commune de la Souterraine, et qui est apparemment notre Malleret.

(4) Ce nom est évidemment altéré. Corriger probablement *d'Auradour*,
et voy. Nadaud, III, 303.

(5) Nous ne retrouvons pas ce nom parmi les hameaux de la commune
de Bétêtes.

Faict du dernier jour dudit moys, an que dessus.

46. Claude de Chassecourte (1), escuier... pour raison
d'acquisition par luy faicte de Jehan de Pramy (2),
escuier,... les lieux et fiefz noble (sic) de Salvere, les
Biesses et Puychadel (3), assiz en la paroisse de Lerac,...
quarente jours.

P. DUCHIER.

Faict du II° jour d'aous, an susdict mil V° dix-neuf.

47. (P. 33). Messire Loys de Crozet (4), prestre,...
pour raison de la succession de son feu pere,... la maison,
lieu et fief noble de la Vallette, autre que celluy dont par
Gaspard Faulcon, escuier, par cy devant a esté faict hommaige lige a mondit seigneur, assiz en la paroisse de
Sainct Pierre le Boys (5),... quarente jours.

P. DUCHIER.

Faict du XV° jour dudit moys, an que dessus.

48. Francoys de Peroux (6), escuier,... succession
de son feu pere,... certain moulin et estangt appellé de
la Forestz, assiz en la paroisse de (7)... et pource que

---

(1) Corrigez *Chaussecourte*, nom d'une famille noble bien connue. (Voir
Nadaud, I, 447 et 580).

(2) Famille qui manque dans Nadaud.

(3) Sauveur et les Biesses sont en effet dans la commune de Leyrat, mais
nous ne retrouvons pas Puychadel.

(4) Voy. plus haut n° 15.

(5) Il n'y a qu'un seul village du nom de La Vallette dans la commune
de St-Pierre-le-Bost. Y avait-il deux maisons nobles ?

(6) Voy. plus haut n° 34.

(7) Il y a un moulin de ce nom dans la commune de Mortroux, mais il
ne doit pas s'agir de celui-là, car Mortroux était dans la Marche et non en
Berry.

lesdictz moulin et estangt avoient esté acquis pas son
dictfeu pere, a offert payer les rachaptz deuz pour ce a
mondit seigneur.

P. DUCHIER.

Faict du dixiesme jour d'avril l'an mil V° et vingt

49. Par devant Jehan de la Foretz, escuier, seigneur de
Baptisses (1), maistre d'hostel de mondit seigneur ayans
especial mandement de mondit seigneur de recevoir le
per-en-sus desdictz hommaiges non faictz a mondit seigneur, duquel mandement la teneur s'ensuit :

Nous Regné de Bretaigne, conte de Painthievre et de Perigord, vicomte de Lymoges et de Bridiers, seigneur de
Laisgle, Boussac, Chasteauceaulx, Chasteaumur, Fourras,
des Exars, de Palluyau, de la Perouze, etc. A tous ceulx
qui ces presentes lettres verront salut. Savoir faisons que
pour ce que avons donné respit a aucuns de noz subgectz
de noz terres de Boussac et de la Perouze de faire leurs
hommaiges et que le temps des (p. 35) aucuns pourroit estre
expiré avant que allisions en nos dictz (*sic*), terres, a ceste
cause avons donné et donnons commission et puissance a
Jehan de la Forestz nostre maistre d'hostel, appelé avec luy
le chastellain, procureur et clerc des hommaiges de nos
dictz terres, de recevoir nos dictz subgectz et autres es foy
et hommaiges en quoy tenuz nous peuvent [estre] a present
en la forme et maniere que de toute ancienneté eulx et leurs
predecesseurs ont acoustumé de la faire, sans en plus large
leur atribuer droict par lesdictz hommaiges, et de leur en
faire bailler lettre dont les doubles demeureront es registres
et papiers de nostre clerc des hommaiges, sauf que n'en-

(1) Batisse, commune de Clugnat. Le château existe encore ; il y en a
une mauvaise vue dans le *Nouveau Dictionnaire de la Creuse* de M. P.
Valadeau.

tendons qu'ilz recoivent aucunz venuz par nouveaux acquestz ou en sorte dont ne pussions avoir les choses par puissance de fief et droit de retenue jusques adce que en ayons esté advertiz. En tes[moing] desquelles choses nous avons signé ces presentes de nostre main et faict signer a nostre secretaire. Donné aux Exars le XXII° jour de janvier l'an mil cinq cens dix neuf et signé au dessoutz : REGNE DE BRETAIGNE et J. BELOCE (p. 36), *par commandement de mondit seigneur le conte.*

50. Messire Marc Le Groing, chevalier,.. succession de ses feuz pere et mere,.... la maison, lieu et fief noble de la Mothe au Groing, (1), assiz en la parroisse de Lerac,... dans quarente jours.

51. Ledit Messire Marc Le Groing, chevalier,.. pour raison desdictz successions de ses dictz feuz pere et mere,.... la maison, lieu et fief noble de Rouziers (2), assiz en la parroisse dudit lieu,... (p. 3), dans quarente jours.

P. DUCHIER.

Faict du XXVI° jour dudit mois, an que dessus.

52. Lors de Cluys (3), escuier,... succession de son feu pere... le lieu et fief noble de Laige Barrion, assiz en la paroisse de   ,... dans quarente jours.

53. Jacques Barchon (4), escuier, au nom et comme procureur de Lancelot de la Touche, escuier, et de damoyselle Magdeleine de Menou,... (p. 38) certains cens et rentes [tant] de deniers, bledz que autres choses acquise par feuz dame Andrée de Norray, quand vivoit veuve de feu messire Jehan de Blanhefort (5), et par messire François

---

(1) Leyrat. Voy. plus haut n·· 4 et 37.

(2) Rouzier commune de Clugnat, où l'on voit encore les ruinee d'un château.

(3) Famille originaire du Berry; voy. Nadaud, I, 762 et 593.

(4) Corrigez *Barthon*: Nadaud constate qu'il y avait des *Barton* à Jurigny paroisse de St-Pierre-le-Bost, I, 161 ; cf. plus bas n·· 57 et 58.

(5) Famille célèbre, sur laquelle voy. Nadaud, I, 211 et 326 : il n'y est pas question de nos personnages.

de Blanchefort, chevalier fils de ladicte feue dame, et
delaisseez ausditz de la Touche et sa dicte femme pour
ledit chevalier messire François de Blanchefort,.. et a ledit
Barchon audit non offert (commeci-dessus.

P. DUCHIER.

Faict du XI° jour d'octobre, an que dessus.

54. Anthoyne Couronneau,... pour raison de la succession de son feu pere,... (p. 39) le lieu et fief noble de la
Croux (1), assiz en la parroisse de Persac,... dans quarente jours.

P. DUCHIER.

55. Loys de la Soubzmaigne (2), escuier,... pour raison
de donation a luy et damoyselle Jehanne de Moussy, sa
femme, faicte en traictant leur mariage par dame Perronelle
Hebrard tante de ladite Jehanne,... certains cens et rentes de
deniers bledz et autres choses situés en la paroisse de Demn-
coran(3),... (p. 40) et a offert (comme cy-dssus.

P. DUCHIER.

Faict du XVII° jour d'octobre l'an mil cinq cens vingt et ung.

56. Venerable personne messire Pierre la Maille, prestre,
tant en son nom que comme procureur des venerables
doyen et chapitre de Saint-Martin d'Huriec, (4)... pour

(1) La Croix-de-la-Gladière, commune de Parsac.
(2) On ne trouvera que quelques notes insigniflantes sur cette famille
dans Nadaud, IV, 174. Nous avons déjà vu sous le n° 25 deux damoiselles de la
Soubzmaigne. Le 24 octobre 1537, Louis de la Soubzmaigne, écuyer, seigneur
de Fers (?), fut nommé capitaine d'Ahun et de Chénérailles; c'est sans doute
le même qui est mentionné ici.
(3) Il faut évidemment corriger *Dommerun*, comme plus haut, et y
reconnaitre Domérot.
(4) Huriel, ch. lieu de canton (Allier).

raison de donnation faicte par les predecesseurs [dudict sei-
gneur] ausdict doyen et chapitre,... le lieu et fief noble de
la Rue (1), assiz en la paroisse de Cluignac,... (p. 4)
dans quarente jours.

P. Duchier.

Faict du VI° jour de novembre, an que dessus.

57. Jacques Barchon (2), escuier,... succession de ses
feux père et mère,... les lieux et fiefs noble de Boys Barchon
et de Jurinier, (3), assis en la paroisse de Saint-Pierre-le-
Boys,... (*sic*) quarente jours.

P. Duchier.

Faict de XXI° jour desdictz moys et an que dessus.

58. Jacques Barchon (4), escuier, au nom et comme
procureur de Christofle de Seriz (5), succession du feu
pere de Seriz (p. 42) les deux tiers et tierce partie du lieu
noble et fief de Foussac (6) assis en la parroisse de Betestes,... dans quarente jours.

P. Duchier.

(1) Nous ne retrouvons pas ce nom.
(2) Voyez n° 53.
(3) *Jurinier* est auj. Jurigny, village divisé en Grand et en Petit Jurigny,
mais nous ne retrouvons pas *Bois-Barton* dans la commune de St-Pierre-
le-Bost, à moins qu'il ne faille l'identifier avec l'un des deux hameaux de
Bois-Denier et *Bois-Remord*.
(4) Voy. n° 3.
(5) La famille de Seris est originaire de Berry : sanotice a été déchirée
dans le manuscrit de Nadaud.
(6) Voy, n°. 45.

TABLE ALPHABÉTIQUE DES FAMILLES

TENANT FIEF DANS LA SEIGNEURIE DE BOUSSAC.

Aguirande (D'), 1, 2, 28.
Anglards (D'), 34.
Aubusson (D'), 12, 30, 38.

Barthon, 53, 57, 58.
Bertrand, 37, 38.
Billon, 17.
Blanchefort (De), 52.
Boeze (De), 13.
Bouchard, 28.

Celle (De la), 32.
Cervière (De), 19, 26.
Chapelle (De la), 5, 10.
Chastre (De la), 36.
Chaussecourte (De), 46.
Cluys (De), 51.
Couronneau, 35, 53.
Courjat (De), 27, 42, 43.
Court (De la), 3.
Crozet (De), 15, 47,

Dauradour (?), 45.

Faulcon, 14, 21, 47.

Gazeau, 6, 29.
Gazot, 30.
Gratain (De), 41.
Groing (Le), 4, 37, 50 et 51.

Hébrard, 54.

Jardon (De), 16.

Laizes (Des), 12, 18.
Ligondeix (De), 40.
Luchat (De), 35.
Lussay (De), 22, 39.

Malleret (De), 34.
Mauvoisin (De), 3, 24.
Mont (Du), 11.

Oradour (D') ?, 45.

Peroux (Du ou De), 34, 48.
Pramy (De), 46.

Raffin, 44.
Rochedragon (De), 34.
Ruelle (De la), 9.

Savary, 8.
Seriz (De), 57.
Soubzmaigne (De la), 25, 54.

Touche (De la), 52.

Vallete (De la), 21.
Vernege (De), 20, 23, 41.
Vernusse (De), 31.
Villars (De), 7.
Ville (De la), 33.

PIÈCES DIVERSES

**I. — *Remedium ut procurator comitis Marchie a visitatione repara-
cionum ecclesiarum diocesis Lemovicensis abstineat.* — *Avril 1406.
Copie du XVᵉ Siècle.***

Charles, par la grace de Dieu roy de France, au seneschal de Limosin ou a son lieutenant et au premier nostre
sergent qui sur ce sera requis, salut.

Oye avons la complainte de nostre amé et feal conseillier
l'evesque de Limoges contenent que ja soit ce, que d'autre
foiz par grant et meure deliberacion et par le conseil et
advis de plusieurs clers et gens d'eglise, certaines ordonnances aient esté faictes par nous sur le fait des repparacions des eglises de nostre royaume, pour l'enterinement et
execucion desquelles les baillis, senneschaulx et autres officiers principaulx des bailliaiges et senneschauciés de nostre
royaume ont esté commis et par ce n'est loise à aucune autre personne laye d'antreprandre par autre auctorité que de
nous et de nos diz officiers et selon la fourme des dictes
ordonnances royaulx aucune visitacion sur les reparacions
des dictes eglises de nostre royaume, en quelque maniere
que ce soit. — Neantmoins un appellé Jehan de Saint-
Desier, advocat en cour laye et soy disant procureur de
nostre tres cher cousin le conte de la Marche, qui est un
homme lay, s'est nagaires transporté en l'eveschié de
Limoges en plusieurs eglises du dit eveschié et soubz umbre
d'une commission exquise que se dit avoir empetree de
nostre dit cousin ou autre pour avoir et pour extorquer

argent des subgiez dudit eveschié, il a entreprins de fait a
visiter plusieurs eglises du diocese de Limoges et a commancé son entreprinse en la conté de la Marche. Et soubz
umbre de la puissance qu'il dit se avoir de ce faire, il fait
assembler de jour en jour ceulx que bon lui semble a com-
pareoir sur les églises que il veult visiter et met sus tailles
et sommes d'argent pour emploier aux reparacions qu'il
ordonne estre faictes et en ses gaiges et ailleurs la ou il lui
semble bon. Et ceste maniere de faire a entreprins desja et
entreprent de jour en jour non pas sur les monesteres,
prieurés et grans collieges pour les repparacions desquelx
les dittes ordonnances royaulx furent faictes, mais aussi sur
les églises parrochiaulx et autres dudit diocese ; es quelles
les ordonnances royaulx ne furent oncques entendues pour
ce que les mairrgliers et parroissiens les ont accoustumé
de repparer et de soustenir, et meismement en la ditte conté
de la Marche et ailleurs ou diocese dessusdit ; par laquelle
entreprinse et autres choses dessus dittes plusieurs des subgiez de gens d'eglise et autres dudit diocese ont esté desja
grandement grevez et dommagiez, et plus seroient se par
nous ne y estoit sur ce pourveu, si come dit icellui com-
plaignant, requerant nostre remede sur ce.

Pour quoy nous vous mandons et commettons par ces presentes et a chacun de vous, si comme a lui appartiendra,
que vous faictes ou faictes faire commandement, ces lettres
veues, de par nous audit Jehan de Saint-Disier que il cesse
tantost et sanz aucun delay des dittes entreprinse par lui
faictes et de semblables, et face cesser tous ses commis
s'aucuns en avoit, et ne use plus de telle ou semblable puissance qu'il se dit avoir de ce faire, et soit content doresenavant que nostre senneschal de Limosin ou son lieutenent
pourvoie sur les dittes repparacions qui sont à faire au dit
diocese de Limoges, selon nos dittes ordonnances d'autre-
foiz sur ce faittes, et a ces choses et a chacune d'icelles contrai-
gnez ou faites contraindre ledit de Saint-Disier et tous autres
qui seront a contraindre par prinse de corps, se mestier est,
et par toutes autres voyes et manieres deuez ; et a rendre et

restituer et a mettre a nostre main tout ce que ledit de Saint-
Disier ou ses diz commis ont indehument exigé, prins et
levé des subgiez dudit diocese ou d'aucun d'eulx, pour en
faire la restitucion la où il appartendra par raison. De ce
faire vous donnons povoir et mandement especial et a chacun
de vous. Mandons et commandons a tous noz justiciers,
officiers et subgiez que a vous et a voz commis et depputez
en ce faisant obeissent et entendent diligemment. Car ainsi
nous plaist-il et voulons estre fait, non obstans quelxconques lettres empetrees ou a empetrer au contraire. Donné
a Paris le XXIIe jour d'avril, l'an de grace mil CCCC et six
apres Pasque et de nostre regne le XXVIe.

Par le roy a vostre relacion : J. DE RESPY.

*(Archives départementales de la Haute-Vienne, fonds
de l'évêché, cartulaire coté Tuæ hodie, f° 64 v°. — Communication de M. Alfred Leroux.)*

---

*II. — Ordonnance de Bernard d'Armagnac, lieutenant de son père le
Roi de Sicile et comte de la Marche, prescrivant diverses mesures pour
l'établissement des fossés et les fortifications des villes de Guéret,
Ahun, Jarnage, Chénérailles et Felletin. — 1434.*

Bernat d'Armaignac, conte de Pardiac, visconte de Carlat
et de Murat, et lieutenant général de nostre tres redoubté
seigneur et père, le roy de Hongrie, de Jherusalem et de
Sicille, conte de la Marcha et de Castrez, en toutes ses terres,
pays et seigneuries. A nos amez et féaulx conseillers de
nostredict tres redoubté seigneur et père et de nous, Bertrand de Saint Avit, seneschal de la Marche, garde, procureur, chancellier et cappitaines des villes de Guéret, Ahun,
Jarnage, Chanezeillez et Feletin, et a chascun d'eulx, salut.
De la partie des consulz, manans et habitans des villes dessus dictez, nous a esté exposé que par le commandament et
ourdonnance de nostredict seigneur et pere et de nous, ilz

ont basty et ediffié la closture desdictes villes et qu'il leur
est besoing et necessité pour la garde d'icelles avoir guet
et guarde souffisant pour en icellez fere guet et guarde
de nuit, et avec ce grans et notables fossés, ce que fere
ne puent obstans les bastimens et maisons qui sont de
présent alentour des murs des dictes villes, et aussi que plusieurs habitans d'icellez pour cause des souchez puis na-
guaires mis sus se deppartent des dictez villes et vendent vin
et autres denrées es villages circonvoisins, et les marchans
menans vendre vin en groz et autrement évitent les dictes
villes et les vendent par les dictz villages et autres lieux et
villes circonvoisines, et en oultre le plus grant et senne
partie des ditz habitans demeurent hors d'icelles es faulxboures hors des dictez cloustures, parce que une partie
d'iceulx n'ont lougeis ne retrait dedens et que les plus grans
d'esditz habitans occuppent et detiennent plusieurs grans
ougciz, maisons, places, vergies et prés dedans les dictes
cloustures, es quelles pourroient ceulx qui sont lougés dehors
et autres survenans fere maisons lougeis pour leur seurté
et retrait, et que alentour desditez villes a plusieurs grans
faulxboures, maisons et ediffices es quelx grant nombre de
gens d'armes se pourroient lougier et pourter grant préjudice
et dommaige es dictez villes et chascune d'icelles ; pour
lesquelles causes les dictes villes pourroient estre prinses
et occupées par géns de compaigne, routiers et autres malz
faicteurs ayans cours de présent en ce royaume, qui seroit
la totale destruccion desdis habitans et de tout ledit pays et
diminucion de la seignourie de nostre dit seigneur et père :
Pour quoy voullans lesdis habitans et autres subgies de
nostre dit seigneur et père et de nous garder et préserver
des inconvéniens dessusdis a nostre pouvoir, vous mandons,
commandons et à chascun de vous en droit soy, que voyés
et visités dilligemment lesdictes villes et guets estans es
dictes chastellenies et autres places circonvoisines, et en
icelles desdis guets fectes telle provision que verrés au cas
appartenir et tellement que pour faulte de ce nul dommage
ne inconvénient n'en aviengne, et avec ce constraingnés
lesdis habitans retrayans et autres circonsvoisins et qui pour

ce seront à constraindre a fere les fosses desdictes villes le
plus prestament que fere se pourra et que verrés que besoing
sera ; et en oultre constraingnés tous lesdis habitans desdictes villes et faulxbours a fere continuelle demorance
dedens les clox d'icelles, en leur assignant places souffi-
santes pour bastir et ediffier maisons et logeis es places,
prés, vergiers situés dedens lesdictes villes, en recompen-
sant ceulx a qui sont lesdictes places, vergiers et prés, rai-
sonnablement et ainsin que verrés paretre raison, et aussi
demolissés ou faictes démolir et abatre lesdis faulxboures et
ediffices quelxconques estans alentour et au dehors desdictes villes sans exogue de nulluy, en manière que pour
cause desdis faulxboures ont (où) gens d'armes se pourroient
logier nul inconvénient n'en puisse advenir es dictes villes
et audit pays. Et en oultre, affin de plus seure garde,
voulons et consentons de par nostre dit seigneur et père
et nous que les consulz desdictes villes ou autres souffisans
habitans en icelles ayent en garde la moictié des clefs
des portes desdictes villes, en manière que le cappitaine
d'icelles ou autres commis à ce ne puissent ouvrir ne clorre
sans iceulx consulz ou autres à ce commis. Et qui plus
est, voulons et nous plaist que fectes crier et plubier
(*sic*) de par icelluy nostre très redoubté seigneur et père et
de par nous que tous marchans amenans vendre vin en groz
ou à detail, ou autres demourans es dictes villes, faulxboures, chastellenies, places, forteresses, perroisses, villages ou masages circonvoisins d'icelles villes et qui ont
acoustumé ou acoustumeront doresenavant de vendre vin ou
l'amener pour vendre es dis lieux, ayent a paier le droit de
souchet mis sus, tant de ce qui se vendra es dictes villes,
faulxbours, comme es dictes places, forteresses, perroisses,
villages ou masages estans prochains et du guet et garde
d'icelles villes ou chastellenies, pour les deniers qui a ceste
cause en ysiront ou voudront tourner et convertir a l'em-
parement et fortifficacionz d'icelles villes et non ailleurs.
De ce fere a chascun de vous donnons plain pouvoir, auctorité et mandament espécial, mandant et commandant a
tous nos autres justiciers, officiers et subgies que a vous, ou

a vos commis et depputes en ce faisant hobéissent et entendent dilligemment, et vous y donnent tout confort et aide.
En tesmoing de ce, nous avons faict mectre nostre scel a
ces présentes, données a Carlat, le XVII° jour de novembre
l'an mil CCCC trente-quatre.

Par monseigneur le Conte et Lieutenant,

CHAMPRÉMY.

(Sceau en cire rouge, appliqué sur simple queue. Tout
l'intérieur est effacé ; on ne lit plus que le commencement
de la légende : S. Bernat. — Sans contre-sceau).

(*Archives départementales de la Haute-Vienne, fonds
Bosvieux, F. 2. — Pièce communiquée par M. Jorrand,
notaire et maire à Ahun, 3 mai* 1862.)

———

*III. — Etat taxé de dépens obtenus contre l'abbé de Saint-Martial de
Limoges à l'occasion d'un procès suivi devant le Parlement de Bordeaux.
— 13 Avril 1559.*

C'est la déclaration des despens que mect, bailhe par
devers vous, Messieurs tenant la Court de Parlement à Bour-
d[eaux], Anthoine Peyrat, fils de Marthe Singareau, demandeur en tauxe de despens à l'encontre de Messire Loys de
Ginolhac, abbé de Sainct Martial de Lymoges, défendeur,
esquels despens ledict défendeur a esté condempné par
arrest donné le vingt troisiesme jour de février mil V° cinquante huict, et lesquels dict, demande et requiert par
vous estre taxés ès sommes cy ampres déclarées, sauf
de les aumanter ou diminuer, le tout soubz votre modération.

1. — Et premièrement, pour vous donner entendre la
matière, et dont descendent les présens despens, est vray que,

prétendant ledict défendeur que ledict demandeur (1) luy
fut redevable de certaine rante pour raison de certaine mai-
térie appelée de Meuriou, il auroit faict assigner feu Symon
Dupeyrat pardevant le Séneschal de Guyenne ou son lieutenant, et despuys ledict feu seroit décédé ; et auroit despuys
ledict demandeur (2) fait assigner Marthe Singareau,
mère et tutrice dudict demandeur (3) par devant led.
Séneschal, pardevant lequel tant auroit esté procédé que
les parties auraient este appoinctées contraires, et despuys,
après certaine longue procédure sur ce faicte, le procès
auroit est émis au droict, et despuys sentence s'en seroit ensuyvie par laquelle ladicte feu Marthe Singareau auroit esté
relaxée avec despens ; de laquelle sentence ledict défendeur
auroit appelé, sur lequel appel il auroit esté anticippé en la
Court, en laquelle, à ladicte assignation il n'auroit tenu
compte comparoire, au moyen de quoy ladicte feu auroit
levé le défault et faict assigner ledict défendeur en icelle ;
en laquelle après longue procédure sur ce faict les parties
auroyent conclud, et despuys arrest s'en seroit ensuyvy par
lequel auroit esté dict bien jugé avec despens.

2. — Item et pour iceulx particulariser dict led. demandeur que ledict défendeur auroit faict assigner sond.
père en *fondie* (?) pardevant le Seneschal de Guyenne à certain
jour, au moyen de quoy pour fere comparoir pour luy ledict
feu auroit passé procuration pardevant notère et tesmoingtz ;
et auroit esté payé pour ladicte procuration au notère qui
l'auroit passé quactre soubz parisis, pour ce.   IIII s. paris.

N. (*Nihil* (4).

3. — Item pour comparoir au jour assigné et pourter lesd.
exploictz ledict demandeur seroit venu exprès en la présent
ville (5) de la ville de Lymoges, lequel auroit vacqué à ce

(1. 2. 3.) Il s'agit, aux 1er et 3e passages, des demandeurs en taxe, et au second,
du demandeur principal, que confond le rédacteur de l'état de frais, mais
que le sens permet suffisamment de distinguer.

(4) Ce mot indique que le juge taxateur a rejeté l'allocation ; en même
temps il a biffé sur l'original la somme de IIII s. par. portée hors ligne.

(5) De Bordeaux.

fere douze jours entiers à cheval avec ung homme à pied,
pour lesquels demande dix livres parisis, pour ce. X ll. paris.

II. (1) *habito juramento Jehan Dupeyral, demandeur,*
pour sept journées à cheval et pro quolibet.. III ll. par.

4. — Item et deppuys le dict défendeur auroit faict sa demande, au moyen de quoy ledict demandeur auroit faict fere
consultation de ladicte matière avec quactre advocats pour
savoir s'il avoit bonne matière, et leur auroit esté payé huict
livres paris., pour ce..................... VIII ll. par.

II. habito juramento ut supra, pour ung advocat XII s. par.

5. — Item auroit esté payé à son procureur qui auroit
assisté quatre soubz par., pour ce.......... IIII s. par.

IIt.

6. — Item et advenant le neuviesme septambre mil V° cinquante comparans les parties pardevant ledict Seneschal,
il requist monstrée des lieulx et fut ordonné que ledict
demandeur feroit ladicte monstrée dedans certain temps, et
fut payé pour ladict comparision au procureur deux soubz
six deniers paris., pour ce............. II s. VI d. paris.

II. II s. V d.

7. — Item pour laquelle consultation fere fere lever, lever
ledict appoinctement, ledict demandeur seroit venu en la
présent ville de la ville de Lymoges, lequel auroit vacqué
pour ce fere avec ung homme à pied, dix livres parisis,
pour ce demande........................ X ll. par.

II.

8. — Item dict ledict demandeur que ledict deffendeur
l'auroit faict assigner au lieu de *Meurioulx* pour voir fere
ladicte monstrée; au moyen de quoy ledict demandeur y
auroit comparcu et y seroit allé de Lymoges audict lieu et
auroit vacqué à ce fere deux jours entiers à cheval; pour les
quels demande vingt soubz parisis, pour ce.. XX s. par.

II. hab. juram. ut sup. et veu le procès verbal V s. par.

9. — Item et advenant le vingt deuxiesme novambre

(1) Habeat.

audict an, comparans lesd. parties comme dessus, ledict deffendeur rappourta sa monstrée, et feust ordonné que ledict
défendeur y viendroit delyberer et défendre à (*mot illisible*),
et feust payé pour ladicte acte et comparision deux soubz
six deniers parisis, pour ce.............. **II s. VI d. p.**

H. IIIII s. d.

10. — Item et advenant le neufviesme décembre audict
an, comparans la parties comme dessus, ledict feu Symon
Dupeyrat feust forcloz de défences sur ᴅʀᴏɪᴛ (1) trois jours,
et feust payé pour ledict appoinctement et comparision troys
soubz six deniers parisis, pour ce...... **III s. VI d. par.**

II. III s. III d.

11. — Item et deppuys ledict feu Symon Dupayrat seroit
décédé et ledict deffendeur auroit faict assigner ladict feue
Marthe Singareau pardevant ledict Seneschal pour repren-
dre ou répudier ; et pour faire comparoir à ladicte assignation pour elle, la dicte feme auroit passé procuration pardevant notere et tesmoings; et auroit esté payé pour ladicte
procuration au notere qui l'auroit receue quatre soubz parisis, pour ce........................ *H.* **IIII s. par.**

12. — Item pour laquelle procuration et exploictz appour-
ter ladicte demanderesse auroit envoyé de la ville de Lymoges en la présent ville ung homme exprès qui auroit vacqué
pour ce à cheval quinze jours, pour lesquels demande dix
livres parisis, pour ce demande............. **X II. par.**

H. pro vino VIII s. par.

13. — Item et advenant le XII° febvrier mil cinq cens
cinquante ung, comparans les parties comme dessus, feust
ordonné que ladicte Singareau viendroit prandre ou répudier le procès à quinzaine, et feut payé pour ledict appoinctement et comparision trois soubz quatre deniers parisis, cy
pour ce............................ **III s. IIII d. p.**

H. II s. V d. p.

14. — Item fut besoingt audict demandeur avoir ung

---

(1) Le même mot se trouve p. 324, n° 19. Il s'agit de forclusion emportant
un délai. Le mot douteux doit avoir le sens *d'expiration* ou *délai.*

double de certaine exposition (1) produicte par ledict défendeur, et auroit esté payé au clerc qui auroit faictledit double
quatre soubz parisis, pour ce............... IIII s. par.

H. IIII s. p.

15. — Item et deppuys dict demandeur auroit communiqué ledict *exposé* (2) à son advocat, et aussi auroit faict
consultation avec troys avocatz pour scavoir si auroit
bonne matière et leur auroit payé quatre livres parisis,
pour ce...................................... *H.* IIII ll. par.

16. — Item auroit esté payé à son procureur qui auroit assisté à ladicte consultation VIII soubz parisis, pour
ce.. VIII s. p.

|*H.*| *V. s.*

17. — Item et avenant le dix huictiesme juin mil Vᵉ cinquante deux, comparans les parties comme dessus, lesquelles auroyent esté appoinctées contraires, fut payé pour
ledict appoinctement et comparision trois soubz quatre
deniers parisis, pour ce............ *H.* III s. IIII d. p.

18. — Item et pour lequel double avoir et pour scavoir
comment elle s'en devroit gouverner et lever ledict appoinctement, ledict demandeur seroit venu de la ville de
Limoges en la présent ville, qui auroit vacqué pour ce fere
quinze jours, pour lesquels demande dix livres parisis, pour
ce.. X ll. par.

H. pro vino VIII s.

19. — Item et advenant le seziesme novambre audict an,
comparans lesd. parties comme dessus, ledict feu auroit été
forcloz d'escriptures sur *droit* quinzaine, et fut payé pour
ledict appointement et comparision deux soubz six deniers
parisis, pour ce..................... *H.* II s. VI d. p.

20. — Item et pour ce que ladicte matière était suran-
née, ledict défenseur auroit faict assigner ladicte feue pardevant led. sénéchal, et le dix-huictiesme de décembre,
laquelle auroit comparu, et auroit esté payé pour ledict ap-

---

(1) Le texte semble porter *exposée.*
(2) Le texte porte très lisiblement *exporée.*

poinctement et comparision deux soubz six deniers parisis, pour ce.......................... *II*. II s. VI d. p.

21. — Item pour auquel jour comparoir, pourter lesd. exploictz ledict demandeur seroit venu de la ville de Lymoges en la présent ville, lequel auroit vacqué quinze jours à cheval, pour lesquelz demande dix livres parisis, pour ce.............................. X ll. par.

H. hab. juram. ut sup. X l. pour huit journées à pied, pro quolibet six s. X d. X ll. VIII s.

22. — Item fut besoingt audict demandeur avoir ang double des escriptures dudict deffendeur et auroit esté payé au clerc qui auroit faict ledit double huict soubz parisis, pour ce..................................... VIII s. par.

H. II s. par.

23. — Item pour avoir faict fere ladicte feue ses escriptures à son advocat, auquel auroit esté payé trante soubz parisis, pour ce........................ XXX s. par.

II. XII s. par.

24. — Item auroit esté payé au clerc qui les auroit mises au net cinq soubz parisis, pour ce.......... V. s. par.

II. XII d. p.

25. — Item et advenant le segond septambre mil Vᵉ cinquante sept, comparans les parties comme dessus, les escriptures de ladicte Singareau feurent recues et commis le séneschal de Lymoges pour fere les enquestes et feust payé pour dict appoinctement et comparition quatre soubz parisis, pour ce demande..................... *H.* IIII s. par.

26. — Item auroit payé pour la commission sur ce levée huict soubz parisis, pour ce.............. *II.* VIII s. par.

27. — Item pour lesquelles scriptures fere fere, lever ladicte commission, ledict demandeur seroit venu de la ville de Lymoges en la présent ville, lequel auroit exposé quinze [jours] à cheval, pour lesquels demande dix livres parisis, pour ce....................... X ll. par.

*H. h. juramento ut sup. pour neuf journées à cheval
et pro quolibet X s. par. IIII ll. X s. par.*

28. — Item auroit ledict défendeur faict assigner ladicte
Singareau pour voir extraire et vidimer certaines pièces au-
devant la porte de ladicte abbeye de Sainct-Martial, et advenant le treiziesme mars mil V° cinquante six, à ce comparans les procureurs des parties, feust procédé à la vidima-
tion de certains contractz et fut payé à son procureur pour
avoir compareu à ladicte, et aussi pour s'estre transporté
sur ledict lieu luy auroit esté [payé] huict soubz parisis,
pour ce.................................... VIII s. par.

H. II s. par.

29. — Item et despuys de rechef ledict deffendeur auroit
faict assigner ladicte feue à certain jour au-devant la porte
abaciale; et advenant le sixiesme apvril audict an les parties
comparurent au-devant ladicte porte pour faire ladicte vidi-
mation, et fut payé à son procureur pour sadicte comparision
ou pour s'estre transporté sur led. lieu huit soubz parisis,
pour ce.................................... VIII s. par.

H. II s. par.

30. — Item fut payé deppuys pour ung auttre appoinctement faict le neufviesme dudict mois contenant la vidi-
mation des précédents, auroit esté payé huict soubz parisis,
pour ce.................................... VIII s. par.

H. II s. par.

31. — Item feust payé pour le double dudict procès-verbal
dix soubz parisis, pour ce demande........... X s. par.

H. VI s. par.

32. — Item laquelle susdite commission auroit esté présentée à ung sergent pour fere assigner ledict deffendeur
pardevant le lieutenant pour fere ladicte enquête, et auroit
esté payé audict sergent pour avoir faict ledict adjournement
quatre soubz parisis, pour ce.............. IIII s. par.

H. III s. par.

33. — Item et advenant le douziesme octobre audict an.
comparans lesd. parties comme dessus pardevant ledict

seneschal, ladicte feue présenta sa commission et bailla ses présentes au procureur dudict défendeur et fut ordonné que on viendroit, et fut payé à son procureur pour sa comparision....................................... *II. II* s. par.

34. — Item auroit ladicte feue faict adjourner dix tesmoingtz et auroit esté payé à ung sergent qui les auroit adjournés vingt-cinq soubz parisis, pour ce... XXV s. par.

II. XVI s. par.

35. — Item et advenant le treiziesme jour desd. mois et an, ledict demandeur produyssit sesd. tesmoings qui feurent receus, et feust payé à son prccuration (*sic pour* procureur deux [soubz] six deniers parisis, pour ce... d. II s. VI d. par.

II. II s. par.

36. — Item auroit esté payé pour une aultre comparision du seiziesme desd. mois, contenant aultre production de tesmoins, deux soubz six deniers parisis, pour ce... II s. VI d. par.

II. II s. par.

37. — Item auroit esté [payé] au lieutenant qui auroit ouy dix tesmoings, quarante soubz parisis, pour ce... XL s. par.

II. X s. par.

38. — Item auroit esté payé au greffier qui auroit receu leur audiction quarante soubz parisis, pour ce.. *H.* XL s. par.

39. — Item auroit esté payé à son procureur qui les auroit actéquetés, vingt soubz parisis, pour ce.... XX s. par.

II. VIII s. par.

40. — Item auroit esté payé pour la deppence et journées desd. tesmoings huict livres parisis, pour ce... VIII ll. par.

II. XL s. par.

41. — Item auroit esté payé au greffier pour la grosse de ladicte enqueste (*la somme demandée n'est pas énoncée*).

II. XXXVI s. par.

42. — Item et advenant le vingt troisiesme octobre audict an, comparans lesd. parties comme dessus, les enquestes des parties furent receues, et fust payé pour ledict ap-

poinctement et comparision deux soubz six deniers, pour
ce............................ II s. VI d. par.

II. II s. V d.

43. — Item pour laquelle enqueste apporter et lever le
dict appoinctement ledict demandeur seroit venu de la ville
de Lymoges en la présent ville, lequel auroit exposé quinze
jours, pour lesquels demande dix livres parisis, pour
ce... X ll. par.

*H. h. jur. est supra pour huict journées à cheval et pro
quolibei X s. par., IIII ll. par.*

44. — Item et despuys fut besoingt audict demandeur
lever certain contraict d'afferme et fut payé pour icelluy
douze soubz parisis, pour ce............... XIII s. par.

H. VIII s. par.

45. — Item et despuys ledict deffendeur auroit produict
certaines pièces, au moyen de quoy ledict demandeur l'aurait faict recouver, ensemble son sac qu'il auroit produit,
et auroit esté payé au greffier qui l'auroit recouvert quactre
soubz parisis, pour ce..................... IIII s. par.

N.

46. — Item et despuys ledict demandeur auroit faict re-
consultation de ladicte matière avec quactre advocatz pour
scavoir s'il avoit bonne matière, et leur auroit payé. VIII ll. p.

*Hab. not. ut supra pour deux advocatz ung escu et demi.
LX s. par.*

LX s. par.

47. — Item auroit esté payé à son procureur qui auroit
assisté à ladicte consultation, lui auroit esté payé quactre
soubz parisis, pour ce.................. *H.* IIII s. par.

48. — Item auroit icelluy demandeur faict fere ses contradictz à son avocat et objetz, et luy auroit esté payé quarante soubz parisis, pour ce............... XL s. par.

H. XVI s. par.

49. — Item auroit esté payé au clerc qui les auroit mises
au net quatre soubz parisis, pour ce......... IIII s. par.

H. XX d. p.

50. — Item et advenant le V° jour de may mil X° cinquante sept, comparans les parties comme dessus, lesd. contradictz feurent receus, et fut payé pour ledict acte, comparision et signiffication troys soubz huict deniers, pour ce.............................. **III s. VIII d. par.**

H. III s. II d. p.

51. — Item auroit ledict demandeur faict fere inventaire de ses pièces à son procureur et luy auroit esté payé vingt soubz parisis, pour ce..................... **XX s. par.**

H. pour le tout X s. p.

52. — Item auroit esté payé au greffier pour la signature quactre soubz parisis, pour ce....... *H.* **IIII s. par.**

53. — Item et advenant le VI° mai audict an, comparans les parties comme dessus, la production de ladicte Singareau auroit esté receue et ordonné que ledict deffendeur contradiroit à huitène ; et fut payé pour ledict appoinctement, comparision et signiffication troys soubz huict deniers parisis, pour ce............................ **III s. VIII d. par.**

H. III s. II d. p.

54. — Item et advenant le treiziesme jour desdicts mois et an, comparans les parties comme dessus, le procès fut mis en droit et fut payé pour ledict acte, comparision et signiffication d'icelluy quatre soubz parisis, pour lesquels demande............................ *H.* **IIII s. par.**

55. — Item pour lequel inventaire fere fere, ensemble lesdicts contradicts et objets, lever lesdicts appoinctements et consulter, ledict demandeur seroit venu de la ville de Lymoges en la present ville, lequel auroit exposé quinze jours entiers à cheval, pour lesquels demande dix livres parisis, pour ce.................................. **X ll. par.**

H. pro mora XXX s.

56. — Item despuys sentence s'en seroit ensuyvie par laquelle ladicte Singareau auroit esté relaxée avec despens, et auroit esté payé pour les espèces neuf escuz, pour ce............................ **XI ll. VIII s.**

IX ll. (1) H. VI. ll.

57. — Item auroit esté payé pour ladicte sentence et comparision et signiffication dix soubz parisis, pour ce... Xs. par.

H. VIII s. p.

58. — Item pour lesquels espices payer et lever ladicte sentence ledict demandeur seroit venu de la ville de Lymoges en la présent ville, lequel auroit exposé quinze jours, pour lesquels demande dix livres parisis, pour ce... X ll. par.

H. hab. j. ut supra pour huict journées à cheval, et pro quolibet, X s. p. IIII ll.

59. — Item et pour ce que ledict deffendeur estoit appelant de ladicte sentence et auroit relevé son appel à certains bons jours, ledict demandeur l'auroit faict anticipper et obtenu lectres pour ce fere, et auroit esté payé pour lesd. lectres, façon et ceau y mis, trante deux soubz parisis, pour ce..................................... XXXII s. p.

H. XIIII. s. par.

60. — Item pour lesquelles letres avoir, ledict demandeur auroit envoyé homme expres de la ville de Lymoges en la présent ville, qui auroit vacqué à ce fere quinze jours, pour lesquelz demande qu'il auroit despandu dix livres parisis, pour ce .... X ll. par.

H. pro vino II s.

61. — Item auroit esté payé à ung sergent qui auroit assigné ledict deffendeur en la court quactre soubz parisis, pour ce.............................. *H.* IIII s. par.

62. — Item pour comparoir à ladicte assignation, ladicte feue auroit passé procuration pardevant notere et tesmoings pour fere comparoir pour elle, et auroit esté payé pour ladicte procuration au notère qui l'auroit receue quactre soubz parisis, pour ce...................... *H.* IIII s. par.

63. — Item auroit esté payé à M. François Cormier qui se seroit présenté pour ladicte feue Singareau et luy auroit esté payé quarante soubz parisis, pour ce.. *H.* XL s. par.

---

(1) Le taxateur avait d'abord accordé IX ll, puis a biffé.

64. — Item pour auquel jour comparoir, présenter ladicte procuration et exploictz, ledict demandeur seroit venu de la ville de Lymoges en la présent ville, lequel auroit exposé quinze jours entiers à cheval, pour lesquels demande dix livres parisis, pour ce...................... X ll. par.

H. pro vino VIII s. p.

65. — Item et pour ce que ledict défendeur ne tenoit compte de comparoir, ledict demandeur auroit obtenu default et auroit esté payé à son procureur pour sa comparision cinq soubz parisis, pour ce............ *H.* V s. par.

66. — Item auroit esté payé à son procureur pour avoir faict ladicte utillité dix soubz parisis, pour ce... X s. par.

H. VI s. par.

67. — Item auroit esté payé pour ledict congé et deffault vingt soubz parisis, pour ce................ XX s. par.

H. XVI s. par.

68. — Item pour lequel congé et deffault lever, ledict demandeur seroit venu de la ville de Lymoges en la présent ville, lequel auroit exposé pour ce fere quinze jours entiers, pour lesquels demande dix livres parisis, pour ce... X ll. par.

H. hab. j. ut supra neuf [journées] et pro quolibet X s.

IIII ll. X s.

69. — Item auroit esté payé à ung sergent qui auroit adjourné ledict défendeur sur default à certain jour en la court auquel auroit esté payé huict soubz parisis, pour lesquels demande.......................... VIII s. par.

H. V v. p. (?)

70. — Item auroit esté payé audict Cormier qui se seroit présenté au jour de ladicte assignation en vertu de ladicte procuration vingt soubz parisis, pour ce... *H.* XX s. par.

71. — Item pour lequel deffault et exploits apporter ledict demandeur seroit venu en la présent ville de la ville de Lymoges, lequel auroit vacqué à ce fere quinze jours entiers, pour lesquels demande dix livres parisis, pour ce... X ll. par.

H. pro vino IIII s. p.

72. — Item et despuys ledict defendeur auroit compareu, au moyen de quoy ledict demandeur auroit faict monstrer ses pièces par inventaire sommaire et auroit esté payé à son procureur qui auroit faict ledict inventaire deux soubz six deniers parisis, pour ce................ II s. VI d. par.

H. XII d. p.

73. — Item auroit esté payé au greffier de Guyenne qui aurait appourté ledict procès quatre soubz parisis. pour ce.................................... *H.* IIII s. par.

74. — Item lequel procès ledict demandeur auroit faict recouver (*sic*) par les mains de l'un des huissiers de la court, et auroit esté payé audict huissier quactre soubz parisis, pour ce....................... *H.* IIII s. par.

75. — Item et despuis icelluy demandeur auroit faict consultation avec quactre advocats pour savoir s'ils avaient bien jugé, et leur auroit payé huict livres parisis, pour ce.................................... VIII ll. par.

H. hab. j. ut supra pour deux advocatz IIII ll.

76. — Item auroit esté payé à son procur. (*sic*) qui y auroit assisté huict soubz parisis, pour ce.. *H.* VIII s. par.

77. — Item et pour lesquelles faire apporter et monstrer et avoir le procès pour consulter ladicte matière, ledict demandeur seroit venu en la présent ville de la ville de Lymoges, lequel auroit vacqué à ce dix huict jours entiers pour lesquels demande douze livres parisis, pour ce. XII ll. p.

H. pro mora XXIIII s. par.

78. — Item et auroit esté payé pour cinq requestes pour faire conclure ledict défendeur douze soubz six deniers parisis, pour ce...................... *H.* XII s. VI d. p.

79. — Item et advenant le septiesme septambre mil Vᵉ cinquante huict, les parties conclurent audict appel et auroit esté payé pour ledict appoinctement quatre soubz parisis, pour ce demande .... IIII s. p.

H. II. s. p.

80. — Item auroit esté payé à son procureur pour sa comparision cinq soubz parisis, pour ce....... *H.* V s. par.

81. — Item auroit esté payé à son procureur qui auroit continué son inventaire dix soubz parisis, pour ce. X s. par.

N. (Suit une mention en signes abréviatifs illisible; la somme de X. s. p. demandée n'est pas biffée comme le sont, sur l'original, toutes les sommes demandées par le taxateur).

82. — Item pour lesquelles requestes bailler et avoir ledict appoinctement et fere continuer ledict inventaire, ledict demandeur seroit venu de la ville de Lymoges en la présent ville, lequel auroit vacqué quinze jours, pour lesquels demande douze livres, pour ce..............,........ XII ll. par.

H.

83. — Item et despuis arrest tel que dessus s'en seroit ensuyvi et auroit esté payé pour les espèces... VIII escus.

H. ut in pede arresti XIIII ll.

84. — Item auroit esté payé pour ledict vin dudict arrest sur ce levé quactre soubz parisis, pour ce... *h.* IIII s. par.

85. — Item et pour lesquelz espices payer et lever ledict arrest, ledict demandeu rseroit venu de la ville de Lymoges en la présent ville, lequel auroit exposé a ce fere quinze jours, pour lesquels demande douze livres parisis, pour ce... XII ll. p.

H. ut supra pour huit journées à cheval et pro quolibet X s. p. IIII ll.

86. — Item sera payé au procureur dudict demandeur qui a mis les présens despens par déclaration, ce qu'il vous plaira.

H. pro VIII r. en parch. VI ll. VIII s. p.

87. — Item à vous, Monsieur, qui les taxerés. *H.* XII s. p.

88. — Item aux procureurs des parties qui ont assisté à la présente tauxe.

Habeant ambo XL s.

89.— Item à l'huissier qui les a assignés... *H.* IIII s. p.

90. — Item pour l'exécutoire des présents despens que sur ce conviendra lever...................... *H.* X s. par.

91. — Item pour lesquels despens faire tauxer ledict de-

mandeur seroit venu en la présent ville de la ville de
Lymoges, lequel auroit vacqué à ce fere dix huict jours entiers, pour lesquels demande douze livres parisis, pour
ce... XII ll. par.

*H. ut sup. pour douze journées à cheval et pro quoli-
bet, X s. p. VI ll. p.*

Taxés ont esté les présens despens par nous Pierre Pomier,
conseiller du Roy en la court du Parlement de Bourdeaulx
et commissaire par icelle, desputé en cette partie, en présence de M⁰ François Cormier, procureur du dict demandeur, et de M⁰ Bernard Beurier, substitut de M⁰ Bartho-
lome Redon, procureur de partie adverse, à la somme de
cent IIII ll. dix neuf solz VI deniers par. — Faict à Bourdeaux, le treiziesme jour de avril mil Vᶜ cinquante neuf,
après Pâques.

POMIER,

(signature autographe avec paraphe).

(Au dos du rôle sont les mentions originales suivantes) :

Despens pour Anthoine Peyrat, fils et héritier de feue
Marthe Singareau, reprenant le procès au lieu de sa mère,

Contre Messire Loys de Ginolhat, abbé de Saint-Martial de
Lymoges, deffendeur.

CORMIER,

(signature autographe avec paraphe).

(En marge) : A. REDON.

Baillé partie, diminutions si aucuns en veult bailler, par
tout le jour, aultrement et à faulte de ce faire seront les
présens despens taxés par Monseigneur Mᵉ Pyerre de Pomyer,
conseiller du Roy en la court de Parlement à Bord. et
commissaire par icelle desputé en cette partie. Faict etc. (*sic*)
le VIIIᵉ d'apvril mil Vᶜ LIX, après Pasques.

Le XIIIᵉ apvril mil Vᶜ cinquante neuf a esté baillé assignation à Beures (*sic pour* Beurier), substitut de Redon,
procureur de partie à heure de cinq heures du soir pour voir

tauxer les présens despens pardevant Monsieur Pomiers, commissaire en cette partie desputé, lequel n'a fait aucune response, par moy.

ROBERT,

(signature avec paraphe.)

(En travers, et d'une écriture du XVIIIe s., est cette mention) :

Taxe de dépens an conséquence de l'arrêt qui déboute M. l'abbé de Saint-Martial de la rente qu'il demandoit sur le domaine de Murieau.

(Pièce du cabinet de M. E. Langle, de Limoges, transcrite par M. Eug. Dramard, conseiller à la Cour) (1).

Lettres du roi Henri III relatives aux affaires de la Ligue à Limoges, janvier 1589.

Monsieur de Limoges (2), j'ai receu la vostre que vous m'avez escrite par ce porteur, par le discours de laquelle et par ce que le dict sieur de Vic (3) m'a touiours escrit, j'ai cogneu que vostre presence a touiours esté tres utile par de là à composer et contenir les choses au bon estat que je désire pour le bien et repos de mes suiets. Je vous n scay très bon gré, ne pouvant recevoir plus grand contentement ny office de mes bons serviteurs plus agréable qu'en ce qui touche au bonheur de mes dicts suicts, et ay eu a plaisir que sur le bruit que vous me mandez avoir esté tenu en passant par un courrier d'Espagne, vous vous

---

(1) Plusieurs documents du même genre, du XIVe siècle, ont été insérés dans la *Bibl. de l'Ec. des Chartes*, 1873, p. 201, et ss.

(2) Henri de la Martonie, évêque de Limoges, de 1587 à 1618. Sur le rôle de ce personnage durant les troubles de la Ligue, voy. *M. Louis Guibert : La Ligue à Limoges.*

(3) Méry de Vic, surintendant de justice et police en Limousin, de janvier à décembre 1589

soyez resolu de ne pas partir pour me venir trouver.
Depuis vous avez sceu la vérité et les particularités du dict
bruit par une depesche que j'ay faite exprez au sieur de
Vic avec charge, outre ce que je vous ay particulièrement
escrit, de vous communiquer ce que je lui ay mandé, par
où vous avez peu encore mieux juger vostre demeure par
delà estre nécessaire. Au moyen de quoy, je désire que
vous y arrestiez pour employer toute vostre industrie, force
et crédit à maintenir vostre ville et tout le pays unis en une
mesme volonté de me recognoistre et obeyr comme ils sont
naturellement obligez, sans se laisser divertir de ce devoir
à factions, ligues et practiques particulières qui, par la
division qu'elles engendrent, ne produiront enfin que mal
et ruines sur eux, facilités aux huguenots d'y étendre tou-
siours plus avant leurs desseins et conceptions, comme l'expérience l'a trop fait cognoistre à mon tres grand regret
depuis que la Ligue a mis la partialité entre mes sujets
catholiques, qui m'a osté le moyen de faire l'effort qui se peut
espérer de leur union et concorde sous mon obéissance.
Vostre recommandation et l'asseurance que vous m'avez
donnée de vostre frère l'evesque d'Amiens (1), me fera
volontiers oublier le malcontentement que j'ay peu avoir de
luy, voulant aussy croire qu'il se comportera de façon à
l'advenir qu'il ne me donnera occasion de m'en souvenir..

Pour vostre regard et du sieur de Puyguilhem vostre
autre frere (2), vous pouvez espérer toute faveur de moy
quand il s'en présentera à occasion, comme vostre fidélité
et affection à mon service mérite. Priant Dieu, Monsieur etc.

* * *

Nostre amé et féal (3), nous avons entendu avec singu-
lier contentement ce que vous nous avez escrit de la bonne
disposition en laquelle vous avez trouvé les habitans

---

(1) Geoffroi de la Martonie, évêque d'Amiens, de 1577 à 1617.
(2) Jacques de la Martonie, sgr de Puiguilhem, en Périgord.
(3) L'intendant Méry de Vic.

de nostre ville de Limoges de se réunir et vivre en bonne concorde sous nostre obéissance, ayant esté très aise du bon commencement que vous y avez recognu en l'eslection de leurs consuls ; laquelle estant passée sans brigues particuculières et avec la liberté des suffrages, ainsy que vous escrivez, cela nous fait espérer que ceux là qui ont esté ainsy esleus s'acquitteront [de] ce qu'ils doivent naturellement à nostre service, à leur patrie et au jugement que l'on a fait de leur prudhommie et intégrité. A quoi vous exhorterez à toutes occasions, et tiendrez la main de vostre pouvoir a contenir toutes choses dans la dicte ville et autres endroits du pays en l'obéissance qui nous est deue, comme nous nous asscurons que vous y rendrez le soin et fidele debvoir que nous attendons de vostre part en tout ce qui est de nostre service, vous avisant que nous avons toute satisfaction du témoignage que vous en avez desia donné depuis votre arrivée, jugeant par les effects que vous n'y avez rien obmis de ce que nous désirons ; nous avons aussy eu plaisir d'entendre la bonne assistance qu'y a faite l'evesque de Limoges ainsy qu'avons veu par vos lettres. Nous sçavons qu'il est très affectionné à nostre service et pour cette occasion nous luy mandons qu'il ne bouge de là, afin d'ayder à conforter par sa présence et son crédit un chacun à demeurer ferme en l'union ordonnée par vostre crédit et sous notre autorité. Nous vous avons fait une depesche par un homme que les députés de Limoges qui sont icy envoyèrent exprez pour nous advertir de ce qui se serait passé à l'endroit du feu duc de Guise, dans laquelle vous avez eu un mémoire contenant la vérité du faict dont nous avons voulu que tous nos bons sujets soient rendus capables, ainsi que de l'intention que nous avons plus que jamais de purger nostre royaume de l'hérésie, scachant que de là dépend le vray repos et le plus grand contentement que nous puissions donner à nos dicts sujets. Comme en nostre particulier nous ne scaurions aussy recevoir plus grande consolation en nostre ame que de pouvoir conduire cette nostre résolution à bonne et heureuse fin, ce qu'ils ont deu et doibvent attendre de

nous et non d'autres, moyennant la grâce que nous espérons
que Dieu nous fera de favoriser nos actions à la poursuite
d'un si bon œuvre. Si aucuns se vouloient prevaloir de ce
qui a esté fait pour donner autre impression au peuple, vous
y scaurez assez répondre et néanmoins s'ils peuvent estre
apprehendez les ferez chastier comme tel crime peut mériter.

Donné à Blois, etc.

* *
*

Chers et bien amez (1), le tesmoignage que nous ont
donné nos amez et feaux conseillers l'evesque de Limoges
et le sieur de Vic de vostre prudhommie et intégrité nous
a fait avoir vostre eslection agréable, espérant que vous en
rendrez les effets pour nostre service et le bien public de
cette ville dignes du jugement qui a esté fait de vous par
le commun conséntement de vos concitoiens et tels que
nous asseurez par vostre lettre du 2 novembre (?). Nous avons
au surplus trouvé bon que sur l'occasion que vous nous
escriviez, le dict evesque se soit arrêté par delà, comme nous
luy mandons à present qu'il y demeure encore pour vous
fortifier de toute l'assistance, confort et ayde qu'il pourra à
maintenir la dicte ville en union, repos et concorde sous
notre obéissance. A quoy nous voulons et vous enjoignons
que vous ayez à veiller et travailler le plus soigneusement
qu'il vous sera possible pour empescher qu'aucune altération
ou discorde n'y puisse avenir au préjudice de la seureté de
la dicte ville, nous remettant à ce que le dict sieur de Vic
vous aura fait entendre suivant la depesche que luy avons
faite sur ce qui est advenu à l'endroit du feu duc de Guise,
dont nous avons bien voulu rendre capables nos bons suiets
catholiques comme de chose faite pour la conservation de
nostre autorité et pour couper la racine des empeschements
qui nous estoient donnés par le moyen de la division qu'il
entretenoit entre nos dicts suiets catholiques, à l'extirpa-
tion de l'hérésie que nous sommes très résolu de poursuivre

---

(1) Les nouveaux consuls de Limoges.

jusqu'au dernier soupir de nostre vie. Et pour n'avoir à
present autre chose à vous dire si ce n'est vous recomman-
der de reschef l'assoupissement de toutes partialitez dans les
habitants de vostre riche ville, nous ne vous ferons la presente plus longue.

(S. D. — Juin 1589) (1). Donné, etc.

(*Bibliothèque nationale, ms. franc.* 3958. — *Communication de M. Fray-Fournier*).

V. — *Nomination faite par l'évêque de Limoges du sieur Philibert de
Léonard au prieuré-cure de Noailles.* — *1640.*

L'original de l'acte suivant, écrit sur parchemin, nous a été
envoyé par M. E. Batherosse. On lit sur le revers :
« Visa de la cure de Noüailles pour faire voir que la nomination d'icelle appartient au sieur prieur de Brive ». Il reste au
bas du parchemin les traces d'un sceau disparu.

La famille De Léonard, à laquelle appartient le nouveau
prieur-curé de Noailles, formait plusieurs branches. Le *Nobiliaire
du Limousin* en indique trois : Léonard de Fressanges, paroisse
de Vicq, Léonard de Villefeix, paroisse de Pluniers, et Léonard
de Nosières, paroisse de Collonges, canton de Meyssac. C'est à
cette dernière qu'il faut rattacher Philibert de Léonard qui, en
1657, était devenu curé de Saint-Sernin de Brive.

A. LECLER.

Franciscus Delafayette, Dei et sanctæ sedis aplicæ gratia Lemovic. episcopus, dilecto nro magistro Philiberto de Léonard, pbro in sacra theologia magistro nec non canonico
ecclesiæ secularis et collegiatæ sancti Martini urbis Brivæ
nræ diœcesis Lemovic., salutem in Domino. Prioratum cura-

---

(1) La date résulte de la place de ces lettres dans le manuscrit d'où elles
sont tirées.

tum de Noailhes ejusdem nræ diœcesis, cujus vacatione
occurente nominatio et presentatio jure patronatus eccle-
siastici ad dnum priorem prædictæ ecclesiæ sancti Martini
Brivæ, collocatio vero, institutio et omnimoda alia dispositio
ad nos ratione nræ dignitatis epalis spectant et pertinent,
verum liberum et vacantem per obitum magri Francisci de la
Garde, pbri illius prioratus-curati, ultimi possessoris pacifici,
ibi coram nobis pnti, tanquam capaci, sufficienti et idoneo,
a: per dnum Augustinum de Lamet, priorem dictæ ecclesiæ
secularis et collegtæ sancti Martini urbis Brivæ, nobis litte-
ratorie nominato et pntato, sicut de dictis nominatione et
putatione ex instrumento signato Augustinus de Lamet,
prior sancti Martini, et de mandato H. Bouniol, secretarius,
datæ diei quintæ mensis januarii ultimo præteriti, nobis
debite constitit atque constat, etiamsi prædictus prioratus
curatus de Noailhes ex alterius cujuscumque persona vel
causa vacaverit, aut alias quovismodo vacet, contulimus et
donavimus, conferimusque et donamus ac providimus et pro-
videmus. Et de ipso prioratu curato una cum omnibus suis
forsan annexis, juribus, fructibus, redditibus et pertinentiis
universis per pntes investimus teque verum priorem cura-
tum instituimus in eodem, curam, regimen, administraœem
ipsius et animarum parrochianorum ejusdem tibi commit-
tendo, salvo tamen in omnibus jure nro et quolibet alieno ;
mandantes et committentes harum nostrarum litterarum te-
nore omnibus et singulis pbris, clericis et notariis nobis
subditis quatenus eorum ille qui primus super hoc requi-
ratur, te vel procuratorem tuum nomine tuo, in realem, ac-
tualem et corporalem possessionem dicti prioratus curati et
annexorum ejusdem juriumque et pertinentiarum suorum
quorumcumque ponant et inducant, ac tueantur inductum.

In cujus rei testimonium pntes litteras signavimus sigil-
loque nro muniri et per secretarium episcopatus nostri infra
scriptum signari fecimus. Datum in palatio episcopali
nostræ civitatis Lemovic., pntibus ibidem et audientibus ma-
gris Matheo Chambon scriba, et Simone Lapide clerico,
ejusdem nostræ civitatis habitatoribus, testibus notis ad præ-

missa vocatis et rogatis die decima septima martii, anno
Domini millesimo sexcentesimo quadragesimo.

FRANCISCUS E. LEMOVICENSIS.

De dicti illustrissimi et rmi dni Lemovic. episcopi mandato. PALAYS.

Liberata die, mense et anno prædictis.

Controllé à Bordeaux le unziesme jour d'avril 1640, au
premier registre folio 50, numéro 931, et présenté au controlle par M. Berny (Henri ?) Besset, secrétaire de M. Tar-
neau qui a signé.

VAILLANT.

VI. — Attestation d'études délivrée par un professeur du collège de
Limoges. — 1746. Impr.

(1) Ego infra scriptus professor *rhetoricæ* in collegio Lemovicensi societatis Jesu fidem facio dom. *Jacobum Cha-
baudie*, diœcesis *Lemovicensis*, in schola nostra per *annum*
audiisse, scilicet a mense *novembri* ann. *1745*, usque ad
mensem *augusti exeuntem* ann. *1746*, *et in ea signa pie-
tatis et diligentiæ dedisse*.

In quorum fidem has ei litteras manu propria subscrip-
tas et collegii sigillo munitas dedi. Lemovicis die *26* mensis
augusti ann. *1746*.

ROBERT, *Soc. Jesu*.

(*Collection de M. Marc Barbou, à Limoges. — Communication de M. J.-B. Champeval*).

---

(1) En tête un écusson ovale, avec le monogramme : .∗·I.-S. et cette légende :
Laudabile nomen Domini. — Les mots que nous imprimons en italiques sont
manuscrits dans la pièce.

VII. — Conférences du séminaire des Ordinands de Limoges.

1751-1762.

Ce cahier de 8 feuillets papier, format grand in-8°, semble
ne présenter d'autres lacunes que celles qui se constatent entre
les dates extrêmes. Mais il était vraisemblablement pourvu autrefois d'une couverture où l'on avait pu inscrire le titre qui lui
fait actuellement défaut. On y reconnait au premier coup d'œil
deux écritures différentes, qui remplissent exactement les deux
moitiés subsistantes : 1751-54 et 1760-62.

Le contenu de ce document n'est point d'un intérêt bien grand.
Il est certainement inférieur à celui de la courte chronique
du même séminaire (1696) que nous avons publiée dans notre
recueil de *Chartes et chroniques... sur la Marche et le Limousin,*
(p. 325-331). Sa sécheresse le rend d'une lecture peu attrayante,
mais il fournit pourtant quelques renseignements utiles : les
sujets traités devant les ordinands, les noms de leurs professeurs, la preuve que les cours du séminaire vaquaient alors
en août, septembre et octobre, toutes choses dont il faudrait
tenir compte dans une histoire de l'enseignement public en
Limousin. Ce document est d'ailleurs le seul de ce genre que
nous connaissions en Limousin : il méritait donc à tous ces
titres d'être tiré de l'oubli.

Les noms des professeurs sont les suivants :

MM. Bordier, Delaboissière, Girard, Reverchon, Rousseau,
Sauzet, Sicelier et Tournade, de 1751 à 1754 ; — Delaboissière,
Douville, Girard, Merveilleux, Montenis, Rousseau, Ravel et
Sicelier, entre 1769 et 1763.

On en pourrait cependant trouver d'autres empruntés à
diverses sources.

1751.

Samedy   3 avril : Conférence spirituelle : M. Rousseau.
Dimanche 4 — Le second entretien, *De la messe* :
                         M. Sauzet.

Mardy 6 avril : — Sujet d'oraison, *Sur le jeudi saint*. M. Reverchon.

Jeudy   8 — Sujet d'or, *Sur le vendredi saint* : M. Delaboissière.

Samedy   10 — Conf. spirit. : M. Girard.

Lundy   12 — Entretien, *Du Réglement* : M. Sicelier.

Jéudy   15 — Entretien, *De la lecture spirituelle* : M. Reverchon.

Samedy   17 — Conf. spirit. : M. Rousseau.

Dimanche 18 — 1ᵉʳ entretien, *De l'étude* : M. Bordier.

Mardy   20 — 2ᵉ entretien, *De l'étude* : M. Bordier.

Jeudy   22 — Sujet d'or : M. Girard.

Samedy   24 — Conf. spirit. : M. Reverchon.

Dimanche 25 — Entret., *Des repas* : M. Delaboissière.

Mardy   27 — Le 1ᵉʳ entret., *Des conversations* : M. Tournade.

Jeudy   29 — Sujet d'or : M. Rousseau.

Samedy   1 may : Conf. spirit., *Sur l'intérieur de N.S.* : M. Sicelier.

Dimanche 2 — Le 2ᵉ entret., *Des conversations* : M. Tournade.

Mardy   4 — Entret., *De la conversation avec les femmes* : M. Bordier.

Jeudy   6 — Sujet d'or. : M. Delaboissière.

Samedy   8 — Conf. spir. : M. Girard.

Dimanche 9 — Entret., *Des récréations défendues* : M. Reverchon.

Mardy   11 — Entret., *Des visites* : M. Sicelier.

Jeudy   13 — Sujet d'or : M. Sicelier.

Samedy   15 — Conf. spirit. : M. Rousseau.

Dimanche 16 — Le 1ᵉʳ entret., *De l'instruction des peuples* : M. Bordier.

Mardy   18 — Le 2ᵉ entret., *De l'instruction des peuples* : M. Bordier.

Mercredy 19 — Conf. spirit. : M. Girard.

Jeudy   20 — Le 3ᵉ entret., *De l'instruction des peuples* : M. Bordier.

Samedy   22 may : Sujet d'or **:** M. Reverchon.

Mardy   25 — Sujet d'or : M. Tournade.

Jeudy   27 — Sujet d'or : M. Sicelier.

Samedi   29 — Conf. spirit.: M. Delaboissière.

Lundi   7 juin : Entret., *De la préparation à la com-*
                     munion : M. Delaboissière.

Mercredy   9 — Conf. spirit. : M. Bordier.

Vendredy 11 — Entret., *De l'action de grâce après la*
                     communion : M. Delaboissière.

Dimanche 13 — Entret., *De la visite du St-Sacrement:*
                     M. Sicelier.

Mardy   15 — Entret., *De l'importance et nécessité*
                     du catéchisme : M. Girard.

Jeudy   17 — Sujet d'or : M. Reverchon.

Samedy   19 — Conf. sirit. : M. Sicelier.

Dimanche 20 — 2° entret., *Du catéchisme* : M. Girard.

Lundy   21 — Sujet d'or : M. Rousseau.

Mercredy 23 — Conf. spirit.: M. Delaboissière.

Jeudy   24 — Un catéchisme.

Samedy   26 — Sujet d'or : M. Reverchon.

Lundy   28 — Conf. spirit. : M. Girard.

Mardy   29 — Entret., *Du Jubilé* : M. Bordier.

Mercredy 30 — Procession pour gagner le jubilé.

(Nous de donnerons plus, pour les mois suivants, quel'indication des sujets et en tant seulement qu'ils seront nouveaux. Les entretiens seront précédés d'une †, les oraisons d'une *, les conférences d'une ×.

JUILLET

† De la vie réglée. — * Sur saint Martial. — × Des saints prêtres. — † De la vie exemplaire. — × De saint Alexis. — † De l'importance d'observer [dans le monde] ce que l'on a appris au séminaire.

OCTOBRE, NOVEMBRE ET DÉCEMBRE

† Du règlement. — † De la bonne intention. — † Des avis. — * Des morts. — * De saint Charles. — * De

saint Martin. — ✝ De la dévotion à la sainte Vierge.
— ✝ Du chapelet. — ˙ De saint Etienne. — ✕ Sur la présen-
tation de la sainte Vierge. — ✝ De l'office divin. — ˙ De saint
André. — ✝ Du chant. — ✝ Des cérémonies. — ˙ Sur sainte
Valérie.

(Les feuillets de fin décembre 1751 et ceux de janvier et de
juin 1752 sont perdus).

1752. JUIN ET JUILLET :

✝ De la manière de faire le catéchisme. — ˙ Sur saint
Martial. —˙ Sur la Visitation. — ✝ De la vie réglée.

OCTOBRE, NOVEMBRE ET DÉCEMBRE :

˙ Sur les S. S. Simon et Jude. — ˙ Sur saint-Charles.—
De l'office divin. — ˙ De saint André. —✝ De la confession.
— ˙ Sur saint Jean. — ✝ Du bon emploi du temps.

1753, JANVIER A JUILLET, inclusivement :

✝ De l'importance de se sanctifier au séminaire. — ✝ De
l'examen particulier. — ✕ Sur saint François-de-Sales. —
✝ Des mauvais esprits. — ✝ Des actions en général. —
˙ Sur saint Mathias. — ✝ Du lever. — ✝ Du coucher. —
˙ Sur les cendres. — ✝ De la prière du matin. — ✝ De la
prière du soir. — ˙ Sur l'annonciation. —✝ De l'oraison. —
✝ De la lecture spirituelle. — ✝ De l'étude. — ✝ Sur la pré-
sentation de N.-S. — ✝ De la messe. — ˙ Sur la compassion
de la sainte Vierge. — ˙ Sur le Jeudi-Saint. — ✝ Des conversations. — ˙ Sur saint Pierre.

(Octobre, novembre et décembre ne fournissent aucun
sujet nouveau).

1754, JANVIER A MAI, inclusivement :

˙ Sur saint Joseph. — ✝ De la passion. — ˙ Sur saint Jacques et saint Philippe.

(Les feuillets de mai 1751 à mai 1760 sont perdus).

1760, MAI, JUIN ET JUILLET :

✕ Sur l'Ascension. — ✕ Sur la Pentecôte. — ˙ Sur la

Fête-Dieu. — * Sur le sacerdoce de N.-S. — † Sur la pré-
dication. — * Sur la visitation de la sainte Vierge. — † Sur
les sentiments avec lesquels on doit quitter le séminaire.

OCTOBRE, NOVEMBRE ET DÉCEMBRE.

* Sur l'intérieur de la très sainte Vierge. — † Sur l'importance de bien faire ses actions. — † Sur les avis du règlement. — ✕ Sur la Toussaint. — * Sur saint Charles Boro-
mée. — ✕ Sur l'immaculée conception. — * Sur saint Jean
l'Evangéliste. — ✕ Sur la circoncision.

1761, JANVIER A JUILLET, inclusivement:

✕ Sur l'épiphanie. — ✕ Sur la purification. — † Sur la
passion de N.-S. — ✕ Sur le saint jour de Pâques. —
† Sur l'oraison mentale.

OCTOBRE, NOVEMBRE ET DÉCEMBRE.

✕ Sur le premier dimanche de l'Avent. — Sur saint
André.

(Les feuillets de janvier à mai 1762 sont perdus. Les mois
de juin et juillet ne fournissent aucun sujet nouveau).

(*Archives départementales de la Haute-Vienne, série I,
n° prov.* 1184. — *Communication de M. Alfred Leroux*).

----

*VIII — Avis à Messieurs les Ordinands du séminaire de Limoges. —
1753. Impr.*

Les messieurs qui sont reçus pour entrer au séminaire
de Limoges seront avertis qu'en y entrant ils doivent être
pourvus des livres suivants :

Un *Nouveau Testament* en latin ; l'*Imitation de N.-S.*
en latin ; l'*Introduction à la vie dévote* ou *le Guide des
pécheurs* ; la *Conduite* de Beuvelet ; *Méthode de la confession générale*.

De plus on a besoin d'avoir au séminaire : une *Bible* en latin : le *Rituel* du diocèse; le *Catéchisme* du diocèse; *Series ordinationum* ; quelques livres de piété, parmi lesquels on recommande particulièrement les *Méditations* de Beuvelet, le *Pastoral* de Limoges, la *Perfection chrétienne* de Rodriguez, etc., (1) les *Heures*, le *Graduel*, le *Vespéral* et le *Processionnal* du diocèse.

A M. Jacques Chabodie, clerc de Saint-Junien, reçu pour l'entrée du 9 octobre 1752.

(*Collection de M. Marc Barbou, à Limoges. — Communication de M. J. B. Champeval.*)

IX — *Provisions de l'office de gouverneur des villes de St-Léonard, Eymoutiers et Bourganeuf, en faveur du sieur Desmaisons,—1771 (2).*

Louis, par la grâce de Dieu.... Nous avons par notre déclaration du 4 mai 1766 ordonné qu'à l'avenir il ne sera par nous pourveu qu'à vie aux offices de gouverneurs et de nos lieutenants créés dans nos villes closes de nostre royaume par notre édit du mois de novembre 1733, et qui restent à lever en nos revenus casuels ; nous avons ordonné, en outre, par arrêt de notre Conseil du 1er juin 1766, qu'il ne pourra être pourvu aux offices de gouverneurs et de lieutenants dans nos villes closes de notre royaume que de sujets capables, soit officiers de nos troupes actuellement à notre service ou qui en seront retirés, soit nobles d'extraction ou autres jouissant de la noblesse qui les pourront tenir et exercer sans incompatibilité avec tous autre offices, en

------

(1) Tout ce qui suit est manuscrit

(2) Cf. l'introd. à notre *Invent. des archives départementales de la Haute-Vienne*, E. suppl., p. XXVIII.

payant par eux en nos revenus casuels la finance des dits offices suivant les rolles arrêtés en notre Conseil........ Notre cher et bien aimé le s' Joseph-Guillaume Desmaisons, baron de Peyrat, chevau-léger de notre garde, ayant payé en nos revenus casuels la finance à laquelle l'office de gouverneur des villes de St-Léonard, Eymoutiers et Bourganeuf a été taxé...... nous avons eu agréable de le pourvoir au dit office, persuadé qu'il remplira avec vigilance toutes les fonctions qui en dépendent et qu'il nous donnera en toute occasion les preuves de zèle, fidélité et affection à notre service. A ces causes, nous avons aud. s' Desmaisons donné et octroyé, donnons et octroyons, par ces présentes signées de notre main, l'office de gouverneur de la ville de St-Léonard, d'Eymoutiers et Bourganeuf, créé et étably par notre édit du mois de novembre 1733, et auquel il n'a point été encore pourvu, pour led. office avoir, tenir et exercer, en jouir et user led. s' Desmaisons, sans incompatibilité avec tous autres offices, aux gages, appointements, logements et ustensilles dont sera fait fond annuellement dans l'état de l'ordonnance de nos guerres, suivant l'article 6 dud. arrest de notre Conseil du 1er juin 1766, avec pouvoir de commander tant aux habitants qu'aux gens de guerre qui sont ou qui seront cy-après établis dans lad. ville en garnison ce qu'ils auront à faire pour le bien de notre service, sûreté et conservation de la dite ville en notre obéissance, faire vivre les habitants en bonne union et concorde les uns avec les autres et lesd. gens de guerre en bon ordre et police suivant nos règlements et ordonnances militaires, sous l'autorité du gouverneur et notre lieutenant général en la province de Limoges, et en son absence, de nos commandants et lieutenants-généraux particuliers de notre dite province.

Versailles, 20 septembre 1771.

Registré en la chambre des comptes, ouy le procureur général du roy, pour jouir par le pourvu dudict office des gages et droits y attribués, *sans approbation de la qualité de* baron de Peyrat, insérée auxd. lettres, non justifiée à la chambre, le 14 septembre 1771.

(Archives départementales de la Haute-Vienne, fonds Bosvieux. F. 2. — *Copie prise sur le registre du corps de ville de Bourganeuf).*

X. — Création du Conseil politique de la ville de Guéret. — 1782.

Sur ce qui a été représenté au Roi étant en son Conseil, que les assemblées générailes des habitants, que l'on a coutume de convoquer dans la ville de Guéret, occasionnent souvent du tumulte et que les affaires y sont toujours mal discutées, Sa Majesté a jugé avantageux pour les intérêts de ladite ville de supprimer les dites assemblées générales et d'y substituer un conseil politique composé d'habitants choisis dans les différentes classes. A quoi voulant pourvoir, vu l'avis du sieur intendant et commissaire départi dans la Généralité de Moulins, ouï le rapport ; le Roi étant en son Conseil a ordonné et ordonne ce qui suit :

ARTICLE PREMIER.

Sa Majesté a supprimé et supprime toutes assemblées générailes d'habitants dans ladite ville de Guéret, faisant deffense aux officiers municipaux de ladite ville et à tous autres d'en convoquer aucunes à l'avenir, pour quelques causes et sous quelque prétexte que ce soit.

ARTICLE DEUX.

A Sa Majesté établi dans ladite ville un conseil politique, lequel tiendra lieu à l'avenir desdittes assemblées générailes et sera convoqué dans tous les cas où l'on avait coutume de convoquer lesdittes assemblées générailes.

ARTICLE TROIS.

Ledit conseil politique sera composé du maire, des deux échevins, du procureur de Sa Majesté au Présidial, du secrétaire-greffier et des receveurs des deniers patrimoniaux de la ditte ville, des anciens maires, et en outre de douze conseillers, lesquels seront choisis dans les différentes classes d'habitants. Ledit secrétaire-greffier et ledit receveur n'auront point voix délibérative dans les assemblées dudit conseil politique.

ARTICLE QUATRE.

Sa Majesté a nommé et nomme pour remplir les dittes douze places de conseillers politiques, les sieurs Besse Dumas, doyen du chapitre de Guéret ; de Chastillon, curé, pour la communauté des prêtres; Coudert de Sardant, lieutenant-général en la sénéchaussée et siège présidial ; Tournyol de la Rade, maître particulier des eaux-et-forêts ; Tixier de la Chapelle, président de l'élection ; Gentil du Vernet, président des dépôts ; Dissandes de Boisgenét, bâtonnier des avocats ; Dissandes, procureur-doyen; Pillet, notaire; Lasnier des Barres, lieutenant des chirurgiens ; Purat, marchand, et Marcillat l'ainé, laboureur à Réjat, voulant qu'il soit connu en laditte qualité par tous ceux et ainsi qu'il appartiendra.

ARTICLE CINQ.

Lesdits conseillers politiques resteront en place pendant deux années, et chaque année la moitié sera renouvellée; et néanmoins pour établir ledit ordre successif de l'emplacement (sic), veut Sa Majesté que pour cette fois six de ceux qui sont nommés par le présent arrêt ne restent en place qu'une année, après laquelle il sera par Sa Majesté pourvu à leur remplacement. Mande Sa Majesté audit sieur intendant et commissaire départi en la Généralité de Moulins de tenir la main à l'exécution du présent arrêt ; lequel sera transcrit sur les registres de l'hôtel commun de laditte ville de Guéret.

Fait au conseil d'État du Roy, Sa Majesté y tenant, tenu à la Muette, le vingt-sept septembre mil sept cent quatre-vingt-deux.

AMELOT.

Anthoine-Jean Terray, chevalier, conseiller du Roi en ses Conseils, M⁰ des requêtes ordinaire de son hôtel, intendant de justice, police et finances en la Généralité de Moulins.

Vu l'arrêté du Conseil ci-dessus et des autres parts, daté du 27 octobre 1782, portant établissement d'un Conseil politique dans la ville de Guéret.

Nous, intendant susdit, ordonnons que ledit arrêt sera exécuté selon sa forme et teneur, et enregistré sur le registre des délibérations de ladite ville de Guéret.

Fait à Moulins, le 11 octobre 1782.

TERRAY.

(Archives départementales de la Haute-Vienne, fonds Bosvieux, F. 2. — Copie prise sur l'original en parchemin, conservé aux archives communales de Guéret).

XI. — *Thèse soutenue au collège de Limoges, 1792.*

LA NATION, LA LOI, LE ROI. AUX AUTORITÉS CONSTITUÉES. QUESTIONS PHILOSOPHIQUES.

I.

Toute connoissance acquise par le raisonnement est du ressort de la philosophie ; ainsi nous pouvons définir celle-ci : *cognitio ex ratione discurrens.* Comme la raison humaine n'est pas indéfinie, comme elle ne peut d'un seul coup d'œil

embrasser tous les objets, ni en calculer tout de suite tous
les rapports avec la plus exacte précision, elle doit hésiter
avant de se prononcer; voilà le doute méthodique de Descar-
tes, que tout le monde doit employer sans rougir, car c'est
le seul moyen d'éviter l'erreur. La logique prescrit et démontre les règles du raisonnement : donc on peut la définir
l'art de raisonner. Elle traite encore des idées, des jugements. L'idée est la représentation d'un objet faite dans
l'âme sans affirmation ou négation; elle nous peint la
nature et les propriétés des êtres hors de nous; ainsi il ne
faut pas la confondre avec la sensation qui nous peint l'état
présent de notre âme; l'idée est toujours vraie, selon Des-
cartes; quelquefois fausse, selon les Péripatéticiens; ni vraie
ni fausse, suivant Locke; diversité d'opinion qui porte toute
sur une dispute de mots.

II.

Le jugement est l'acte par lequel l'âme prononce sur le
rapport des idées : les motifs du jugement varient suivant
la différence des choses qui en sont l'objet. L'évidence nous
donne une certitude absolue sur les vérités intellectuelles;
le sens intime, sur l'état actuel de notre âme et de ses affections; le rapport constant et uniforme des sens, sur l'existence des corps, quand on a admis celle de Dieu; le témoignage des hommes en certaines circonstances, sur les faits
anciens ou modernes, naturels ou surnaturels fondés sur la
tradition ou orale ou écrite; enfin la révélation divine,
sur des vérités incompréhensibles : car tout ce qui est au-
dessus de la raison n'est pas pour cela contre la raison;
il existe des motifs de certitude: donc il ne faut point
admettre un doute général avec les Scepticiens ou les Académiciens. La proposition est l'interprète du jugement.
L'ancienne école dissertait longuement sur les propriétés
absolues et relatives de la proposition. Les propositions absolues sont la quantité et la qualité : on distingue des propositions singulières, particulières, universelles et indéfinies :
toute proposition est ou affirmative, ou négative, ou vraie, ou
fausse. Les propriétés relatives sont l'opposition, l'équipo-

lence et la conversion. Tirer une proposition d'une ou
plusieurs autres, c'est raisonner : parmi les diverses espèces
de raisonnements on distingue le Syllogisme qui est composé de trois propositions tellement disposées que la troisième, appelée conclusion, suive des deux premières. On
en démontre les règles générales.

III.

La Métaphysique traite des êtres distingués de la matière :
ainsi elle a deux parties : l'Ontologie et la Pneumatologie.
La première examine les propriétés de l'être en général, de
la substance, des universaux, des catégories, etc. Matières
abstraites et dignes de l'obscure subtilité des vieilles écoles.
La Pneumatologie traite des esprits. Le premier objet de
cette science est Dieu, l'être suprême qui régit et gouverne
l'univers ; l'existence de Dieu nous est démontrée, dans l'ordre moral, par le consentement unanime de toutes les
nations, qui est la voix de la nature même et le plus fidèle
interprète de la vérité ; dans l'ordre physique, par l'exis-
tance de la matière, du mouvement, de l'ordre admirable
qui règne dans le monde ; enfin dans l'ordre métaphysique,
par l'idée et la possibilité d'un être nécessaire incréé et
infiniment parfait. Donc le monde n'est pas éternel. Une tradition génréale, des monuments historiques d'une autorité
incontestable, l'invention récente des sciences et des arts,
prouvent qu'il fut créé à une époque fixe ; on nous objecte-
roit mal-à-propos les antiquités Egyptiennes, les annales
Caldéennes et Chinoises, etc. Donc on doit rejetter les sys-
tèmes absurdes des Académiciens, d'Epicure et de Spinosa,
car l'origine du monde ne peut s'expliquer par le concours
fortuit des atomes ; il existe dans l'univers plusieurs substances, et quand on n'en admettroit qu'une, elle ne seroit
pas Dieu...

IV

Ou il n'y a qu'un Dieu, ou il n'y en a pas. Aussi que
d'absurdités dans le paganisme des anciens ? Rejettons pa-

reillement l'hypothèse des deux principes imaginés par les
Manichéens pour expliquer l'origine du bien et du mal ; elle
est à cet égard-là également inutile et insuffisante. Le premier attribut constitutif de Dieu est la nécessité de l'exis-
tance : aussi Dieu est souverainement parfait, simple et
immense, immuable et libre, éternel sans succession d'ins-
tants. Infiniment sage, il se suffit à lui-même et n'est pas
tenu à l'optimisme, ni dans le sens de Leibnitz, ni dans
celui de Mallebranche ; infiniment intelligent, il voit tout, il
connoit tout de toute éternité, même les actes libres des
créatures sans gêner leur liberté ; infiniment puissant, il
étend sa providence sur toutes choses ; infiniment juste et
miséricordieux, il punit et récompense au temps marqué ;
enfin sa véracité et sa sainteté sont infinies.

V

La Psicologie (sic) est la seconde partie de la Pneumatologie ; elle traite de l'âme : les opérations de l'âme prouvent qu'elle est essentiellement distinguée de la matière ;
on ne sauroit pourtant assigner l'attribut constitutif de
l'âme, car ce n'est ni la simplicité, ni l'activité, ni la pensée
actuelle, ni la faculté de penser. Elle n'existe pas d'elle-
même, elle n'est point une émanation de la substance divine, ni une portion d'une âme universelle, et ne passe point
d'un corps à un autre, comme l'imaginèrent les défenseurs
de la métempsycose. Quelle est donc son origine ? Il est probable que l'âme n'est créée par Dieu qu'au moment où le
corps est suffisamment organisé. L'union hypostatique de
ces deux substances produit entr'elles une réciprocité d'opérations qui semble mieux expliquée par le système des
causes occasionnelles de Mallebranche que par l'influence
physique des anciens ou l'harmonie préétablie de Leibnitz,
ou le médiateur plastique de J. le Clerc : puisque l'âme est
une substance simple et indivisible, elle ne saurait périr
par la dissolution de ses parties. Donc elle est immortelle
de sa nature et pourra faire ses fonctions lors même qu'elle
sera séparée du corps.

VI

La morale dirige les actions humaines au bien : on la définit la science des mœurs. Elle est ou générale ou particulière. La première montre à l'homme l'origine et le fondement de ses devoirs, et celle-ci lui en indique les espèces. Les devoirs de l'homme sont fondés sur la liberté, la loi et la conscience : la liberté ne consiste ni dans l'équilibre parfait de la volonté, ni dans l'absence de la coaction : elle est la faculté d'agir ou de ne point agir : des arguments de toute espèce prouvent l'existence de la liberté. La différence du bien et du mal moral n'est fondée ni sur des conventions arbitraires ni sur la volonté de Dieu, mais sur la nature et l'essence même des choses. Donc il existe une loi naturelle gravée dans tous les cœurs, qui est la première règle des actions humaines. Dieu l'approuve nécessairement et veut que nous l'observions : il a voulu que l'homme trouvât une récompense dans la vertu même et une punition dans les remords qui suivent le vice ; mais cette sanction n'est pas suffisante : il y aura une autre vie où le juste sera récompensé et le méchant puni ; les attributs de Dieu en démontrent la nécessité. Il est possible que cette autre vie soit éternelle. C'est un crime d'agir contre sa conscience ; il n'est pas toujours permis de lui obéir.

VII

Que devons nous à Dieu, à nous-mêmes, aux autres hommes ? C'est ce que nous enseigne la loi naturelle. L'excellence des perfections de Dieu et la faiblesse de notre nature exigent que nous rendions à Dieu un culte intérieur et extérieur : ainsi la prière n'est ni inutile ni injurieuse à Dieu, comme l'enseigne J.-J. Rousseau. La conscience ne nous permet point d'admettre indifféremment toute sorte de religion ; mais les loix de l'Etat peuvent permettre, ordonner même la tolérance en matière de culte. Nous devons, sous peine de péché, rapporter toutes nos actions à Dieu, au moins implicitement. La loi naturelle ordonne également à l'homme de travailler autant qu'il peut à perfectionner tou-

tes ses facultés. Il ne lui est jamais permis de se donner la
mort, quelque malheureux qu'il soit, quoiqu'en disent Montes-
quieu et J.-J. Rousseau. Le suicide se rend coupable d'impiété envers Dieu, d'injustice et d'ingratitude envers sa patrie,
de barbarie et de cruauté envers lui-même. Le duel est également contraire à la nature et à l'ordre de la société. Car
l'homme n'est pas fait pour lui seul : il se doit aux autres
hommes. Ses facultés, ses penchants, ses besoins l'appellent
à l'état social. Or, aucune société ne peut subsister sans un
régime politique quelconque. Le meilleur pour une grande
nation est le gouvernement monarchique héréditaire.

CES THÈSES SERONT SOUTENUES PAR MM. LÉONARD LA BOULLI-
NIÈRE, *de St-Victurnien* ; JEAN-BAPTISTE BARIAT, *de Châ-
teau-Ponsac*; JEAN-BAPTISTE RIBIÈRE *de Château-Neuf.*

*L'acte commencera dans la salle du collège de St-
Marie de Limoges à 2 heures de l'après-midi, le jeudi
2 août 1792, l'an 4ᵉ de la Liberté.*

A Limoges, de l'imprimerie de L. Barbou, imprimeur du
Roi et du Collège.

*(Archives départementales de la Hte-Vienne, série D.
Pièces non classées. — Communication de M. A. Leroux).*

XII. — Exercice littéraire du collège de Limoges, 1792.

LA NATION, LA LOI ET LE ROI.

Exercice Littéraire de MM. les écoliers de cinquième, du Collège de Limoges, Département de la Haute-Vienne (1).

MM. les Répondants traduiront les deux premiers livres du *Selectæ e Prophanis,* les Billets de Cicéron ; ils récite- ront les Droits de l'homme, le Catéchisme du diocèse ; ré- pondront aux demandes qu'on leur fera sur les principes de la Grammaire française et latine; ils déclameront plu- sieurs pièces de vers; ils feront les quatre opérations fon- damentales de l'Arithmétique, et rendront compte des règles de chacune; de plus, ils répondront aux questions sui- vantes :

I

Sur les Egyptiens.

Situation de l'Egypte. A quelle époque s'éclaircit l'histoire de ce Royaume. Gouvernement des Egyptiens. Ce qui arri- voit aux Rois d'Egypte après leur mort. Partage des terres, administration de la justice, punition des soldats, loi contre l'oisiveté. Le bœuf Apis. Différentes superstitions des Egyp- tiens. A quoi ces peuples doivent leur célébrité. En quel temps l'Egypte a connu les Arts. Pyramides d'Egypte, à quoi elles étoient destinées. A quoi servoit le lac Méris. Pro- grès des Egyptiens dans quelques sciences. Art merveil-

---

(1) Ce titre de départ est aussi le titre du premier feuillet, complété par cette indication : *A Limoges, de l'imprimerie de L. Barbou, imprimeur du roi et du collège.* (1792, 11 pages gr. in-8°).

leux de ce peuple pour embaumer les cadavres. Ecriture hiérogliphique.

II

Sur les Phéniciens.

Stérilité de la Phénicie. Ressource de ses habitans ; richesses immenses que le commerce leur procura; à quel hazard ils dûrent la teinture en pourpre ; invention qui leur fait le plus d'honneur. Quelle fut la capitale de la Phénicie.

III

Sur les Assyriens et les Babyloniens.

Obscurité de l'Histoire des Assyriens et des Babyloniens. Quelle partie de l'Asie habitent ces peuples. Capitale des deux Empires. Origine de l'Astronomie. Astrologie judiciaire.

IV

Sur les Mèdes et les Perses.

Les Mèdes soumis aux Assyriens secouent le joug. Déjocès choisi pour juge. Il est proclamé Roi. Sa sévérité et son despotisme. Antiquité des Perses. Education des enfans. Ingratitude punie. Droit des Perses sur leurs enfans. Principaux traits concernant Cirus, caractère de ce prince, sa mort. Cambise, son fils, lui succède ; caractère de ce prince. Conquête de l'Egypte. Expédition d'Ethiopie. Mort de Cambyse. Son successeur Darius attaque les Scytes, sa défaite.

V

Sur les Indiens.

Différentes productions de l'Inde. Division des classes.

Mœurs des Brachmanes. Inventions des Indiens. Leurs femmes se brûlaient sur le tombeau de leurs maris.

VI

Sur les Grecs.

Ce que furent les Grecs dans les premiers temps. Fondation d'Athènes, établissement de l'Aréopage. Ligue et Conseil des Amphictions. Jeux de la Grèce, leur utilité, abus qui en résultèrent dans la suite. Olympiades.

VII

Sur les Spartiates.

Révolution dans la Grèce, établissement des Républiques. Etat de Sparte avant Licurgue ; il entreprend de tout réformer. Biens en commun, monnoie de fer, tables publiques. Éducation des enfans, pourquoi on les obligeoit à dérober leur nourriture. Comment on exerçoit leur raison. Courage des Spartiates. Effet durable des loix de Licurgue. Enfans cruellement traités, mères trop insensibles. Gouvernement de Sparte. Comment les Sénateurs étaient-ils contenus dans de justes bornes.

VIII

Sur les Athéniens.

Premier législateur d'Athènes. Extrême sévérité des loix de Dracon. Divisions entre les citoyens. Second législateur d'Athènes, gouvernement établi par Solon. Caractère des Athéniens. Parallèle des Spartiates et des Athéniens.

COMMENCEMENT DE LA GUERRE CONTRE LES PERSES

IX

Miltiade vainqueur à Marathon.

Occasion, commencement de la guerre Médique. Dispo-

sition des différentes villes de la Grèce. Conduite des Athéniens à l'arrivée des Perses. Leur armée sous dix généraux.
Miltiade propose d'aller au-devant de l'ennemi. Fuite honteuse des Perses. Récompense des vainqueurs. Injustice des
Athéniens envers Miltiade.

X

Aristide et Thémistocle, invasion de Xerxès dans la Grèce.

Qui eut la principale influence dans les affaires publiques après Miltiade? Conduite d'Aristide et de Thémistocle,
jalousie de Thémistocle ; il rend Aristide suspect. Paroles
mémorables d'Aristide en partant pour son exil. Prévoyance
de Thémistocle, il est élu général. Sa sagesse et sa modération ; il fait rappeler Aristide. Combat des Thermopyles.
Prodiges de vaillance de Léonidas et des 300 Spartiates. Les
Grecs aux jeux olympiques malgré le danger. Athènes aban-
donnée par ses habitans, Xerxès s'en empare et la détruit.

XI

Batailles de Salamine, de Platée et de Mycale; Les Perses chassés pour toujours de la Grèce.

Dispute de Thémistocle et d'Euribiade. Présomption de
Xercès. Thémistocle l'attire dans le piège. Bataille de Sala-
mine, valeur d'Artémise, fuite du grand Roi. Mardonius
veut séduire les Athéniens : réponse d'Aristide. Bataille de
Platée. Récompense de Thémistocle. Combat naval de
Mycale.

JALOUSIE DE SPARTE, RÉTABLISSEMENT D'ATHÈNES. ADMINISTRATION D'ARISTIDE.

XII

Commencemens de division entre Sparte et Athènes.
Thémistocle amuse les Spartiates et leur parle ensuite avec

fermeté. Exil de Thémistocle. Crédit et gloire d'Aristide. Sa mort dans la pauvreté.

XIII

Cimon augmente la gloire d'Athènes.

Qui gouverna Athènes après Aristide? Politique de Cimon, ses succès contre les Perses. Thémistocle réfugié à la cour de Perse, sa mort. Guerre entre Sparte et Athènes. Injuste bannissement de Cimon, son rappel. Fin de la guerre civile. Paix avec les Perses. Mort de Cimon, sa vertu dans les richesses.

XIV

Gouvernement de Périclès jusqu'à la guerre du Péloponèse.

Caractère de Périclès, son éloquence, sa politique pour parvenir au gouvernement; il se montre rarement dans les assemblées. Il corrompt les mœurs des Athéniens. Il orne Athènes de superbes édifices.

XV

Commencemens de la guerre du Péloponèse. Alcibiade. Les Athéniens vaincus en Sicile.

Causes de la guerre du Péloponèse. Force des deux partis. L'Attique ravagée. Continuation de la guerre malgré les ravages de la peste. Périclès condamné et rétabli. Sa mort. Atrocités de part et d'autre. Cruauté des Spartiates envers les Hilotes. Trêve inutile après dix ans de guerre. Portrait d'Alcibiade, il veut renouveller la guerre par ambition; il fait rompre le traité. Fin de l'ostracisme. Projets audacieux d'Alcibiade; ils sont adoptés malgré Nicias. Alcibiade accusé d'impiété avant son départ. Il est rappellé de Sicile pour subir son jugement; il se réfugie à Sparte et se déclare l'ennemi de sa patrie. Conduite de Nicias devant Siracuse. Les Spartiates font lever le siège. Défaite des Athéniens.

XVI

Suite de la guerre du Péloponèse..... Prise d'Athènes par Lyssandre.

Consternation d'Athènes. La lenteur des Spartiates lui laisse le temps de se reconnaître. Ingratitude de Sparte envers Alcibiade. Il passe chez Tissapherne, et le porte à entretenir la division parmi les Grecs; il est rappelé et sert la patrie. Il devient l'idole d'Athènes. Calicratidas vaincu à la bataille des Arginuses. Les Athéniens vaincus à leur tour par Lysandre à Ægos-Pothamos.... Siège d'Athènes, elle se soumet à des conditions honteuses. Fin de la guerre du Péloponèse.

XVII

Sparte corrompue par Lysandre. Trasybule délivre Athènes de la tyrannie... Procès de Socrate. Retraite des Dix mille.

Ambition de Lysandre. Il corrompt les mœurs de sa patrie. Athènes opprimée par trente tyrans. Trasybule la délivre de la tyrannie. Caractère de Socrate, il est accusé par Meltus, il est condamné à mort, il refuse de s'échapper de prison. Repentir des Athéniens. Cirus-le-Jeune veut détrôner son frère, les Spartiates se joignent à lui; bataille entre les deux frères, retraite des Dix mille.

XVIII

Agésilas en Asie... Il est rappelé. Traité honteux avec les Perses... République de Thèbes jusqu'à la bataille de Leuctres.

Guerre contre les Perses. Agésilas Roi de Sparte, son obéissance aux lois. Il fait trembler les Perses, il est rappelé. Ligue des Grecs contre Sparte. Agésilas vainqueur à Coronnée. Conon relève les murs d'Athènes. Lâche jalousie de

Sparte. Traité honteux avec les Perses. Les Spartiates s'emparent de la citadelle de Thèbes en pleine paix. Jugement prononcé à Sparte sur ce sujet. Pélopidas et Epaminondas. Pélopidas délivre sa patrie. Les Spartiates battus à Tégyre, quoique plus nombreux que les Thébains. Les Thébains abandonnés par tous les Grecs.

XIX

Thèbes puissante du temps de Pélopidas et d'Epaminondas... Sa chûte... Etat de la Grèce avant Philippe de Macédoine.

Epaminondas, élu général des Thébains. Bataille de Leuctres. Magnanimité des Spartiates après leur défaite. Epaminondas pénètre en Laconie. Il ménage Sparte, il est accusé à son tour avec Pélopidas et se justifie en grand homme. Ligue des Grecs contre Thèbes. Bataille de Matinée, mort d'Epaminondas. Sa piété filiale, sa modestie, son amour pour la pauvreté. Thèbes retombe dans l'obscurité. Paix générale en Grèce, excepté du côté des Spartiates, jusqu'au règne de Philippe, roi de Macédoine.

PRINCIPES GÉNÉRAUX DE L'ORTOGRAPHE FRANÇAISE.

XXI

Définition de l'orthographe. Figures nécessaires pour écrire correctement. Quel est l'usage de l'apostrophe. Dans quelles circonstances doit se faire l'élision d'une voyelle finale? A quoi sert le trait d'union? Où le place-t-on ordinairement? Ne s'en sert-on pas encore à la fin d'une ligne? Défauts qu'il faut éviter en employant ce caractère. Circonstances dans lesquelles on doit mettre le tréma sur les voyelles i, u et e muet, quoiqu'elles ne fassent pas une même syllabe avec la voyelle précédente. Propriété de la cédille. Ce que c'est que la parenthèse. Emploi des guillemets, etc.

XXII

Qu'est-ce qu'écrire à l'alinéa ? Quand doit-on écrire à l'alinéa ? Précautions qu'on doit prendre pour écrire à l'alinéa. A quoi servent les lettres capitales ou majuscules ? Les noms des sciences et des arts ne commencent-ils pas par une lettre majuscule ? Qu'entend-on par accents ? Combien en distingue-t-on ? Où place-t-on l'accent aigu ? Usage de l'accent grave. De quel accent doit-on marquer l'é à la fin d'un mot lorsqu'il est suivi d'une s finale ? Emploi particulier de l'accent circonflexe. Ce que c'est que la ponctuation. Quelles marques faut-il employer pour fixer les différentes parties du discours ? Usage de la virgule, du point et de la virgule, des deux points, du point, des points interrogatifs, des points admiratifs, etc.

Les séances se tiendront dans la classe de cinquième, les 16, 17 et 18 août 1792.

Répondront, MM.

Agricole-Martial Teilliet, major,	de Saint-Junien.
Amand Teilliet, minor,	de Saint-Junien.
Jérémie Rogerie,	de Limoges.
Joseph Brousseaud,	de Limoges.
Léonard Cousin,	de Limoges.
Léonard Dubois,	de Limoges.
Michel Dupetit,	de Limoges.

(*Collection de M. Nivet-Fontaubert. — Communication de M. Alfred Leroux*).

CORRECTIONS

P. 208, ligne 9. *Au lieu de* 1896, *corrigez* 1696.

P. 232, ligne 11. C'est par erreur qu'on annonce la publication, dans le présent volume, des documents relatifs à Eymoutiers. Ces documents ont paru en 1889 dans le t. XXXVI du *Bulletin de la Société archéologique du Limousin*, p. 391 et ss.

P. 321, ligne 11. *Au lieu de* est émis, *corrigez* esté mis.

P. 339, ligne 6. *Au lieu de* juin 1589, *corrigez* janv. 1589.

TABLE ANALYTIQUE DES MATIÈRES

DRESSÉE PAR M. MONTAUDON-BOUSSERESSE

24

TABLE ANALYTIQUE

DES NOMS DE LIEUX ET DE PERSONNES

dressée par M. MONTAUDON-BOUSSERESSE,

A

Aguirande (Pierre d'), 296 et ss.
— (Dauphine d'), 303.
Ahun, fortifications, 317.
Ailli (d'), consul, 88, 91 et ss.
Alayda, abbesse de Boysse, 226.
Albertie (de l'), seigneur, 45.
Albret (duc d'), 156, 164 et ss.
— (duchesse d'), 164.
Albugne (d'), consul, 176.
Allac, Allassat, paroisse, 234.
Alloix (obituaire des), 223 et ss.
Alloix, monastère, 227 et ss.
Amelot, conseiller, 351.
Alquie (Jean d'), 105.
Altillac, paroisse, 16, 24, 65, 78, 119 et ss.
Alvinhac, paroisse, 16, 32, 43, 65, 78, 119 et ss.
Andrieu, bourgeois, 40, 41, 51 et ss.
— (Gédéon), procureur, 52 61 et ss., 102.
Anglardz (Pierre d'), 304.
Arbolieras, Sérène, abbesse, 224.
Arcambal, avocat, 105.
Aredius-les-Bois (Saint-Yrieix-les-Bois, 230.
Arfoliero (Margarita d'), 227, 228.
Armaignac (Bertrand d'), 317.
Argentat, ville, 14 et ss., 52, 66.
Arlignies, receveur, 161.

Arses (les), fief noble, 299.
Astaillac, paroisse, 16, 24, 65, 78, 119 et ss.
Aubusson (d'), Ludovica, prieure, 227.
— (Johanna), sa sœur, 227.
Aubusson (Jehanne d'), 299.
— (Jehan d'), écuyer, 303, 306.
Augier (d'), avocat, 87, 99.
Auradour (Antoine d'), 308.
Aurilius, prieuré, 224, 225.
Autenent (d'), intendant, 113.
Antoire, paroisse, 94, 114 et ss., 119 et ss.
Auvergne (de la Tour d'), vicomte de Turenne, 87 et ss.
Avril (le père Séraphin), 223.
Aymericus de Serre, évêque, 226.

B

Bac, bourgeois, 75.
— (du), écuyer, 154.
Bacour, bourgeois, 22.
Bafoil, avocat, 133 et ss.
— (Mlle de), 142.
Bagires (Hugues), bourgeois, 69.
Baisse, syndic, 96 et ss.
Bandes, bourgeois, 14, 18.
Barbot (Hélias), 227.
Barchon (Jacques), 311, 313.
Bardinaud (Léonard), 228.
Bariat (Jean-Baptiste), 356.

M

TABLE SYNOPTIQUE DES DOCUMENTS

Limoges. — Imp. F. Plainemaison, 10, rue des Grandes-Pousses (7-93).

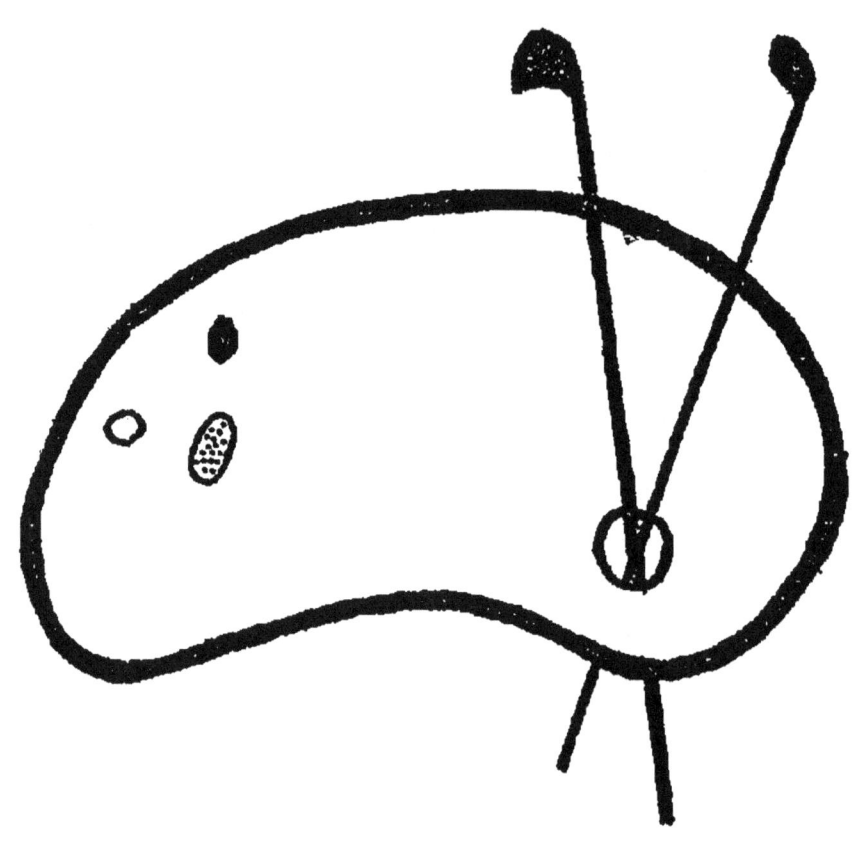

ORIGINAL EN COULEUR

NF Z 43-120-8

www.ingramcontent.com/pod-product-compliance
Lightning Source LLC
Chambersburg PA
CBHW050308030726
47505CB00003B/627